TABLE DES CONFERENCES DU TOME TROISIE'ME.

Conference tenuë le Dimanche de la Trinité. Le souvenir du Jugement dernier, doit être un pressant motif de nôtre conversion, page 1.

Conference pour le jour du S. Sacrement. De la sainte Communion, de ses effets, & des dispositions avec lesquelles on doit en approcher, p. 16.

Conference tenuë le Dimanche dans l'Octave du S. Sacrement. Jesus-Christ est le refuge des personnes affligées, p. 48.

Conference tenuë le III. Dim. d'aprés la Pentecôte. De la correspondance à la grace, p. 74.

II. Conference tenuë le III. Dim. d'aprés la Pentecôte. De l'excommunication des Religieux, p. 86.

III. Conference tenuë le III. Dim. d'aprés la Pentecôte. Du détachement necessaire pour suivre Jesus-Christ, p. 94.

TABLE

Conference tenuë le IV. Dim. aprés la Pentecôte. De l'obéïssance religieuse, p. 110.

Conference tenuë le V. Dim. aprés la Pentecôte. De l'efficacité de la Priere, p. 119.

Conference tenuë le VI. Dim. aprés la Pentecôte. De la soumission parfaite à la Providence dans les plus grandes épreuves, p. 137.

Conference tenuë le VII. Dim. aprés la Pentecôte. Des choses qu'il faut demander à Dieu selon nos besoins, p. 152.

Conference tenuë le VIII. Dim. aprés la Pentecôte. De l'usage qu'on doit faire des richesses, p. 165.

Conference tenuë le IX. Dim. aprés la Pentecôte. Touchant les larmes que Jesus-Christ versa sur la ville de Jerusalem, en y faisant son entrée, p. 181.

II. *Conference tenuë le IX. Dim. aprés la Pentecôte.* Suite du même sujet, p. 215.

Conference tenuë le X. Dim. aprés la Pentecôte. De l'humilité Chrêtienne, & religieuse, p. 228.

II. *Conference tenuë le X. Dim. aprés la Pentecôte.* Sur le même sujet, p. 239.

Conference tenuë le XI. Dim. aprés la Pentecôte

CONFERENCES
OU
INSTRUCTIONS
SUR
LES EPITRES ET EVANGILES
DES DIMANCHES
ET PRINCIPALES FESTES DE L'ANNE'E.
Et sur les Vêtures & Professions Religieuses.
PAR LE R. DOM ARMAND JEAN
ANCIEN ABBE' DE LA TRAPPE.
TOME TROISIE'ME.

A PARIS,
Chez FLORENTIN & PIERRE DELAULNE,
ruë S. Jacques, à l'Empereur, & au Lion d'or.
M. DC. LXXXXVIII.
Avec Approbations & Privilege du Roy.

D. 4961.
3.

DES CONFERENCES.

Pentecôte. Sur ce que c'est qu'être spirituellement sourd & muet, p. 254.

Conference tenuë le XII. Dim. aprés la Pentecôte. Sur la necessité de travailler à sa sanctification, p. 272.

Conference tenuë le XIII. Dim. aprés la Pentecôte. De la perfection de l'holocauste qu'un Religieux doit offrir en se sacrifiant soy-même à Dieu, p. 296.

Conference tenuë le XIV. Dim. aprés la Pentec. De la soumission parfaite aux ordres de la Providence, p. 312.

Conference tenuë le XV. Dim. aprés la Pentecôte. De la perfection de l'obeissance religieuse, p. 326.

II. Conference tenuë le XV. Dim. aprés la Pentecôte. De la crainte de Dieu, & de la défiance de soy-même, p. 339.

Conference tenuë le XVI. Dim. aprés la Pentec. Du progrez continuel que l'on doit faire dans la vertu, p. 358.

Conference tenuë le XVII. Dim. aprés la Pentecôte. De la charité fraternelle, p. 377.

Conference tenuë le XVIII. Dim. aprés la Pentecôte. De la desappropriation religieuse, 390

Conference tenuë le XIX. Dim. aprés la Pentecôte. De la pureté de cœur, p. 408.

Tome III.   ẽ

Extrait du Privilege du Roy.

PAr Lettres Patentes, données à Paris le 23. Octobre 1697. Signées BOUCHER, & scellées du grand Sceau de cire jaune : Il est permis à PIERRE DELAULNE & DENYS MARIETTE Libraires-Imprimeurs à Paris, d'imprimer ou faire imprimer, vendre & debiter par tout le Royaume en un ou plusieurs Volumes, ensemble ou separément un Livre intitulé *Conferences ou Instructions Monastiques sur les Epitres & Evangiles des Dimanches & Fêtes de l'année*, composé par Monsieur l'ancien Abbé de la Trappe. Et ce pendant le temps de SEIZE ANNE'ES consecutives, avec deffenses à toutes personnes, sous quelque pretexte que ce soit, d'imprimer, vendre, debiter ou contrefaire ledit Livre, à peine de six mille livres d'amende contre chacun des Contrevenans, & autres peines, ainsi qu'il est plus amplement porté à l'original.

Regiſtré ſur le Livre de la Communauté des Libraires & Imprimeurs de Paris, le vingt-troiſiéme Octobre 1697. jour de la publication de la Paix. Signé P. AUBOÜYN, Syndic.

Achevé d'imprimer pour la premiere fois, le 5. Avril 1698.

Les Approbations ſont au commencement du premier Tome.

CONFERENCE

CONFERENCE POUR LE DIMANCHE DE LA TRINITÉ.

A LA PROFESSION D'UN RELIGIEUX.

Quæ seminaverit homo, hæc & metet, quoniam qui seminat in carne sua, de carne & metet corruptionem; qui autem seminat in spiritu, de spiritu metet vitam æternam. *Ad Galat. 6. 8.*

L'homme ne recüeillera que ce qu'il aura semé, car celuy qui seme dans la chair, ne moissonnera que de la corruption, celuy qui seme dans l'esprit, recüeillera de l'esprit la vie éternelle.

IEU nous apprend aujourd'hui une grande verité, il nous dit par la bouche de l'Apôtre, qu'il nous jugera selon nos actions; que celles qui n'au-

ront pour principe que la chair & le sang, seront punies d'une peine éternelle; & qu'au contraire, celles qui auront été produites par l'Esprit Saint, auront l'éternité de Dieu pour récompense. Cette verité toute seule, mon Frere, a formé un monde nouveau dans le milieu du monde: je veux dire qu'elle en a séparé un nombre presque infini de personnes, qui ont embrassé une vie toute nouvelle, & qui jusqu'alors avoit été ignorée; je parle de ceux qui ont peuplé les deserts, & habité les solitudes les plus écartées, qui se voyant dans une espece d'impossibilité de vivre parmi les hommes, autrement que selon des maximes iniques & corrompuës, & desesperant d'y rencontrer l'Esprit de Jesus-Christ, ont fui les hommes, pour le trouver dans l'éloignement de ceux dont il n'étoit presque plus connu; cet Esprit, dis-je, qui ne se rencontrera point parmi le monde, tandis que le monde demeurera ce qu'il est, qu'il préferera les ténebres à la lumiere, & qu'il aimera mieux tirer sa naissance, selon les paroles de l'Apôtre, du sang de la chair, & de la volonté de l'homme, que non pas de Dieu.

C'est par ce motif, mon Frere, que vous vous êtes retiré du monde, & que vous vous trouvez sur le point de vous consacrer pour jamais dans la retraite au service de Jesus-Christ. Les considérations humaines n'y ont point de part : c'est Dieu tout seul qui vous l'inspire, & que vous cherchez; vous voulez être uniquement à luy, vous voulez que son Esprit vous gouverne d'une maniere si absoluë, & vivre tellement dans sa dépendance, que vôtre volonté n'ait point d'autre regle que la sienne.

C'est un devoir auquel vous êtes obligé par quantité de considerations pressantes ; vous l'êtes comme créature, & comme l'ouvrage de ses mains : *ipse fecit nos, & non ipsi nos* ; vous l'êtes en qualité d'enfant, *prædestinavit nos in adoptionem filiorum per Jesum Christum in ipsum*, aprés vous être engagé par les vœux que vous êtes prêt de prononcer, vous le serez comme martyr.

Ps. 99. 3.
Eph. c. 1. 5.

Si vous me demandez ce qu'il faut faire pour vous acquitter de la premiere de ces obligations ; je vous répondrai que S. Paul nous l'apprend, lorsqu'il nous dit : *in ipso enim vivi-*

Act. 17. 28.

mus, *& movemur, & sumus* ; rien ne marque avec plus d'évidence, combien la dépendance de la créature raisonnable à l'égard de Dieu doit être entiere & absoluë : car comme il n'y a point de moment auquel il ne fasse pour elle ce qu'il a fait, lorsqu'il luy a donné l'être & la vie, il n'y en a point aussi dans lequel elle ne doive avoir à sa Majesté souveraine un rapport intime & essentiel ; & c'est ce que l'Apôtre exprime d'une maniere admirable, en nous montrant que nous devons vivre en luy & de luy, qu'il doit être comme nôtre ame, nôtre soûtien, nôtre force, *in ipso vivimus, & movemur & sumus*: qu'il doit être le principe de toutes les actions de nôtre esprit, des sentimens de nôtre cœur, des mouvemens de nôtre volonté ; que c'est à luy à inspirer, à diriger & à conduire, & à nous, à recevoir dans une soûmission parfaite toutes les impressions qu'il luy plaira de nous donner. Le fond de nôtre état & de nôtre nature veut que nous soyons attachez à sa main par des liens & des engagemens intimes, & il faut que ce soit elle qui nous porte incessamment, qui nous conserve, & qui nous soûtienne, *in ipso vivimus, & movemur, & sumus.*

Pour la seconde de ces obligations, vous y satisferez, mon Frere, en vous tenant à l'égard de Dieu comme un enfant à l'égard de son pere; je ne dis pas comme un enfant émancipé qui prétend jouir de ses droits, & qui s'est tiré par son âge de l'assujettissement où il étoit retenu par les loix de la nature ; mais comme un enfant du nombre de ceux, dont Jesus-Christ a parlé, quand il a dit, *nisi efficiamini sicut parvuli*, un enfant qui ne peut se passer du secours de son pere, qui le suit pas-à-pas, qui craint de le perdre, qui ne voit que par ses yeux, qui ne croit que luy, qui ne connoît que luy, qui n'aime que luy, qui n'a confiance qu'en luy, qui ne peut en être séparé d'un moment qu'il n'en témoigne sa douleur par ses cris, par ses larmes, & qui n'a point de repos qu'il ne l'ait retrouvé ; enfin qui est si absolument dans sa disposition, qu'il n'a ni action ni mouvement que celuy qu'il luy donne, & qui peut dire comme le Prophete, *tenuisti manum dexteram meam, & in voluntate tua deduxisti me.* Seigneur,

Mat. 18. 3.

Ps. 72. 24.

vous m'avez tenú par la main, & vous avez fait de moy tout ce qu'il vous a plû.

Pour ce qui est de l'obligation que vous contracterez en qualité de Religieux, vous n'avez qu'à considerer ce que c'est qu'un Martyr, & vous verrez ce qu'elle demande de vous; un Martyr est un Chrétien, qui pour soûtenir la verité de la Foy qu'il a professée & la gloire du nom de Jesus-Christ, abandonne sa vie & s'expose à tout ce que la cruauté des ennemis de sa Religion voudra luy faire souffrir de tourmens, & de tortures : de même un Religieux pour rendre témoignage aux maximes toutes divines que Jesus-Christ a enseignées & pratiquées tout ensemble, & faire connoître aux hommes le cas qu'ils en doivent faire, & le rang qu'elles doivent tenir dans leur cœur, abandonne sa personne & son homme tout entier, je veux dire, & son ame & son corps, en l'offrant à Dieu comme un veritable holocauste; il hait son ame & la détruit pour l'amour de luy, en renonçant à sa volonté propre, à son esprit, à sa raison, à ses lumiéres, à ses connoissances, pour suivre en toutes choses ceux qui luy tiennent sa place, & qu'il luy a plû de luy donner pour sa direction & pour sa conduite, il livre en même temps son corps & sa chair à toutes les austeritez, les penitences, les travaux, les mortifications exterieures, les pratiques de discipline, les actions de regularité: enfin à toutes les privations & les assujettissemens de la vie qu'il embrasse. Un Moine & un veritable Religieux, fait donc dans l'Eglise de Jesus-Christ ce que les Martyrs y ont fait autrefois, c'est à dire, qu'ils confessent son saint Nom par une protestation toute publique, & qu'ils s'attachent à luy par une union inseparable: *Quis ergo nos separabit à charitate Christi? Tribulatio, an angustia? &c.* Qui sera capable de nous separer de la charité de Jesus-Christ? sera-ce l'affliction, les déplaisirs, la persecution, la faim, la nudité, les perils, le fer, & la violence? C'est-là, à proprement parler, la gloire & le bonheur des Martyrs, & ç'a été celuy des Solitaires, pendant qu'ils sont demeurez constamment dans la verité de leur état.

Rom. 8. 35.

Vous ne sçauriez trop, mon Frere,

mediter ce que je vous dis: car il n'y a rien de plus capable de vous faire entrer dans le fond de vos devoirs; & afin que vous ne vous figuriez pas que ces rapports dont je vous parle soient imaginaires, faites attention sur ce que je vas vous dire. Le Martyr n'a devant les yeux que la gloire de JESUS-CHRIST & sa sanctification particuliere qu'il y croit attachée; le Solitaire veritable n'a que la même vûë, il ne veut que l'exaltation de Dieu qu'il aime & qu'il sert, & son propre salut; le Martyr donne sa vie, le Solitaire renonce à la sienne par une action qui n'est ni moins réelle ni moins positive. L'un se met entre les mains des Tyrans & des bourreaux, qui en executent les ordres, & affronte avec un courage invincible tout ce que leur cruauté luy pourra préparer de supplices pour ébranler sa constance; l'autre se soûmet à des hommes qui ne sont pas veritablement des persécuteurs & des Tyrans, mais qui bien qu'ils soient des amis charitables, ne laissent pas d'appesantir leurs bras sur luy, pour luy faire souffrir tout ce qui se rencontre de rude, de rigoureux & de penible dans la pénitence, à laquelle la miséricorde de Dieu l'appelle. L'un n'envisage d'autre fin de ses travaux, que celle de sa vie ; l'autre se voit dans l'obligation de persévérer jusqu'à la mort dans les croix & les souffrances de l'état dans lequel il est engagé. L'un est tellement dans la dépendance de ceux qui le tourmentent, qu'il n'a aucun mouvement qui luy soit libre, les liens & les chaînes qui l'accablent & le pressent, font qu'il n'y a aucune action qui soit dans son pouvoir ; l'autre par l'assujettissement volontaire dans lequel il s'est mis, ne dispose non plus de son corps & de sa volonté que s'il n'en avoit point, & suit en tout les loix & les ordres que sa Regle & ses Superieurs luy prescrivent. Vous voyez, mes Freres, comme quoi ces deux engagemens sont réels & effectifs : l'un peut être considéré comme le modéle de l'autre : ils ont tous deux une même fin & un même principe ; on s'immole, on se sacrifie dans l'un comme dans l'autre ; ils ont tous deux leurs peines, leurs souffrances, leurs douleurs, leurs privations particulieres ; & l'une comme l'autre ne se termine que par la mort, ou plûtôt par la victoire & par le triomphe.

Mais afin de vous faire voir jufqu'où va l'obligation d'un Moine; faites attention, mes Freres, fur ce qu'il ne luy eft non plus permis de fe retracter de l'engagement & de l'affujettiffement dont nous venons de parler, qu'à un Martyr de changer la refolution de fouffrir lorfqu'il eft dans le milieu de fon fupplice; & comme celuy-cy deshonoreroit la Religion qu'il profeffe, & commettroit un fcandale, qui rempliroit de douleur & de confufion tous les Chrêtiens qui en feroient les fpectateurs, s'il quittoit fon premier fentiment ; l'autre ne tomberoit pas dans un moindre excès, s'il luy arrivoit de reprendre la volonté qu'il a affujettie d'agir par fa raifon, par fes inclinations, de fe conduire par fes lumiéres, & d'ufer d'un droit auquel il a renoncé & qui ne luy appartient plus. Dans les chofes qui regardent fon ame, comme dans celles qui regardent fon corps, je ne vois gueres de différence en ce point entre l'un & l'autre ; le Religieux n'eft pas moins engagé que le Martyr, puifqu'il a promis par un vœu solemnel de se convertir à Dieu, & de reformer ses mœurs & sa vie sur une Regle qui l'oblige à renoncer en toutes choses à son jugement, à sa volonté, & à sa propre conduite. Qui luy a dit, quand il luy prend envie d'en user autrement, que Dieu avoüera cette dispense qu'il s'accorde contre l'obligation qu'il a contractée? Comment peut-il croire que cette exemption qui n'a de fondement que dans sa cupidité, soit qu'elle soit évidente ou palliée, ne sera pas jugée de Dieu dans la derniére rigueur? & comment peut-il prétendre à la perfection de l'Evangile, comme il le doit par son état, en s'exposant à déplaire à JESUS-CHRIST, & à s'attirer pour jamais son indignation & sa colere? luy qui a pris le Ciel & la terre pour témoins de son engagement? Je vous confesse, mes Freres, que je ne puis comprendre que l'on vive dans une affaire de cette importance sans remords & sans scrupule; que les Moines ne veüillent pas s'appercevoir de la grandeur de leur égarement; qu'ils prétendent impunément pouvoir promettre à Dieu, & ne pas s'acquitter de leurs promesses ; je ne connois nulle raison qui favorise leur erreur ; mais j'en vois une infinité qui la condamnent.

Que ce que je vous dis, mon Frere, ne vous étonne pas ; n'apprehendez point que ce grand renoncement que je vous propose vous soit dans la suite un sujet de trouble & de tentation, & que vous ayez peine à soûtenir une privation si generale & si étenduë. Vous vous privez, il est vray, mais c'est de ce qui pourroit vous causer les peines que vous apprehendez ; vous vous déchargez d'un fardeau qui vous accableroit ; vous ne faites que rendre vôtre course plus aisée & plus facile. Un voyageur ne marche jamais avec plus de legereté & de promptitude, que lorsqu'il s'est défait de tout ce qui le pouvoit embarasser dans son voyage ; en un mot, mon Frere, il faut vuider la maison, il faut en ôter tout ce qui n'y est point mis de la main de Dieu, ni en son nom ; il faut vous en chasser vous-même le premier ; ne craignez point, ce sont des vuides qu'il remplira, & il ne manquera pas de venir & de se plaire dans toutes les places qu'il n'y trouvera pas occupées.

Regardez-vous deformais, mon Frere, comme un homme mort & sacrifié, qui ne doit plus vivre de son esprit, mais de celuy de Jesus-Christ. Le vœu que vous allez prononcer, & l'engagement que vous allez prendre, ne dit pas moins; ne vous proposez plus ni d'autres biens, ni d'autres joyes, ni d'autres consolations que celles que vous trouverez dans son service, dans son imitation, & dans la part que vous aurez à ses croix, à ses mortifications, à ses abbaissemens, à ses souffrances: c'est ainsi que vous semerez, selon l'instruction de l'Apôtre, non pas dans la chair, mais dans l'Esprit avec une assûrance certaine de moissonner un jour ces fruits de vie & d'immortalité, qui ne sont sujets ni à l'injure des temps, ni à la malignité des saisons: *Qui seminat in spiritu, de spiritu metet vitam æternam.* Galat. 6. 8.

Gardez-vous bien, mon Frere, de vous former une idée de cette profession si sainte, qui luy soit inferieure, qui la deshonore, & qui ne soit pas digne d'elle; ne prenez pas l'ombre pour le corps, ni l'imagination pour la réalité. L'action que vous allez faire est décisive, vôtre éternité en depend par des suites & des consequences nécessaires; si vous la faites dans les dispositions qui doivent l'accompagner & qui luy sont essentielles, c'est une source inépuisable de benedictions qui se répandront sur tout le cours de vôtre vie; mais si vous la faisiez sans cet Esprit, cette connoissance, cette conviction & ce sentiment intérieur qu'elle doit avoir, ne doutez point qu'elle n'eût des effets tout contraires. Il n'y a rien de plus rare que de rectifier les vocations quand elles ont été défectueuses : car quoique cela ne soit pas impossible, on y trouve néanmoins des peines & des difficultez presque insurmontables.

Répondez-moy, mon Frere, ce que je vous dis n'ébranle-t-il point vôtre constance ? Cette fermeté que vous m'avez témoignée jusqu'à present n'en reçoit-elle aucune atteinte ? vôtre conscience vous rend-elle un témoignage favorable, qui vous défende de ces vaines frayeurs, qui frappent & qui renversent les personnes qui ne sont point appellées ? Je loüe Dieu de ce que vous m'assurez de vôtre persévérance : abandonnez-vous donc sans reserve à JESUS-CHRIST ; & soyez persuadé qu'il protegera vôtre dessein dans son exécution & dans toutes ses suites, & qu'il n'a garde de retirer sa main aprés vous l'avoir tenduë. Seigneur, regardez ce sacrifice du haut du Ciel ; faites descendre les flammes sacrées de vôtre Esprit Saint pour consumer tout ce qui peut encore y avoir d'impur dans la victime, afin que n'y ayant plus rien qui ne soit agreable à vos yeux, elle trouve dans le sein de vôtre misericorde tous les biens, les avantages, & les graces qu'elle y recherche.

CONFERENCE POUR LE JOUR DU SAINT SACREMENT.

Si quis manducaverit ex hoc pane, vivet in æternum. Joan. 6. 51.

Celuy qui mangera de ce pain, vivra éternellement.

IL n'y a rien de plus positif, mes Freres, que ces paroles de Jesus-Christ, & il ne s'est jamais exprimé d'une maniere plus précise. Jesus-Christ dit que celuy qui mangera son Corps, caché sous les voiles & sous les apparences de ce pain qu'il présente à ses Disciples, vivra d'une vie qui ne sera point sujette à la mort : *vivet in æternum.* Cependant il n'y a gueres de promesse qui soit ni moins suivie de son effet, ni moins executée. On mange

cette

cette chair adorable, mais on ne voit point que cette immortalité soit communiquée à la plus grande partie de ceux qui y participent; & on n'a pas même sujet de croire qu'elle leur soit destinée pour les temps à venir, si vous en jugez par les dispositions présentes.

Est-ce que Dieu n'est pas fidele dans ce qu'il promet? Est-ce qu'il change de volonté? est-ce qu'il manque de puissance pour accomplir les choses qu'il a voulu? Non, c'est ce qui ne viendra pas dans la pensée de ceux qui ont de la foy. Dieu n'est pas comme les hommes qui disent & qui ne font point. *Nunquid similis ero dicenti & non facienti?* Ce titre de Fidele luy est dû; c'est une qualité qui luy est essentielle; *Fidelis est Deus, & absque ulla iniquitate*: pour sa puissance elle est infinie, *potens est omnia facere superabundanter* ; ce n'est donc point à Dieu qu'il s'en faut prendre, mes Freres, puisqu'il a la volonté & la puissance: ce n'est point luy qui refuse à ses promesses l'effet qu'elles doivent avoir: c'est nous qui sommes les seules causes de ce qu'elles ne sont pas suivies de l'accomplis-

Deut. 32. 4.

Ephes. 3. 20.

sement. Jesus-Christ promet, mais ses promesses ne sont point absoluës. Il y met des conditions; sa chair veritablement est le principe & la source de l'immortalité; elle doit la produire dans ceux qui la mangent, pourvû qu'ils le fassent avec les préparations nécessaires: car le même qui a dit de sa propre bouche, celuy qui mange ma chair & boit mon sang, jouïra de la vie éternelle. *Qui manducat meam carnem, & bibit meum sanguinem, habet vitam æternam,* a dit aussi par celle de son Apôtre: Quiconque mangera mon Corps avec indignité, sera coupable de la profanation qu'il aura commise. *Quicumque manducaverit panem hunc, vel biberit Calicem Domini indignè reus erit Corporis & Sanguinis Domini.*

C'est donc nôtre iniquité, mes Freres, qui nous prive de l'avantage & du fruit de ses promesses; c'est le defaut de nôtre Religion, c'est le defaut de nôtre Foy, qui s'oppose à l'éxecution de ses desseins; qui nous ravit les richesses qu'il nous a destinées, & qui fait que ce qui devroit nous donner la vie, nous cause la mort. Je ne puis me dispenser, mes Freres,

Joan. 6.
55.

1. Cor. 11.
27.

de faire trois reflexions importantes sur ce sujet, qui peuvent, ce me semble, beaucoup contribuer à vôtre édification; La premiere est que dans cette multitude presque infinie de personnes qui s'approchent de ce redoutable mistere, il y en a peu qui en profitent. La seconde que c'est le plus puissant & le plus nécessaire de tous les moyens que Jesus-Christ nous ait laissé pour participer à son immortalité; & la troisiéme regarde ce que vous devez faire, pour ne vous pas trouver envelopez dans le malheur & dans l'indignité si universelle, de ceux qui mangent cette chair adorable, & qui n'en deviennent pas meilleurs.

Je vous diray sur la premiere, mes Freres, que ceux-là seulement reçoivent cette vie eternelle que Jesus-Christ a renfermée dans le Sacrement de son corps & de son sang; qui luy sont unis d'une maniere si étroite, & qui luy sont attachés par des liens si serrez qu'il soit vray de dire, selon l'expression de S. Jean Chrysostome, qu'ils sont à son égard *membra de carne & de ossibus ejus.*

les parties réelles & animées de ce corps & de cette chair vivante ; il faut que JESUS-CHRIST leur communique la vie, comme le cœur, qui est la source, le siege & le principe de celle du corps humain, la donne aux membres qui la forment & qui la composent : cette vie se declare, & se fait remarquer par les actions, par les mouvemens & par les dispositions différentes. On reconnoît par exemple, que ce bras est vivant, par sa chaleur, par son mouvement, par sa couleur, par le battement de l'artere ; ainsi on juge avec certitude que cet homme a reçû avec le corps & le sang de JESUS-CHRIST, cette vie immortelle, qui selon sa parole en doit être l'effet, quand on en apperçoit les marques dans sa propre conduite ; quand on y voit les qualitez saintes, les vertus, les affections Divines, & enfin les sentimens & les actions de cet homme Dieu ; quand on y remarque cette obeïssance qui la porté à renoncer à sa volonté, pour suivre en toutes choses celle de son Pere ; cette pauvreté, qui la reduit à des extrémitez dont la Providence préserve les oiseaux du Ciel, & les animaux de la terre; cette patience qui l'a rendu insensible à tous les outrages, & à toutes les injures, que la malignité des hommes & l'envie des demons luy ont fait endurer; quand l'on y voit ce mepris de tous les biens du monde, qui luy en a fait fouler aux pieds tous les honneurs, & toutes les richesses: Cet amour sans bornes de la gloire de son Pere, qu'il a recherchée toute seule dans toutes ses actions; cette charité envers les hommes qui l'a obligé de finir sa vie par le plus cruel, comme par le plus honteux de tous les supplices; en un mot ce detachement si incompréhensible de tout ce qui passe pour s'attacher uniquement, à ce qui est éternel, & qui ne connoît ni vicissitude ni inconstance.

Voila, mes Freres, ce qui se doit trouver dans ceux qui ont eu le bonheur de participer à ce divin mystere; en voila les effets; voila les marques indubitables de cette vie nouvelle qu'il communique à ceux qui s'en approchent avec la dignité nécessaire: cette vie a l'esprit de JESUS-CHRIST pour principe,

& cet esprit qui est inséparable de sa chair & de son sang, opére toutes ces diverses impressions dans ceux ausquels il donne la vie; & il est vray que celuy qui est rempli de cet esprit & de cette vie, pratique toutes ces vertus & les exprime dans ses œuvres, lors qu'il en a les occasions, comme un homme vivant fait les actions naturelles & conformes au principe qui l'anime. C'est ce que JESUS-CHRIST a voulu nous apprendre, quand il nous a dit qu'il étoit le sep de la vigne, & que ses disciples en étoient les branches; *ego* *sum vitis, & vos palmites*, c'est ce que l'Apôtre nous marque quand il nous dit que nous devons croître en toutes choses en JESUS-CHRIST qui est la tête du corps, dont nous sommes les membres, *Crescamus in illo per omnia qui est caput Christus.*

Jean. 15. *5.*

Ephes. *4. 15.*

Je sçay bien, mes Freres, & je demeure d'accord que tout le monde n'est pas obligé d'avoir ces dispositions saintes d'une maniere éminente & parfaite; que Dieu ne les demande pas à des gens qui sont dans les engagemens du Siecle. Il est vray & j'en conviens, mais je sçay aussi qu'il faut les avoir au moins en quelque degré puisque ce mistere ne profite qu'aux vivans ; qu'il faut vivre pour en être digne, & que la vie qu'il demande, & qu'il suppose ; doit produire en ceux en qui elle se trouve, l'obéïssance, la patience, l'humilité, la charité, le mépris des choses d'icy bas, l'amour de celles du Ciel, enfin une imitation de la vie de JESUS-CHRIST qui est l'unique & le veritable modele, sur lequel nous devons former l'état de la nôtre ; *nemo cibum accipit Christi* Ambr. *nisi fuerit ante sanatus.*

Si vous faites l'application de cette verité, mes Freres, vous verrez clairement la confirmation de celle que nous vous avons avancée ; & vous remarquerez en si peu de personnes, des traits de ces qualitez Divines qui éclatent dans tous les endroits de la vie de JESUS-CHRIST, que vous aurés sujet de croire que la plus grande partie des hommes, est ensevelie dans les ténebres de la mort ; & de vous recrier avec le Prophete, sauvez nous Seigneur, car il n'y a plus de saint, *Salvum me fac Domine* ps. 11. 1. *quoniam defecit sanctus* ; C'est à dire, comme il n'y a presque plus personne qui conserve vôtre esprit & qui en vive; sauvez moy: c'est à dire séparez moy de cette multitude, & empéchez que je ne me laisse emporter, comme les autres, par le torrent; en effet où trouvez vous cette obeïssance de Jesus-Christ, où trouvez-vous cette pauvreté & cette patience qu'il a pratiquée? ce mépris des choses de la terre, cette humilité, cette simplicité, dont il a donné tant de marques; cette charité si ardente pour le salut des hommes; enfin cet amour de Dieu, & toutes ces autres qualitez, dont nous vous avons fait le detail? Est ce dans ceux qui tiennent les premiers rangs dans le monde? Vous n'y voyez au contraire qu'un esprit d'indépendance, un attachement à eux-mêmes une envie de dominer sur tous ceux avec lesquels ils ont commerce, & y a-t-il rien à quoy ils pensent moins qu'à soûmettre leurs volontez à celles des autres? Ils sont les esclaves de leur amour propre; c'est une servitude malheureuse, à laquelle ils s'assujettissent, sans avoir le moindre sentiment de leur captivité.

La

La pauvreté est-elle plus connue ; ils la fuyent, ils la craignent, ils ne la regardent qu'avec horreur ; ils la previennent avec une application, que l'on ne peut comprendre ; ils amassent des biens sans nombre & sans bornes ; & s'il y en a qu'ils n'ayent pas, c'est qu'ils ne les peuvent avoir : ils vivent dans un luxe, dans une mollesse, dans une superfluité, & dans une abondance qui jusqu'à nos jours avoit été ignorée ; & on peut dire qu'ils ne se refusent que ce qu'ils ne sçauroient se donner, & cependant quoy qu'ils possedent, leur convoitise est toûjours insatiable & jamais elle n'est contente.

On n'est pas plus fidelle à pratiquer la patience, il n'y a rien dont les Grands du monde soient moins capables ; car bien loin de supporter les injures, une bagatelle les irrite, la moindre opposition les échauffe, & trouble toute la serenité de leur cœur. Tout ce qui touche & qui s'appelle honneur, ou reputation les transporte ; & s'il falloit verser jusqu'à la derniere goutte du sang de celuy dont ils croyent qu'ils ont sujet de se plaindre, ils le feroient pour reparer le tort qu'ils se figurent qu'on leur a fait ; Quel rapport entre une disposition si cruelle & la patience de Jesus-Christ.

Pour l'humilité dont Jesus-Christ a fait une profession si publique, en remarque-t-on les moindres traces dans leur conduite ; l'orgueil s'y fait voir dans toute sa malignité : chacun fait ce qu'il peut pour être cru, ce qu'il n'est pas, pour se donner de la distinction ; pour se rehausser audessus des autres, on ne fait cas de personne : & ce qui est la plus pitoyable des foiblesses, les peines & les soins ne leur coûtent rien, pour s'attirer l'estime même de ceux, pour lesquels ils n'ont que du mépris.

La simplicité est pour eux une degradation honteuse ; on a beau sçavoir que Jesus-Christ la prêchée comme une vertu capitale, & sans laquelle on n'entreroit point dans son Royaume ; & qu'il s'en est servi comme d'un voile, pour cacher aux yeux des hommes l'éclat de sa sagesse infinie ; on la rejette cependant, & sans s'arrêter à l'exemple qu'il a donné, l'on se mocque, l'on se rit,

& l'on méprise un homme de bien, parce qu'il est simple, *deridetur simplicitas justi*; & la pluspart se tiendront moins deshonorez de passer pour des blasphemateurs & pour des impudiques que pour des gens simples.

Iob: 2. 4.

La Charité n'est pas moins rare parmi eux. Chacun s'attache à ses propres interêts: pour le prochain ils l'ont incessamment en veüe, mais ils ne le voient que comme un rival; & comme ils se trouvent presque toûjours en concurrence avec luy, au lieu de ceder, il n'y a rien qu'ils ne mettent en œuvre pour soûtenir leurs pretensions justes ou injustes à son prejudice; & ils se font un veritable plaisir, de bâtir & d'élever leur fortune sur les ruines de la sienne.

Comment est-ce que l'amour de Dieu pourroit se rencontrer parmi de telles dispositions? on ne l'aime point si on n'accomplit ses preceptes, & si on ne fait ce qu'il veut qu'on fasse: Celuy qui sçait mes commandemens, dit JESUS-CHRIST, & qui les garde, c'est celuy qui m'aime; *qui habet mandata mea & servat ea, ille est qui diligit me*. Or comme

Ioan: 14.

C ij

toutes ces obligations saintes que nous venons de vous marquer, sont des régles qu'il nous a prescrites par ses actions comme par sa parole, on ne peut pas faire connoître par des marques plus certaines & plus claires, que l'on n'a pas d'amour pour luy qu'en se dispensant de les observer, & en marchant par des voyes toutes contraires.

Cependant c'est ce que font les gens du monde; ceux qui les connoissent, sçavent que je n'avance rien que de veritable; toute leur conduite, à la reserve d'un petit nombre, que Dieu conserve dans le milieu de cette contagion si generale, est telle que je vous l'ay depeinte. Ils participent au corps & au sang de Jesus-Christ, par des communions, ou plus, ou moins frequentes; mais ils ne laissent pas de perseverer dans toutes ces habitudes, comme s'ils ne pouvoient s'en passer, qu'elles fussent essentielles à leur condition, & qu'il ne fût pas possible d'être dans des places élevées, & de ne les pas avoir : ainsi il se peut dire que la vie de Jesus-Christ ne leur est point communiquée, qu'ils mangent la chair de cette victime adorable, sans en recevoir l'esprit, & que ce grand mystere fait en eux, tout le contraire de ce qu'il y devroit faire, c'est à dire, qu'au lieu de les sanctifier, il les condamne, *judicium sibi manducat & bibit*. 1. Cor. 11. 29.

On me dira que cela est bon pour les grands Seigneurs, & que les personnes d'une moindre consideration en font un autre usage; mais qui ne sçait pas que les premiers, sont les mobiles de cette grande machine; qu'ils luy donnent le mouvement, & que ceux qui sont dans les places mediocres, se font un honneur de se rendre semblables aux personnes qui leur sont superieures; ils les imitent dans leurs discours, dans leurs gestes, dans leurs vêtemens, dans leur luxe, dans les airs, dans les modes, & dans toutes leurs manieres; enfin ils les étudient, ils les apprennent, pour ainsi dire, & font en petit, ce qu'ils leur voient faire en grand; & toute leur gloire, & leur ambition est de s'en rendre des copies fidelles, autant qu'ils le peuvent dans la difference & dans l'inegalité de leur condition.

Voila precisément ce qui couvre la terre d'iniquité, voila ce qui fait que les maux se communiquent, & se repandent sans bornes, & sans fin. Il n'y a point de desordres que l'exemple n'authorise, & il est presque impossible de s'empécher de faire ce que l'on voit faire aux autres.

On s'avisera peut-être de chercher dans l'état Ecclesiastique, ce que l'on ne trouve gueres parmy les gens du Siécle; Il est vray qu'il y en a dans la clericature, & dans tous les ordres d'une pieté consommée, qui connoissent la sainteté de leur profession, qui l'aiment & qui l'estiment, & dont l'unique soin est d'en remplir tous les devoirs, de servir Dieu & d'édifier l'Eglise, soit par leurs instructions, soit par leurs exemples. Mais qui n'y voit pas cette foule d'hommes interessez, qui ne pensent qu'à leurs affaires, qui ne recherchent que les richesses & les dignitez, qui sont tout ensemble & avares, & prodigues d'un bien qui n'est point à eux; qui traitent les choses saintes, mais qui n'en deviennent ni plus saints ni meilleurs, & sur qui l'esprit de Dieu repose beaucoup moins, que sur ceux qui n'ont pas les mêmes engagemens dans sa maison.

Je ne vous dis rien des Moines, vous ne sçavez que trop que les dereglemens du monde se sont fait jour dans les Monasteres; que le bon grain y est rare comme ailleurs, & que la zizanie s'y trouve presque par tout. Les passions qui règnent parmi les mondains, y sont souvent plus vives, & plus animées, quoy qu'elles paroissent sous des formes, sous des figures & des couleurs differentes; enfin si JESUS-CHRIST a des adorateurs en tous lieux, comme on ne peut en douter, il est cependant vray que le nombre de ceux qui abusent de ses dons & de ses graces, & qui luy refusent la gloire qui luy est dûë, est presque infini.

Je vous ai dit en second lieu, mes Freres, que l'Eucharistie sainte étoit la plus efficace, & le plus necessaire de tous les moyens, que JESUS-CHRIST nous ait laissez, pour nous rendre participans de son immortalité; il suffit pour être convaincu de cette verité si constante, de sçavoir que le Fils de Dieu nous a declaré en la personne de ses disciples, que la vie eternelle n'est point pour ceux qui ne mangeront pas sa chair, & qui ne boiront pas son sang ; *nisi manducaveritis carnem Filii hominis, & biberitis ejus sanguinem, non habebitis vitam in vobis :* cette exclusion est si expresse, qu'il est impossible de douter de l'obligation. C'est une grace qui est attachée à ce grand mystere ; & on ne peut s'en éloigner que l'on ne se prive de l'effet qu'il opere dans ceux qui s'en approchent. Il est vray que le Baptême confere la vie, & que la penitence la rend à ceux qui ont eu le malheur de la perdre ; mais il est vray aussi que ces deux Sacremens ne reçoivent cette vertu que du corps & du sang de Jesus-Christ comme de leur source ; c'est sa mort qui en a été le veritable principe : c'est l'effusion de son sang qui nous a obtenu de Dieu, & qui nous a merité cet avantage, mais cette vie nous est communiquée par le Sacrement de sa mort, d'une maniere plus excellente, plus noble, & plus abondante. Le Bâtême donne le commencement à

Ioan. 6. 54.

cette vie, la penitence la repare, mais la participation du corps & du sang de JESUS-CHRIST la nourrit, la soûtient, & la fortifie; elle luy donne la perfection, & nous sçavons qu'elle la preserve de cette infinité de dangers, dont elle est attaquée.

Enfin ce Dieu caché sous les especes de la substance dont il a pris la place, comme dans des tenebres, est la lumiere des aveugles, la force des foibles, la santé des malades, la consolation des affligez, le rafraichissement de ceux qui sont brûlez par les ardeurs des tentations; & l'on ne sçauroit trop s'étonner qu'ayant parmi nous le tresor d'une valeur infinie, on se trouve dans la pauvreté, dans l'indigence, & dans la misere, sans y avoir recours, & sans y chercher le remede a tant de maux qui nous pressent & nous accablent; si c'est que l'on ne sent point ces maux, quelle dureté! que si on doute de la puissance, où est la foy; aprés que la verité a prononcé de sa bouche, que ce mystere adorable donnoit la vie eternelle, *qui manducat meam carnem & bibit meum sanguinem habet vitam aeternam,* c'est à dire la joüissance

Ioan. 6. 55.

& la possession de toutes sortes de biens.

J'en vois parmi vous, mes Freres, ils ne sont pas veritablement le plus grand nombre, qui n'ont ny cette ardeur, ni cet empressement saint, qu'ils devroient avoir, pour se nourrir de ce pain des Anges, qui trouvent des raisons pour rendre leurs communions plus rares : je leur dirois ce que dit un ancien Pere, en parlant sur ce même sujet ; recevez tous les jours ce qui peut vous être utile chaque jour ; vivez de sorte qu'il n'y en ait pas un seul, où vous ne soyez dignes de le recevoir. *Accipe quotidie quod tibi quotidie prosit, sic vive ut quotidie merearis accipere.*

S. Aug.

attrib. Aug. in Matth. 28. trait.

Pourquoy, mes Freres, ne suivez vous pas les intentions de celuy qui vous a accordé cette grace d'une valeur inestimable ? vous devriez vous plonger à tous les momens (s'il étoit possible) dans cet abîme de benedictions, avec la même ardeur que le cerf pressé de la soif, se jette dans les eaux claires des fontaines ; je ne vous dis pas cela, pour vous tendre des pieges, ni pour vous porter à des communions temeraires ou inconsiderées ; *hoc ad utilitatem vestram dico,*

1 Cor. 35.

non *ut laqueum vobis injiciam*, c'est un avis utile que je vous donne, afin de vous exciter à vous conduire avec tant de soin, de vigilance, de Religion & de sainteté (ce sont les termes & les souhaits du Concile de Trente) que vous soyez toûjours prêts à participer à ces Divins misteres ; car si Dieu châtiera les ames presomptueuses, qui auront osé s'en approcher avec indignité, aussi punira-t-il celles qui s'en seront éloignées par negligence, par insensibilité, ou par les faux prétextes d'une pieté mal reglée.

Je vous demande, mes Freres, si ce que vous avez fait aujourd'huy, n'est pas ce que vous fites hier ; & si ce que vous ferez demain, ne sera pas ce que vous faites aujourd'huy ; vous passez vos jours en parlant à Dieu dans la priére ou en l'écoutant dans la lecture des livres saints ; tous vos exercices ne sont rien, que les executions des regles qui vous sont prescrites ; c'est à dire un perpetuel renoncement à vos volontez, pour suivre les siennes ; vous vivrez dans les veilles, dans les travaux, dans les jeûnes, dans un silence & dans un recuëillement exact ;

& si ceux qui sont établis pour votre direction & pour votre conduite, vous en tirent quelquefois, ce n'est jamais que pour vous parler des choses de Dieu & de ce qui peut contribuer à vôtre salut ; où pouvez-vous donc trouver des moyens plus certains pour acquerir les dispositions veritables, que cette suite d'exercices & d'actions ; je suppose que vous vous en acquittiez avec esprit, avec ce sentiment, & avec cette fidelité interieure qui vous est ordonnée.

Souvenez-vous, mes Freres, que ceux qui suivent & servent les Rois de la terre, sont toûjours sous les armes, & toûjours prêts de partir au moindre signe, au moindre commandement qu'ils en reçoivent ; & seroit-il juste que vous eussiez moins d'ardeur & d'exactitude pour le service du Roy du Ciel, & que pouvant être appellez dans tous les instans à ce festin magnifique, à cette Fête éternelle, qu'il a destinée pour tous ceux qui font une profession sincere d'être à luy, vous vous exposassiez à être surpris, & que faute de vous tenir dans une preparation necessaire, vous vous trouvassiez dans le nombre de ceux ausquels cet arrest terrible sera prononcé : *dico autem vobis quod nemo virorum illorum qui vocati sunt gustabit cœnam meam*, je vous assure que nul de ceux qui ont été conviez, ne goûtera du souper que je leur avois préparé. Luc 14. 24.

Enfin si c'est manque de foy, que l'on s'y presente sans preparation, c'est manque de foy, que l'on s'en retire sans consulter son Pasteur, lors que cette privation n'a point de fondement legitime ; mais pour vous, dont toute l'occupation est d'épurer, & d'animer dans la solitude, cette foy qui ne fait que s'affoiblir, & s'éteindre dans le commerce du monde, vous devez éviter également ces deux écüeils ; puisque comme je vous l'ay déja dit, la timidité & la paresse nous ferment les portes du Royaume, aussi bien que la presomption & la temerité.

Je ne doute point, mes Freres, que sçachant que ceux qui s'éloignent de ce Divin mistere, s'éloignent de Dieu, aussi-bien que ceux qui s'en approchent avec indignité, & qu'il punit les uns comme les autres, vous ne desiriez sçavoir quelles sont les preparations qu'il y faut apporter pour ne point prendre de fausses mesures, dans une affaire de si grande importance. Je vous diray que vous les apprendrez dans le mistere même & que l'état dans lequel vous y voyez Jesus-Christ, est celuy dans lequel vous devez être ; il y est dans une dépendance entiere de la volonté de son Pere, dans une abnegation qui n'eut jamais de semblable; il y est dans une humilité sans égale, exposé à tout ce que les ennemis de son nom & de sa gloire voudront ou penser, ou dire de sa disposition presente ; il y est dans une pauvreté toute pareille, étant difficile d'imaginer un denuëment, & une simplicité plus achevée, que celle dans laquelle nous l'y voyons: pour sa charité elle ne peut aller plus loin, puis que c'est elle qui la reduit en cet état.

Voila, mes Freres, ce qu'il faut que vous soyez, si vous voulez participer aux benedictions que Jesus-Christ a promises à ceux qui mangeront sa chair, & qui boiront son sang.

Voila quatre dispositions essentielles, je veux dire le renoncement à vôtre volonté, l'humilité, la simplicité, & la charité, que vous devez avoir dans une perfection qui convienne à l'excellence de vôtre état; il faut que vôtre volonté soit détruite, & qu'elle soit tellement absorbée dans celle de Dieu, qu'il en forme tous les mouvemens, tous les sentimens & toutes les actions; il faut qu'elle soit à son égard dans une dependance si entiere, qu'il la remuë, qu'il la dirige, & qu'elle ne fasse qu'accepter, que suivre ses impressions, & veritablement si vous aviez quelque volonté secrette, ou quelque attachement particulier, que vous ne voulussiez pas quitter, le moyen que Jesus-Christ se donnât à vous qu'il vous remplît de son esprit, & qu'il vous communiquât cette vie immortelle, qui est l'effet & le fruit de ce grand mistere.

Dés là que vous voulez ou que vous aimez une chose, vous la suivez, vous luy appartenez, vous êtes à elle, & comme selon la parole de Jesus-Christ on ne peut être à deux maîtres, étant où vôtre amour

Matth. 6. 24.

propre vous attache, vous ne pouvez être à Jesus-Christ, & Jesus-Christ qui vient en vous dans le Sacrement de son corps & de son sang, vous donne à la verité l'un & l'autre, mais il vous refuse en même temps, ce que vous n'êtes pas dignes de recevoir, qui est son esprit, le principe de son immortalité: il vous rencontre dans une disposition qui le blesse & qui l'offense; & au lieu de tant de marques de sa bonté dont vos ames seroient comblées, si elles étoient telles qu'il les desire, vous ne devez attendre que des effets de sa colére; ce n'est plus comme un pere, ou comme un Sauveur qu'il vous visite, mais comme un maître irrité, comme un juge sevére; & pour vous punir du mépris & de l'indifference avec laquelle vous le traittez.

Quel rapport y a-t-il, mes Freres, entre l'état auquel vous êtes, & celuy dans lequel vous le voyez sur la Croix? quel spectacle! ces bras étendus, percez d'une maniere si cruelle, ce côté ouvert par le fer d'une lance, cette nudité, cet abandonnement, cette immolation tellement consommée, qu'il n'y a pas la moindre partie de la victime; qui n'entre dans le sacrifice, & cette restriction, cette reserve avec laquelle vous oséz paroître dans une action, qui demande une abnegation sans reserve, & sans limites; & pouvez-vous vous imaginer que Jesus-Christ ne condamne pas avec la derniere severité, ce menagement, cette reserve, ce que vous voulez retenir contre son ordre, & dont vous temoignez faire plus de cas, que de ces graces immenses qu'il vous avoit préparées; il se donne tout entier par l'amour qu'il vous porte; il veut que vous fassiez ce qu'il fait, & que vous y répondiez, par une oblation, qui soit un rétracement & une expression fidelle de la sienne; & tout ce que vous vous réservez avec determination & avec dessein, vous divise, vous separe de luy, s'oppose à cette union si intime, à laquelle vous devez aspirer & tendre par toutes sortes d'efforts, & empêche par consequent que cette vie immortelle ne vous soit communiquée.

Si vôtre volonté, mes Freres, est une fois détruite, votre humilité sera profonde; car comme c'est la volonté qui est le principe de l'orgueil; la source étant épuisée, tous les effets & les écoulemens en seront arretez ; vous entrerez dans toutes les humiliations de Jesus-Christ, vous épouserez ses abbaissemens, vous vous unirez à luy dans tous les opprobres, & toutes les confusions qu'il a endurées ; vous vous aneantirez sans cesse devant la majesté de Dieu ; vous ne vous regarderez que comme de la cendre & de la poussiere ; *tanquam pulvis quem projicit ventus à facie terræ*, vous luy direz comme le centenier que vous ne meritez pas de le recevoir dans vôtre maison ; mais semblables au Publicain de l'Evangile, vous n'oserez pas-même lever les yeux sur cette montagne sainte, où il a établi le thrône de sa gloire & de sa misericorde, ni luy crier comme son Prophéte *Lev. v. oculos in montes*, j'ay levé mes yeux vers les montagnes ; ce sentiment de vôtre humilité, remplira toute la capacité de vôtre cœur, & vous ne connoîtrez ni avantage, ni bonheur, que celuy de vous rendre des disciples & des imitateurs fidelles de ce divin Maître que vous avez devant les yeux.

Vôtre pauvreté sera une suite necessaire de ces deux dispositions: car qu'est-ce que peut produire une si grande destruction, sinon des renoncemens, des privations, des vuides, des abîmes? Et y a-t-il une pauvreté pareille à celle de celuy qui n'a ni volonté ni desirs pour aucune des choses d'icy bas? Vous êtes dans la main de Dieu par l'assujettissement de vôtre volonté à la sienne; c'est à luy à vouloir, & à vous à luy obéir; c'est à luy à vous donner le mouvement, & à vous à le suivre. Enfin ce dépouillement de tous les biens de la terre vous donne droit sur les richesses du Ciel, selon la declaration que Jesus-Christ en a faite, lorsqu'il a dit que le Royaume de son Pere étoit l'heritage des pauvres: *Beati pauperes* *spiritu, quoniam ipsorum est regnum cælorum.* Matth. 5. 3.

Pour la Charité qui est la derniere disposition que je vous ay proposée, Jesus-Christ pour l'amour duquel vous avez embrassé toutes ces privations, la répandra dans vos ames avec abondance, il prendra plaisir à combler tous ces abîmes, que vous n'y avez creusez qu'afin de l'imiter & de luy plaire; il vous donnera son Esprit avec plenitude en la place de celuy que vous luy aurez sacrifié, il allumera dans vos cœurs le feu sacré de sa charité ; & il sera l'unique objet de toutes ses ardeurs, & vous l'aimerez seul par le soin & par la fidelité que vous aurez à luy rapporter tout ce qu'il vous aura ou permis ou ordonné d'aimer hors de luy.

Vous avez de grands avantages, mes Freres, pour acquerir toutes ces preparations dont je vous parle : cette dignité quelque extraordinaire qu'elle paroisse, se rencontre dans le fond de vôtre état ; & il se peut dire que si vous vous acquittez avec toute la religion qui vous est prescrite des devoirs ausquels il vous engage, il n'y a point de momens où vous ne puissiez participer aux benedictions qui sont contenuës dans ce grand Mystere : puisque vôtre profession, comme vous le sçavez, veut que vous viviez sans volonté propre, dans une obéïssance, comme dans une humilité sans bornes, & dans une pauvreté si entiere & si complette, qu'il ne vous reste pas le moindre usage ni de vôtre esprit ni de vos sens, & que la premiere de toutes les obligations que vôtre Regle vous impose, est d'aimer Dieu tout autant que vous êtes capables de l'aimer.

Ce sont des secours, mes Freres, que Dieu n'accorde presque point aux personnes qui sont dans les engagemens & dans les affaires du monde: car à qui obéir? à qui se soûmettre? ils sont toûjours les maistres d'eux-mêmes; & l'obéissance qu'ils rendent à Dieu est si traversée, & si mêlée de sentimens & d'actions de leur propre esprit, qu'ils ne luy obéissent que quand l'obéissance n'a rien qui les peine & qui leur coûte; & souvent tel se croit fort soûmis à ses ordres, qui conserve dans son cœur une revolte & une resistance secrette.

On n'est pas plus exact ni dans l'humilité ni dans la pauvreté; & comment est-ce que ces deux vertus si saintes se trouveroient au milieu du luxe & de l'abondance? on se flatte pour se delivrer des scrupules, & on se fait une assurance trompeuse; on se conduit par de fausses lumieres; on imagine des raisons pour autoriser la vie que l'on mene, & pour se cacher & se justifier du peu de changement qu'on apperçoit dans sa conduite,

Mais Dieu dont les yeux percent tout, en juge bien d'une autre forte; & il rejette souvent comme des entreprises sacrileges, ce que l'on considére comme des actions de pieté. C'est le malheur auquel sont exposez les gens du monde, & dont ceux qui sont renfermez dans les Cloîtres se garantiront sans doute, pourveu qu'ils observent leurs Regles dans ce qui regarde la mortification des sens comme dans ce qui touche celle du cœur.

Enfin, mes Freres, pensez parmi toutes ces graces que vous recevez incessamment de la misericorde de Dieu, que cette adorable Hostie, qui est un gage précieux de l'amour de JESUS-CHRIST, qui ne s'offre dans son Eglise que pour le salut du monde, a des effets tout contraires, selon les différentes dispositions de ceux qui y participent : *Sumunt boni, sumunt mali, sorte tamen inæquali; vita vel interitûs.* Souvenez-vous que l'Arche de l'ancienne Alliance, qui est la figure du Sacrement de la nouvelle, étoit la consolation des peuples, leur refuge & leur force, lorsqu'ils étoient pressez par leurs ennemis : cependant elle causa la perte des Bethsamites; & Dieu en extermina plus de cinquante mille, parce qu'ils la regarderent avec peu de réverence. Oza fut aussi frappé de mort, dans l'instant même, parce qu'il eut la temerité d'étendre la main pour la soûtenir: mais Obededom la vit dans sa maison avec un sort bien different; & le Seigneur le combla de bénedictions & de prosperitez, pour recompenser la pieté & la religion, avec laquelle ce saint Israëlite l'avoit receuë.

1. Reg. 6. 19.
1. Reg. 6. 6.

Ce sont, mes Freres, des instructions dont vous devez profiter. Si Dieu a traitté avec tant de rigueur ceux qui n'ont pas rendu à la figure tout le respect qui luy êtoit dû; de quelle sevérité n'usera-t-il point, à l'égard de ceux qui n'auront pas pour la réalité cette religion profonde qu'elle exige de tous ceux qui en approchent? Et que n'est-on pas obligé de faire pour ne pas changer en un poison funeste, ce qui nous est donné pour le remede de tous nos maux, & pour ne point trouver malheureusement la mort dans la source de la vie.

CONFERENCE
POUR
LE DIMANCHE
DANS L'OCTAVE
DU
SAINT SACREMENT.

Venite ad me omnes qui laboratis & onerati estis, & ego reficiam vos. Matth. 11. 28.

Venez à moy vous tous qui êtes dans l'affliction & dans la peine, & je vous soulagerai.

CE sont des paroles que nous avons chantées dans l'Office de la nuit : mais quoiqu'elles soient sorties de la bouche de celuy qui est la verité même, de celuy qui ne sçait ce que c'est que de tromper, & qu'elles

les soient toutes remplies des marques de sa bonté & de sa tendresse, elles sont si peu écoutées des gens qui vivent dans le monde, qu'il faut qu'ils ne croyent pas que Jesus-Christ les ait dites, ou qu'ils comptent pour rien les graces & les avantages qu'il leur promet; disons plûtôt, qu'ils sont tellement emportez par l'ardeur de leurs passions, qu'ils ne peuvent se resoudre à les combattre, & à se faire la violence nécessaire, pour profiter des biens & des richesses que Jesus-Christ leur offre & leur presente. *Venite ad me omnes qui laboratis.*

Cependant si quelque chose est capable de les toucher, & de faire sur leurs ames des impressions saintes & salutaires, c'est cette promesse si étenduë & si consolante, Venez à moy vous tous qui êtes dans la peine, & je vous soulagerai: c'est à dire, je consolerai les affligez, je soûtiendrai les foibles, j'éclairerai les aveugles, j'enrichirai les pauvres, je rassasierai ceux qui ont faim, je desaltererai ceux qui ont soif, je releverai ceux qui sont accablez, je guerirai les malades; enfin je protegerai tous ceux qui sont dans la tribulation, pourveu qu'ils viennent & qu'ils s'adressent à moy avec des dispositions pures & sinceres.

Ce qui fait, mes Freres, que cette voix toute amoureuse & toute attirante qu'elle est n'a presque point d'effet, & que les hommes ne se donnent aucun mouvement pour la suivre, c'est qu'il est question d'aller à Jesus-Christ, *Venite ad me*, & que l'on ne va à Jesus-Christ que par Jesus-Christ même : *Ego sum via*, Je suis la voie ; il faut marcher par le même chemin qu'il a tracé, *ambulare, sicut ipse ambulavit*: c'est à dire, qu'il faut entrer dans tous ses sentimens, dans toutes ses maximes, dans toutes les veritez qu'il a enseignées, soit par ses actions ou par ses paroles ; *hoc sentite in vobis quod & in Christo Jesu* ; il faut, dis-je, embrasser toutes les dispositions dans lesquelles nous sçavons qu'il a été, épouser ses affections & ses haines ; rechercher ce qu'il a recherché, rejetter ce qu'il a rejetté ; enfin s'attacher à luy en toutes choses, & avec tant de fidélité, qu'il n'y ait rien que l'on remarque davantage que Jesus-Christ dans tous les endroits &

Ioan. 14. 6.

1. *Ioann.* 2. 6.

Philip. 2. 5.

dans toutes les circonstances de nôtre conduite: *Ut & vita Jesu manifestetur in corporibus nostris.* 2. Cor. 4. 10.

Voilà, mes Freres, des devoirs dont personne n'obtiendra jamais de dispense: ce sont des loix d'une nécessité absoluë; Dieu les a imposées à tous les hommes; & il n'y en a pas un seul, quelque rang & quelque autorité qu'il ait dans le monde, qui ne soit obligé de les observer & de s'y soûmettre. C'est cette fidélité qui fait les Chrêtiens; c'est ce qui forme les veritables disciples; il faut porter l'image du Roy qui est Jesus-Christ, c'est à dire, luy être semblable, pour avoir part à son royaume; c'est une verité constante: cependant par un renversement qui ne se peut comprendre, & qu'on ne croiroit pas, s'il ne tomboit sous les sens: au lieu que la vie des Chrêtiens doit être une imitation exacte & une expression fidele de la vie de Jesus-Christ, la vie de Jesus-Christ est la condamnation de la vie de la plus grande partie des Chrêtiens; & si vous les examinez par ces regles qui sont les seules, le nombre de ceux qui les gardent se trouvera si petit, qu'on ne pourra s'empêcher de s'écrier comme le Prophete, dans le sentiment d'une affliction vive & d'une douleur amere : *Salvum me fac, Domine, quoniam defecit sanctus.* Sauvez-moy, mon Seigneur, il n'y a plus de Saints; on ne voit plus dans le monde de gens qui vous servent. La cause de ce desordre si general, c'est que JESUS-CHRIST a choisi des voies dures, étroites & pénibles, comme il le dit dans la personne de son Prophete, *Propter verba labiorum tuorum, ego custodivi vias duras*, & que les Chrêtiens de nôtre temps n'en veulent que de douces, de faciles & de spatieuses.

Cette verité fait peur quand on la regarde dans toutes ses suites & ses conséquences. Car qu'y voit-on davantage que la reprobation d'une infinité de personnes qui font une profession apparente d'une Religion dont ils ne sont point en effet, qui portent un nom qui ne leur appartient pas ; & qui dementent par tout l'état de leur vie. Ce caractere extérieur qui les fait passer aux yeux des hommes pour les disciples d'un Maître, dont ils ne suivent ni les préceptes ni les enseignemens, ni les maximes. Que le monde dife ce qui luy plaira pour se cacher une vûë si triste & si affligeante; il faut qu'il convienne malgré luy, que la plus grande partie de ceux qui y sont engagez, mettent tous leurs soins & font consister leur principalle affaire, ou à se rendre riches & puissans, ou à acquerir de la reputation, ou à vivre dans la volupté ou dans ses plaisirs.

Les premiers trouvent leur condamnation dans l'exemple de JESUS-CHRIST & dans sa parole, quelque usage qu'ils fassent de leur bien, s'ils ne le distribuent, s'ils ne le cachent, selon les termes de l'Ecriture, dans le sein des pauvres, s'ils ne les soulagent dans leurs nécessitez, & s'ils ne les consolent dans leurs miseres : car si cela n'est, quelle destination en peuvent-ils faire ? Il faut, ou qu'ils en remplissent leurs coffres par une avarice sordide, qu'ils fassent leur idole de leur argent, que leur plaisir soit de le voir & de le compter, ou qu'ils le répandent avec profusion, qu'ils en fassent des largesses folles, vaines & indiscretes, ou bien qu'ils l'employent à bâtir des maisons superbes, à se donner des meubles riches & somptueux; enfin à entretenir des trains & des équipages magnifiques. Mais, qu'y a-t-il de plus opposé aux sentimens & à toute la conduite de Jesus-Christ, il donne sa malediction aux riches, parce qu'ils ont leur consolation en ce monde. *Væ vobis divitibus, quia habetis consolationem vestram.* Il a vécu dans une pauvreté qui n'a point d'égale, & dans une privation consommée : c'est ce qu'il nous apprend de sa propre bouche, quand il nous dit que la Providence luy a refusé les choses les plus nécessaires pour la conservation de sa vie, & qu'elle ne luy a pas même donné un lieu où il pût reposer sa tête ; *Vulpes foveas habent, & volucres cœli nidos, Filius autem hominis non habet, ubi caput reclinet.*

Luc. 6. 24.

Luc. 9. 58.

Pour de la gloire & de la reputation, mes Freres, les hommes en veulent avoir à quelque prix que ce soit. Celuy-cy par les armes, il expose sa vie en toutes occasions : il n'y a point de peril qu'il n'affronte ; & quoiqu'il luy en coûte, pourvû qu'il soit estimé, il est content. Un autre tend à la même fin par l'étude : il écrit, il compose des livres, il y employe les jours

& les nuits, il prêche & donne tout son temps pour se rendre célèbre par son éloquence; il fait ce qu'il peut pour plaire & pour se distinguer; une prédication heureuse est pour luy ce qu'est le gain d'une bataille à un homme de guerre. Un autre s'éleve par de grands établissemens, par de grandes fortunes: ses desseins sont immenses, & quoiqu'il luy arrive de prosperitez, son ambition n'est jamais rassasiée.

Ce sont-là des voies, mes Freres, que Jesus-Christ n'a point connuës; il a méprisé la gloire du monde, il a foulé aux pieds tout son éclat & toute sa grandeur; il a fait voir par quantité de circonstances de sa vie le peu de cas qu'il en a fait; il parle au peuple parce que sa mission l'y engage; mais il couvre ses grandes véritez & les Mysteres profonds qu'il leur annonce sous des expressions communes, sous des comparaisons simples, sous des figures & des paraboles vulgaires, selon ces termes du Prophete: *aperiam in parabolis os meum, eructabo abscondita à constitutione mundi.* Il s'énonce sans art, sans recherche, sans arrangement, Math. 13. 35.

sans beauté de langage, sans aucun choix de paroles; il prend pour l'accomplissement des desseins de son Pere des gens grossiers, méprisables par leur naissance, par leurs emplois, & par la qualité de leur esprit, pour confondre, comme nous l'apprenons de l'Apôtre, l'orgüeil & la vanité des gens du monde. *Infirma mundi elegit Deus, ut confundat fortia.* Enfin voiant que les peuples qui le suivoient vouloient l'enlever, pour l'établir leur Roy, il se derobe, il s'enfuit, il se cache dans le fond des montagnes, *cùm cognovisset, quia venturi essent, ut raperent, & facerent eum Regem, fugit iterum in montem ipse solus.*

1. Cor. 1. 27.

Ioann. 6. 15.

Les hommes ne desirent pas les plaisirs avec moins d'ardeur que la reputation & la gloire: la volupté les domine, ils ne cherchent rien tant que de contenter leurs sens; ils inventent, ils imaginent; la bonne chere est devenuë une étude; c'est une science toute nouvelle que nos peres n'ont point connuë; l'application qu'on y donne, le rafinement qu'on y apporte, marque que les ames sont de chair, pour ainsi dire, & toutes plongées dans la sensualité, l'inutilité, la molesse, les soins qu'on a de se procurer par tout ce qui est de plus commode & de plus conforme aux inclinations de la nature, les jeux, les divertissemens, les spectacles ne font que trop voir qu'on ne vit plus que pour la terre. Nous ne parlons point des autres déreglemens & des autres excés, dont ceux-cy sont les sources, les causes & les origines.

Il est aisé, mes Freres, de montrer que JESUS-CHRIST a condamné tous ces desordres par toute sa conduite: c'est ce qui paroît évidemment par la maniere dont il s'est expliqué à l'égard de ceux qui se laissent aller au plaisir de la bouche, & qui s'abandonnent à des joyes folles & mondaines, quand il dit aux uns & aux autres, *Væ vobis qui saturati estis, quia esurietis ; væ vobis qui ridetis nunc, quia lugebitis & flebitis.* Malheur à vous qui êtes rassasiez, parce que vous aurez faim; malheur à vous qui riez maintenant, parce que vous serez reduits aux pleurs & aux larmes; par le zele qu'il a témoigné pour la gloire de son Pere; & par conséquent par la douleur qu'il a ressentie de voir l'audace de ceux qui osoient violer le

Luc. 6. 25.

respect qui luy étoit dû, & s'élever contre sa Majesté suprême : ce qui se remarque dans saint Jean, lorsqu'il luy dit, qu'il l'a glorifié sur la terre, qu'il a fait connoître aux hommes son saint Nom; & que tout son soin a été de consommer l'œuvre dont il l'avoit chargé *Ego te clarificavi super terram, opus consummavi quod dedisti mihi ut faciam*; par les larmes qu'il a versées sur la dureté, sur l'impénitence, & sur l'ingratitude de son peuple & sur la désolation de Jerusalem, *Videns civitatem, flevit super illam*; par les travaux & les fatigues qu'il a endurées dans le cours de sa vie mortelle. *Jesus autem fatigatus ex itinere, sedebat.* Enfin par la présence qu'il a toûjours conservée de ses jugemens si justes, & si rigoureux tout ensemble que son Pere devoit exercer sur sa personne toute sainte & toute innocente qu'elle étoit : ce qui a fait qu'il a pensé dans tous les momens de sa vie à ces paroles qu'il a prononcées dans le temps de sa mort, *tristis est anima mea usque ad mortem*, mon ame est triste jusqu'à la mort; & qu'il ne luy est jamais échappé ni mouvement ni action, qui ait causé la moindre

Ioan. 17. 4.

Luc. 19. 41.

Ioan. 4. 6.

Math. 26. 38.

interruption, ni donné la moindre atteinte à ce recueillement, à cette attention, à cette méditation profonde, que ce grand evenement pouvoit produire dans une ame comme la sienne : inferez de tout cela, Mes Freres, trois choses ; l'une que la conduite des mondains est condamnée par celle de Jesus-Christ, & qu'ils marchent par des chemins & par des routes contraires à celles qu'il leur a marquées ; que leur état est une opposition fixe à ses préceptes & à ses conseils. La seconde, qu'il ne faut point s'étonner s'ils ne répondent pas lorsqu'il les appelle, & si sa voix n'en est ni entenduë ni suivie ; si c'est inutilement qu'il les invite à ce banquet sacré qu'il a préparé dans ce jour de benediction pour tous ceux qui le servent. La troisiéme, que rien n'est plus digne de compassion que l'état où ils se trouvent, puisque s'ils s'avancent & s'ils s'approchent de cette table divine dans les dispositions où ils sont, leur indignité les rend coupables de mort : *judicium sibi manducat & bibit* ; 1. Cor. 11. 29. & que s'ils s'en abstiennent, leur condition n'en est pas moins malheureuse, puisque Jesus-Christ declare, que ceux qui ne mangeront point sa chair, & ne boiront point son sang, n'auront point de part à la vie : *nisi manducaveritis Carnem Filii hominis, & biberitis ejus Sanguinem, non habebitis vitam in vobis.*

Joan. 6. 54.

Quelle situation, mes Freres, quelle perplexité ! on trouve sa condamnation, si on s'approche; on la trouve, si on s'éloigne ; la témerité est punie, la négligence l'est aussi ; le mal, me direz-vous, est donc sans retour ? Non, Dieu me garde d'une telle pensée ; mais ce qui est déplorable, c'est qu'on ne peut se resoudre à recourir aux remedes, qui seuls sont capables de rendre & de rétablir la santé qu'on a perduë, & que l'on aime mieux consentir à sa propre perte, que de se servir des moyens, que la Providence présente pour l'éviter.

En un mot, il faut, comme l'Esprit Saint nous le dit par la bouche de son Prophete, rompre toutes ces habitudes malheureuses que l'on a contractées dans la corruption du monde, briser tous ces liens qui retiennent dans la captivité des passions, s'affranchir de toutes les affections déreglées, & secoüer ce joug des cupiditez si pesant & si cruel, qui opprime & qui accable tous ceux qui le portent: *dissolve colligationes impietatis; solve fasciculos deprimentes;* se décharger de tout ce qui peut être un obstacle à l'obligation que l'on a d'imiter Jesus-Christ & de le suivre, *omne onus disrumpe*: enfin s'exercer dans les œuvres de charité, faire part de ses biens à ceux qui en manquent, prendre soin de ceux qui sont destituez de tout secours & de toute protection; & ne se dispenser jamais de consoler ceux avec qui l'on a une nature, une chair, une origine commune, lorsqu'on les voit dans l'indigence & dans l'affliction: *Frange esurienti panem tuum, & egenos vagosque induc in domum tuam, & carnem tuam ne despexeris*. Ce sera par là qu'on lavera son ame de toutes ses iniquitez, qu'on la purifiera de toutes ses taches, que l'on guerira toutes ses blessures, quelques profondes qu'elles puissent être, & que l'on recevra de la bonté de Dieu, la lumiere, la santé & la justice; *tunc erumpet quasi mane lumen tuum, & sanitas tua citiùs orietur, & anteibit faciem tuam justitia tua.*

Ainsi je parle aux gens du monde)

Isaï. 58. 6.

Ibid. 7.

Ibid. 8.

Ibid.

vous deviendrez des hommes tout différens de ce que vous avez été : vous vous deferez de ce vieux levain, & vous vous changerez en une pâte toute nouvelle, selon les paroles de l'Apôtre, *expurgate vetus fermentum, ut sitis nova conspersio*, & vous trouvant dans toute la pureté & la dignité nécessaire pour vous présenter avec confiance devant ce Roy, qui vous appelle à sa table, *venite ad me omnes qui laboratis, &c.* Vous ne courrez point fortune de rougir à ses yeux de vôtre témerité : il vous tendra la main de sa misericorde ; *gloria Domini colliget &c.* & vous rendra participans de toutes les graces & de toutes les bénedictions qui sont renfermées dans ce myftére d'une sainteté & d'une richesse infinie.

1. Cor. 5. 7.

Matth. 11. 28.

Isai. 58. 8.

Je me suis plus étendu que je ne pensois sur ce qui touche les gens du monde, mais cela ne vous sera pas inutile, mes Freres : car s'il y a rien qui puisse échauffer vôtre gratitude, animer vôtre reconnoissance, exciter vôtre religion, & vous faire comprendre à quel point vous êtes redevables à la bonté de Dieu ; c'est de penser souvent de combien de perils, de piéges & de tentations differentes il vous a délivrées, ou plûtôt de combien de naufrages il vous a garantis, en vous retirant du monde.

Ne vous imaginez pourtant pas, mes Freres, que ce soit seulement dans le monde, dont je viens de vous parler, que la voix de Dieu ne soit point entenduë; que ce soit là seulement qu'on refuse d'aller à luy quand il appelle, & où l'on marche par des voies contraires à celles que Jesus-Christ a enseignées: cette résistance se trouve dans les Cloîtres, comme ailleurs; & plût à Dieu qu'elle y fût moins commune, & qu'il y eût dans ces demeures si saintes dans leur institution & dans leur origine, plus d'attachement qu'il n'y en a pas à suivre les ordres & les volontez de Jesus-Christ, & que les Moines vécussent avec tant de fidélité, qu'ils trouvassent, non pas leur condamnation, comme il n'arrive que trop; mais leur canonization dans sa parole & dans sa conduite.

Je dis donc, mes Freres, & je le dis avec douleur, que la vie de Jesus-Christ condamne la plus grande partie des personnes qui luy sont consacrées: il n'y a rien en cela qui ne soit palpable, & qui ne tombe sous les sens de tous ceux qui sçavent ce qui se passe dans les Observances regulieres. Si vous considérez celles dans qui les reformes n'ont point été introduites, vous n'y voiez, à la reserve de quelque ame simple, qui gemit dans le secret, qu'une transgression toute publique, & une infraction scandaleuse des Regles les plus saintes : on n'y connoît ni les préceptes, ni les conseils évangeliques; on y suit les maximes du monde; on y est rempli de son Esprit; on est dans ses joies folles, dans ses excés, dans ses plaisirs; enfin les enfans ont tellement dégeneré de la sainteté de leurs Peres, qu'ils n'en conservent que le nom, les biens & les maisons? Qu'y a-t-il en tout cela que JESUS-CHRIST ne condamne? & n'a t'on pas sujet de dire; *quæ participatio justitiæ cum iniquitate, aut quæ societas luci ad tenebras: quæ autem conventio Christi ad Belial?* Cette clarté inaccessible peut-elle compatir avec des ténebres si épaisses, & la piété de JESUS-CHRIST peut-elle s'accommoder de l'impiété des Démons?

2. Cor. 6.
14. 15.

Pour

Pour les Congregations reglées, il ne faut pas douter que Dieu n'y ait des ames saintes, & qui soient selon son cœur : cependant le nombre n'en est peut-être pas si grand qu'on pense, & parmi tous ces exercices & ces actions reguliéres, qui s'y font remarquer, il est bien difficile qu'on y suive Jesus-Christ, qu'on l'imite en tout, & qu'on le regarde comme le seul modéle sur lequel on doit former toute la conduite de sa vie. Il faut vous le dire, mes Freres, non point comme une nouveauté, car je vous l'ay déja dit bien des fois, mais comme une chose qui ne sçauroit trop être repetée, & qui ne doit jamais sortir de vôtre cœur & de vôtre memoire.

Il veut que les personnes qui luy sont consacrées s'élevent à une perfection éminente : il leur donne pour cela les moyens nécessaires, & ces moyens ne sont rien que la pratique des vertus qui ont paru dans sa vie avec plus d'éclat & de bénediction : nous pouvons mettre entre les principales, la pauvreté, la chasteté, l'obéissance, la charité, l'humilité, la mortification des sens & de l'esprit. Voilà ce qui forme precisément l'état religieux :

toutes les autres vertus n'en sont que les suites & les conséquences.

Il faut donc que l'obéissance, la pauvreté & la chasteté d'un Moine, soit un retracement de l'obéissance, de la pauvreté & de la chasteté de Jesus-Christ : c'est par cette conformité, & par cette ressemblance que vous jugez ce qu'il est, ou ce qu'il n'est pas ; & ne doutez point, mes Freres, qu'il ne rejette dans un Religieux toutes ces dispositions, comme des vertus fausses & des qualitez bâtardes, si elles ne sont des expressions fidelles & exactes de celles qu'il a pratiquées.

Pour ne vous pas tenir davantage, mes Freres, l'obéissance de Jesus-Christ (commençons par celle-là) a été prompte, entiére, fidelle & cordiale ; il n'a jamais raisonné sur les ordres de son Pere ; il les a exécutées avec une ponctualité parfaite ; & la mort même n'a pas été capable de borner son obéissance : *factus obediens, usque ad mortem.* Disons davantage, il a tellement connu le bonheur qui se rencontre à obéir, qu'il a voulu vivre dans la dépendance de ceux à qui il étoit supérieur, & qui

Philip. 2. 1.

luy étoient soûmis : *& erat subditus* Luc. 2. *illis.* Où voyez-vous dans les Cloîtres une obéissance dont vous puissiez dire, que celle-là soit la regle & le modéle ? On y examine les commandemens de ceux qui conduisent ; on juge leurs intentions ; on prend & on rejette ce qu'ils ordonnent selon ses inclinations particulieres ; on contredit, on resiste, on murmure ; & on fait avec chagrin, ce que l'on ne veut pas absolument refuser avec une contradiction scandaleuse. Est-ce là obéir comme JESUS-CHRIST ? est-ce là le suivre & marcher par les voies qu'il a tracées ?

JESUS-CHRIST non seulement a été pauvre, mais il a aimé la pauvreté, il l'a portée jusqu'à ce degré de perfection, qu'il ne s'est pas contenté de se priver des biens, des fortunes & des richesses extérieures, mais rien de terrestre, rien de périssable n'a trouvé aucune place dans son cœur ; il l'a donné tout entier à son Pere, & il n'y a jamais rien admis, que ce qui pouvoit contribuer à la gloire de son Nom ; *ego quæ placita sunt ei facio* Joan. 8. *semper.* 29.

Voilà, mes Freres, une pauvreté

qui n'est gueres connuë ni pratiquée parmi les Religieux de nos temps ; on renonce véritablement à la succession des peres ; on se prive des biens & des possessions grossieres ; mais on se revêtit d'une infinité d'affections différentes, qui tiennent lieu de celles ausquelles on a renoncé ; on se donne tout ce qu'on se peut donner de satisfactions dans les emplois, dans les lectures, dans la nourriture, dans les vétémens, dans l'inutilité, dans la paresse, dans l'ajustement des Cellules, dans la conversation des Freres & des étrangers ; on s'attire, autant qu'on peut, de la considération, de la distinction, de l'estime ; enfin on se remplit d'amusemens, de bagatelles, d'occupations frivolles, & on se passionne de telle sorte pour des riens, qu'on en souffre la privation avec autant de peine qu'un homme du monde en pourroit avoir pour le renversement de sa fortune ? Peut-on s'imaginer que JÉSUS-CHRIST approuve une pauvreté qui n'a pas un trait de celle dont il a donné des exemples si pressans ? Est-ce-là le suivre ? est-ce-là marcher par les voies qu'il a tracées ?

La chasteté de Jesus-Christ n'a point été moins éminente que son obéissance & sa pauvreté; elle ne s'est point bornée à la simple pureté des sens; son ame a été pure comme son Corps; il a receu de Dieu une sainteté double & consommée; il ne s'est jamais formé en luy ni sentiment ni pensée qui n'ait été digne de luy, digne de la grandeur de sa mission; enfin digne de la sainteté de celuy qui devoit être le Sanctificateur du monde. Il faut que les Religieux imitent cette perfection; il faut qu'ils s'y élevent; & quoi qu'ils sçachent qu'ils ne peuvent pas y arriver, il faut qu'ils y tendent par tous leurs efforts: Dieu veut qu'ils travaillent incessamment pour donner à leur Religion ce degré de vertu qui y manque, & qu'elle n'a point encore, & qu'ils soient du nombre de ceux dont il est écrit: *ibunt* Ps. 83. 7. *de virtute in virtutem*, ils ne cesseront d'aller de vertu en vertu.

Que voit-on dans une grande partie des Religieux & des Solitaires, qui donne lieu de leur appliquer ces paroles: Ils rejettent, je le veux, les déreglemens materiels qu'une honnêteté purement naturelle ne souffre point;

mais ils se livrent sans scrupule à toutes les passions spirituelles, comme s'ils en faisoient assez de conserver leurs sens, & qu'il leur fût permis d'abandonner la garde de leur esprit & de leur cœur ; s'ils ne sont pas dans le monde, ils ne laissent pas de l'aimer contre ce précepte : *Nolite diligere mundum, neque ea quæ in mundo sunt.* N'aimez point le monde, ni ce qui est dans le monde : ils se font un plaisir d'entendre parler & de sçavoir ce qui s'y passe ; ils ont des interêts & des desseins comme le reste des hommes ; ils forment des envies & des soupçons les uns contre les autres ; ils s'élevent des moindres avantages de la grace ou de la nature ; ils recherchent de l'estime & de la distinction ; ils se divisent, ils se partagent entre eux, & souvent il s'y nourrit des haines & des animositez plus vives & plus ardentes qu'elles ne sont pas dans le monde. On y est dans le divertissement & dans la dissipation ; & comme Dieu ne se rencontre point parmi de telles dispositions, tout y est dans l'abbatement, dans la langueur & dans la confusion. Enfin ces hommes sont blessez de mille playes mortelles, &

1. Ioann. 2. 15.

portent, sans le sçavoir, des maladies inconnuës, & dont ils ne guériront jamais ? Est-ce là suivre Jesus-Christ ? Est-ce là marcher par les voies qu'il a marquées ?

On ne trouvera pas plus de rapport & de conformité entre Jesus-Christ & ces hommes qui luy sont uniquement consacrées : si vous les regardez du côté de l'humilité, de la charité & de la mortification des sens & de l'esprit : vous ne verrez en eux que des effets de l'amour propre ; vous les trouverez par tout esclaves de leurs cupiditez ; vous ne verrez rien en eux qui ne soit des preuves évidentes qu'ils ne sont pas moins opposez à Jesus-Christ dans ces dernieres dispositions, dont nous vous parlons, qu'ils le sont dans toutes les autres ; & depuis qu'il passera pour constant qu'ils ne sont ni obéïssans ni pauvres, ni chastes comme Jesus-Christ ; il s'ensuit par des conséquences certaines, qu'ils ne luy ressemblent pas davantage dans l'humilité, la charité & la mortification. Il me seroit aisé de vous prouver, que je n'avance rien qui ne soit véritable ; mais comme la preuve seroit inutile aprés ce que je viens de vous en dire, & qu'elle m'engageroit à une discussion trop étenduë, je m'en tiendrai-là en me contentant de vous dire, qu'il n'est que trop vrai qu'on ne suit pas JESUS-CHRIST dans la plus grande partie des Cloîtres non plus que dans le monde, & qu'on y marche dans une infinité de lieux par des voies contraires à celles qu'il nous a tracées.

Que faut-il donc faire, me direz-vous, pour aller à JESUS-CHRIST, & pour y aller d'une maniere qu'on reçoive l'effet de ses promesses. *Venite ad me omnes qui laboratis & onerati estis, & ego reficiam vos :* c'est à dire, pour se mettre en état de participer à la grace du Mystére que toute l'Eglise celebre aujourd'hui ? Je vous dirai, mes Freres, qu'il faut rectifier ses voies en rentrant dans celles de JESUS-CHRIST dont on a eu le malheur de se séparer ; qu'il faut se rapprocher de luy par le chemin qu'il nous a enseigné par sa parole comme par ses actions ; qu'il faut regler nôtre obéissance sur la sienne, en exprimer dans la nôtre toutes les conditions & les caractéres, & garder la même exactitude dans la pauvreté & dans la chasteté,

Matth. 11. 28.

teté ; difons dans l'humilité, dans la charité & dans la mortification ; ainfi toute nôtre conduite étant fanctifiée par la conduite de JESUS-CHRIST, nos ames se trouvant purifiées de toutes ces taches dont nous avons parlé ; & nos vétemens, felon la parole du Sage, ayant toute la blancheur & la pureté qui leur eft fi recommandée, *omni tempore fint veftimenta tua candida*: comme il n'y aura rien en nous qui puiffe bleffer la fainteté de fes divins regards, nous pourrons en approcher avec confiance ; & nous ne devons point douter, que nous ne trouvions dans ce Pain vivant les confolations, les rafraichiffemens & les forces qu'y rencontrent tous ceux qui le reçoivent avec un cœur pur, une foy ferme, & une charité ardente: *fi mente pura, fide firma & charitate perfecta, in ejus fimilitudinem transformemur.* Ce fera pour lors que nous verrons en nous l'accompliffement de fes promeffes: *Venite ad me omnes qui laboratis, & ego reficiam vos.*

Eccl. 9.
v. 8.

CONFERENCE
POUR
LE III DIMANCHE
D'APRE'S LA PENTECÔTE.

Au changement de Stabilité d'un Religieux.

O Timothee, depositum custodi. 1. Timoth. 6. 20.

O Timothée, gardez le dépôt qui vous a été confié.

J'ESPERE que nous recevrons toute la joye & toute la satisfaction, que nous attendons du changement que vous faites aujourd'huy, mon Frere, & que la conduite que vous tiendrez à l'avenir, sera si religieuse & si reguliere, que nous n'aurons pas sujet de nous repentir de vous avoir accordé ce que vous nous demandez ; c'est asseurement, un des plus fâcheux inconveniens, qui puisse arriver à un Supérieur, que de se méconter dans ces sortes d'actions, & de reconnoître trop tard, qu'il s'est trompé en ouvrant les portes de son Monastére à celuy que Dieu n'y appelloit pas: car non seulement, il se trouveroit abusé, aussi bien que ses freres, d'avoir admis dans leur société un sujet, qui n'en seroit pas digne;mais ce Religieux même seroit extremement éloigné de ses fins, en se voyant malheureusement engagé dans un état qui ne luy convenant point, au lieu de servir à sa consolation, le rempliroit de confusion & d'inquiétudes, & luy causeroit par des suites presqu'inevitables, sa condamnation & sa perte.

Vous ne tomberez pas, mon Frere, dans ce malheur, & vous n'aurez pas lieu de vous reprocher d'avoir fait une démarche inconsiderée, si vous étes fidelle à reconnoître la grandeur de la grace que vous recevez en ce jour, & si vous en faites tous les cas que vous en devez faire; dans la verité, vous ne pouvez mieux juger de son excellence que par sa rareté, & par la connoissance que vous avez, qu'encore qu'il y ait aujour-

'huy un grand nombre de Religieux qui vivent dans le déreglement & dans la licence, il y en a si peu qui pensent à se convertir; & il est certain que la plus grande partie des Cloîtres, est remplie d'hommes, qui faute de ces secours & de ces moyens que Dieu nous donne aujourd'huy, trouvent des difficultez presque insurmontables à faire leur salut. Les uns vivent dans une ignorance grossiére de leurs obligations, sans vouloir, ni sans se mettre en peine de s'en instruire; d'autres étant un peu plus éclairés ne laissent pas d'étre dans une transgression véritable de leur Regle par leur impénitence & par la dureté de leur cœur; d'autres enfin, quoi qu'en plus petit nombre, ajoûtant des intentions foibles aux lumieres & aux connoissances qu'ils ont de leurs devoirs, ne se mettent point en peine de les suivre, & de les rendre effectives, parce qu'ils sont infideles aux graces qui sont attachées à leur état, & qu'ils ne se donnent pas le mouvement nécessaire pour résister aux mauvais exemples, qu'ils ont devant les yeux, & s'opposer à ce torrent de méchantes coûtumes, à ces vices, à ces déreglemens qui les assiegent & les environnent de toutes parts; je vous avoüe qu'ils sont à plaindre, & d'autant plus que leur mal est extréme, & qu'il n'est guere possible d'y apporter de remede.

Mais pour vous, mon Frere, Dieu vous met aujourd'huy à couvert de tous ces dangers: il vous donne la main & vous tire de tous ces pieges, il vous choisit entre tous ces malheureux dont nous venons de parler, par une distinction dont vous n'étiez pas digne, & vous tire du milieu du desordre & de la confusion d'une vie toute relâchée, comme il tira autrefois Abraham du milieu d'une nation infidelle, pour vous cacher dans le secret de sa face *in abscondito faciei tuæ*, c'est à dire dans le secret de ce desert, où il vous fournit avec plénitude les moyens, & les graces, dont vous pouvez avoir besoin, pour luy offrir des sacrifices qui soient purs, des victimes sans tache, & pour vous acquitter des engagemens que vous avez pris à son service, & des promesses que vous luy avez déja faites ou que vous luy avez dû faire dans cette premiere profession, qui sont

Pf. 30. 26.

de tendre & de vous élever à la perfection d'une vie toute sainte.

Je n'ay rien, mon Frere, de plus fort ni de plus pressant à vous dire, que ce que disoit le grand Apôtre à son disciple; *O Timothee depositum custodi*, soyez fidelle à reconnoître & à conserver le dépôt & la grace, que vous recevez dans ce jour ; & si vous me demandez par quels moyens vous pourrez satisfaire à ce devoir, je vous diray que c'est en travaillant sans relâche à obtenir de Dieu par vôtre fidélité, qu'il augmente ses misericordes, & qu'il multiplie ses dons ; car pour peu que vous cessiez de faire en cela les diligences nécessaires, non seulement ils diminueront, mais vous en verrez bientôt une dissipation toute entiere.

1. Timoth. c. 20.

Il en est de la grace de JESUS-CHRIST comme d'une fleur; tant qu'elle croît & qu'elle se perfectionne, elle est agréable aux yeux de ceux qui la considerent : elle commence si vous voulez à produire une tige; cette tige forme un bouton, ce bouton grossissant peu à peu jette des feüilles, qui s'épanouissent, qui se couvrent de différentes couleurs ; elle produit un émail, qui plaît, qui rejoüit & qui contente la veüe ; en un mot tant qu'il y a du suc elle répand de l'odeur, elle conserve de l'éclat & se maintient dans sa beauté ; mais dés qu'elle est arrivée à un certain point, & qu'elle n'augmente plus, elle commence à diminuer ; ses feüilles s'abaissent, se flétrissent, & se fannent ; son odeur se perd & s'évapore, le brillant & la vivacité de ses couleurs se ternit ; & pour tout dire, elle tombe & se trouve en un instant réduite en poussiere.

Voila, mon Frère, une image ou une figure du depôt que Dieu vous met aujourd'huy entre les mains, & comme ce dépôt n'est autre chose que la grace qui vous est nécessaire, pour entrer dans la voye du salut, & vous avancer dans la perfection, à laquelle il vous appelle, toute vôtre obligation est de marcher incessamment dans le chemin qu'il vous ouvre & de tendre de tous vos efforts à ce but, & à cette perfection qui vous est proposée ; tant que vous serez fidelle à vous acquitter de ces devoirs, vous ne devez point douter que vous ne conserviez le dépôt qui vous a été confié, que vous ne soyez dans l'ordre de Dieu, & que vôtre vie ne répande l'odeur, & ne donne l'edification, que les hommes & les Anges en attendent : mais dés le moment que vous cesserez de faire valoir ces dons si precieux, de faire croître cette semence divine, vous devez être assuré que ce dépôt, bien loin de se conserver, diminuera, qu'il se dissipera, que vous ne pouvez éviter de le perdre, & d'entendre de la bouche du Fils de Dieu cette parole si terrible ; vous n'êtes point propre pour le royaume des Cieux ; enfin si le Fils de Dieu a declaré ; que celui-là n'est pas propre pour son Royaume, qui tourne la tête en arriere, *nemo mittens manum ad aratrum, & respiciens retro aptus est regno Dei* ; & si tourner la tête en arriere, n'est autre chose dans le sentiment des Saints que de ne pas suivre sa voix, lorsqu'il appelle, de ne pas répondre comme l'on doit à la destination qu'il a faites de nos personnes, de ne pas s'acquitter fidelement des engagemens qu'on a pris à son service, de ne pas tenir ferme dans la voye que sa miséricorde nous a ouverte, employez

Luc 9, 61.

donc toutes vos forces, mon Frere, pour soûtenir la guerre que vous avez entreprise, & vous souvenant qu'entre plusieurs qui courent dans une même carriere, comme dit l'Apôtre, il n'y en a qu'un seul qui remporte le prix ; *omnes quidem currunt, sed unus accipit bravium.* Armez-vous du bouclier d'une resolution ferme & constante, & courés avec tant de promptitude, tant de vitesse, tant de zele & tant d'ardeur, que vous méritiez la couronne qui est destinée pour ceux qui auront heureusement terminé leur course, *sic currite ut comprehendatis.*

1. Cor 9. 24.

Ibid.

Le principal avis que je vous donne pour réussir & pour faire que vous vous acquittiez avec succez de cette entreprise ; c'est de conserver une vûë présente de ce que vous devez à Dieu ; pensez qu'il vous a deja tiré du milieu de ce monde, dans lequel vous n'aviez rien moins fait que de vous conduire avec la pieté & la religion que vous deviez, que non seulement il vous a tiré de cette mer orageuse, pour vous appeller à la vie solitaire, & vous y cacher comme dans un abry, mais que voiant que vous n'y étiés pas encore dans une sûreté toute entiere, & que la regularité & la discipline du lieu de vôtre premiere retraite, n'étant pas assés exacte, ne vous étoit point utile, il vous a conduit & vous a placé dans un autre, où vous pouvez vivre avec plus de fidélité, & où vous rencontrez avec plus d'abondance, les secours nécessaires, pour vous élever à la perfection & à la pureté de vôtre état.

Vous sçavez par vôtre propre expérience, que je ne vous dis rien qui ne soit véritable, car depuis le moment que vous êtes entré dans ce monastere jusqu'à present, vous avez vû de vos propres yeux que l'on y vit dans un profond silence, dans une ignorance parfaite de ce qui se passe dans le monde, dans un éloignement entier des amis, des parens, & des proches, dans une charité exacte, qui ne reçoit jamais la moindre atteinte, dans une obéïssance, qui est purement l'effet de la docilité du cœur, & qui ne tient rien de la violence & de la contrainte ; enfin dans la pratique des jeûnes, des veilles, des travaux, & de tous les autres exercices, sans lesquels la pieté des

Cloîtres est toûjours molle & languissante.

Ce qui pourroit faire que ceux qui se retireroient dans ce desert, n'y trouveroient ni la consolation, ni la paix qu'ils y auroient cherchées, c'est que faute d'y observer les regles & de s'y conduire par des maximes, & des pratiques si nécessaires & si saintes; ils y retrouveroient le monde, auquel ils avoient cru renoncer, & se rengageroient malheureusement dans des commerces, dans des amusemens, dans des occupations beaucoup plus dangereuses que n'étoient pas celles dont il avoient pretendu se separer : sçachez, mon Frere, que de manquer à l'observation du silence, selon l'exactitude prescrite parmi nous, cela seul suffit pour vous priver de tous les avantages, que vôtre translation vous doit produire. Les conversations que les Freres ont ensemble font presque toujours qu'ils se partagent, & qu'ils s'échauffent dans la diversité des sentimens, & qu'ils ont souvent les uns à l'égard des autres, les mêmes indispositions qui se rencontrent parmi les gens du monde, qu'ils forment entr'eux des cabales, des intelligences particulieres, qui bannissent la charité commune, qui est le fond de leur vie & de leur état ; & les entretiens qu'ils ont de ce qui se passe dans le siecle, ne manque point de les remplir de son esprit. je vous parle du silence, parce que je sçay que l'obligation n'en est gueres connuë dans le lieu, d'où vous venez, & que cette irregularité en attire une infinité d'autres : un Religieux se met par ce moyen dans une espece d'indépendance ; comme il dit, & entend tout ce qu'il luy plaît, il veut agir dans une semblable liberté : il n'a pas plus de regle pour l'action que pour la parole ; les assujettissemens luy deviennent pénibles, il ne cherche & ne demande que des adoucissemens, il fuit cette exactitude, cette discipline que les Saints ont pratiquée, & dont ils nous ont donné des instructions & des preceptes qui doivent être inviolables. Enfin on ne voit rien dans sa vie, qui soit digne de la conduite que doivent tenir des personnes qui ont dit adieu pour jamais au monde, & qui se sont consacrez uniquement au service de Jesus-Christ.

Voila, mon Frere, quelles doivent être vos pensées, & vos sentimens. Regardez vôtre translation comme une des plus grandes marques que Dieu pouvoit vous donner de sa bonté; usez si fidellement de tous les secours & de tous les avantages qu'il vous met dans les mains, que vous puissiez à l'avenir vous aquiter des promesses que vous luy avez faites, & que tous ces motifs si pressans vous engagent & vous attachent inseparablement à l'accomplissement de toutes ses volontez; ensorte que vous luy puissiez dire sans cesse du fond de vôtre cœur & dans le sentiment d'une reconnoissance vive & sincere, ces paroles du Prophete, *non fecit taliter omni nationi, & judicia sua non manifestavit eis.* Il n'a point traité de la sorte toutes les autres nations, & il ne leur a pas fait connoître ses jugemens,

Ps. 147. 9.

II. CONFERENCE
POUR
LE III. DIMANCHE
D'APRE'S LA PENTECOTE

Qualiter debet esse sollicitus Abbas circa excommunicatos. Reg. S. Benedict. c. 28.

Du soin que l'Abbé doit avoir des Religieux qui ont été excommuniez.

IL y a de quoy s'étonner, mes Freres, de voir que S. Benoist donne des regles pour se conduire à l'égard des Religieux frappez d'excommunication, & on pourroit avoir de la peine à comprendre que dans une Congregation sainte, où tout le monde doit tendre, & s'efforcer d'acquerir toute la perfection de l'Evangile, il s'y rencontre des gens, qui puissent s'attirer par leur conduite un châtiment si terrible; cependant on ne doit pas en être surpris, si l'on considere que le dragon a fait tomber du Ciel la troisiéme partie des Anges qui ont manqué à la fidélité qu'ils devoient à Dieu, & que toute la lumiere, la sainteté, la justice & toutes les graces qu'ils en avoient reçûës dans le Ciel, & en sa présence, ne les ont point empêchées de se revolter contre luy.

Ainsi, mes Freres, l'on doit tout appréhender des hommes, & leur fragilité est si grande, que quand il plaira à Dieu de les laisser à eux mêmes pour un moment, il n'y a point d'excez qu'ils ne soient capables de commettre ; Dieu permet donc, mes Freres qu'il arrive quelquefois des scandales, dans sa maison ; je veux dire dans les lieux, & parmi les personnes qui luy sont consacrées, & en voici quelques raisons.

La premiere c'est que Dieu veut avertir les Supérieurs négligens, & les obliger de tenir une conduite plus exacte sur les ames qu'il leur a confiées, d'avoir plus de soin de leur salut, de ne rien négliger de ce qui peut prévenir les maux, & de s'appliquer à les guerir aussi-tôt qu'on sçait qu'ils sont arrivez & qu'on les voit naître.

La seconde c'est pour humilier ceux qui sont les plus attachez à leur devoir, qui veillent davantage sur leur troupeau, & dont l'application est la plus continuelle & la plus assiduë; c'est pour les empécher de présumer de la fidelité qu'ils ont à s'acquiter des obligations dont ils sont chargez, & leur apprendre que la sainteté & la perséverance de ceux qui sont sous leur main, ne dépend point d'eux, mais de Dieu seul, qui cache ses élus sous l'ombre de ses ailes ; & qui les couvre quand il luy plaît de sa protection ; c'est aussi pour leur apprendre qu'il les laisse quelquefois à leurs propres cupiditez ; & qu'ainsi selon les paroles de l'Apôtre, ce ne sont point nos efforts, nos soins, ni nôtre sollicitude qui donne la sainteté, & qui la conserve dans les ames qui sont sous nôtre direction ; mais Dieu seul qui l'opére par sa grace, & par l'effusion de son S. Esprit ; *neque* *qui plantat, est aliquid, neque qui rigat ; sed qui incrementum dat, Deus.*

1. Corint. 3. 7.

La troisiéme, c'est afin que les Freres soient instruits par la chûte de celui

POUR LE III. DIM: D'APRE'S LA PENT. 89
celui qu'ils voyent tomber à leurs yeux; qu'ils reconnoissent leur fragilité dans la sienne; qu'ils se croyent capables du mal qu'il a commis, ou même d'en faire de plus grands; qu'ils se deffient de leur foiblesse, qu'ils observent toutes leurs voyes; & que les bas sentimens qu'ils conserveront d'eux mêmes, fassent que Dieu, qui regarde toûjours les ames humbles dans sa compassion, leur tende la main, les soûtienne, & les preserve d'un semblable malheur.

La Quatriéme, c'est que Dieu veut que la misére de ce malheureux soit connuë, & que le déreglement de son cœur étant à découvert, ses Freres ayent compassion de son état, qu'ils s'interessent dans sa faute devant celuy qui la peut guerir; qu'ils luy adressent leurs prieres, avec autant d'ardeur & d'instance, que si eux mêmes étoient les coupables; & que non seulement ils luy obtiennent la grace de se relever de son péché, mais encore d'en devenir plus humble, & par consequent plus fort, plus fidelle & plus incapable à l'avenir d'en commettre.

Voila, mes Freres, quelques raisons de la conduite de Dieu sur les Communautez les plus exactes & les plus disciplinées: voila ce qui fait qu'il souffre que les maux se trouvent parmi les biens, & qu'un homme déreglé soit dans la société de ceux qui aiment la Regle : enfin l'or dans ce monde n'est jamais parfaitement épuré ; cette perfection est pour le Ciel, & la terre n'en est pas digne.

Que si quelqu'un veut sçavoir quelles sont ces fautes qui sont punies d'une peine si rigoureuse, il trouvera dans le vingt troisiéme chapitre que c'est l'opiniâtreté d'un Religieux, une desobéissance fixe, un orgueil, un murmure, une resistance, un mépris de la Regle & de l'ordre des Supérieurs, lors qu'il est arrété & perseverant.

Regul. c. 3. *Si quis Frater contumax, aut inobediens, aut superbus, aut murmurans, vel in aliquo contrarius existens sanctæ regulæ, & præceptis seniorum contemptor repertus fuerit.* Comme tous ces excez attaquent la Regle par ses fondemens & qu'ils combattent directement les desseins de Dieu, S. Benoist qui étoit rempli de son esprit, & qui avoit tout le zele qu'il devoit avoir pour la gloire de sa maison, a voulu en donner de la terreur, en les punissant de la plus grande de toutes les peines.

Et veritablement quel mal peut-on commettre dans une Congregation qui n'est formée que pour maintenir ceux qui la composent dans une charité inviolable, qui soit plus irremissible, que de combattre cette charité avec une volonté determinée, que de troubler le repos des freres, de former parmy eux la dissension, d'y exciter du scandale par une rebellion constante, par une révolte opiniatrée, par une transgression des loix & des ordres de ceux ausquels la volonté de Dieu est que l'on soit soûmis ? ces hommes n'honnorent Dieu que parce qu'ils sont unis ensemble ; on veut donc en les desunissant luy ravir l'honneur qu'il en attend, & la gloire qui luy en est duë ? peut-on se figurer un attentat qui aille plus loin !

Si je voyois un Religieux qui eut le flambeau à la main pour embrazer le Monastere, son crime me paroîtroit beaucoup moindre, que si par sa désobéissance il troubloit le repos, la paix & la charité de ses Freres :

par l'un il ne détruit que le Temple matériel, & par l'autre il ruine & renverse le Temple spirituel, qui est le thrône de Dieu, qui est son sanctuaire, je veux dire le cœur de ses élus qu'il a destiné, & qu'il s'est choisi pour être le lieu de sa résidence éternelle.

Il faut pourtant remarquer, que si on livre aux Démons les Religieux qui tombent dans ces excez, ce n'est pas afin qu'ils luy soient assûjettis pour toûjours, mais au contraire c'est afin que l'humiliation profonde, dans laquelle ils se verront, cette separation & cette privation de toutes sortes d'offices & de secours extérieurs de la part de leurs freres, leur fassent connoître la grandeur de leur égarement & les afflige, & afin que rentrant en eux mêmes, par une douleur sincere de la faute qu'ils ont commise, ils se rendent dignes d'en obtenir le pardon, & d'être délivrés de la tyrannie du Démon & de la captivité de leur péché; c'est dans ce même esprit que l'Apôtre retranche le Corinthien de la communion & de la société des fidelles, ce qu'il exprime par ces paroles, *tradere hujufmodi fatanæ in interitum carnis, ut fpiritus falvus fit in die Domini noftri Jefu Chrifti.* 1. Cor. 5. 5.

C'eſt dans ce ſentiment que S. Benoiſt ordonne, que ce coupable ſoit viſité avec ſoin & avec charité par les Religieux les plus ſages, afin qu'ils le conſolent, qu'ils le ſoutiennent, & qu'ils le portent à reconnoître le mal qu'il a commis & à le reparer par ſa pénitence, & ſur tout pour empêcher, qu'il ne ſe laiſſe accabler par le poids de ſa douleur & de ſa triſteſſe. *Ne forte abundantiori triſtitia abſorbeatur.* 2. Cor. 2. 7.

Quoyque je ſois perſuadé, mes Freres, que le pied ne vous gliſſera pas juſqu'au point de tomber dans un malheur ſi funeſte, il ne vous peut être inutile de vous en avoir parlé: car on ne ſçauroit trop prendre de précautions pour éviter ce nombre preſque infini de pieges dont la ſurface de la terre eſt toute couverte, & pour conſerver l'innocence parmi ce nombre preſqu'infini d'occaſions que l'on a de la perdre.

III. CONFERENCE
POUR
LE III. DIMANCHE
D'APRES LA PENTECOSTE.

A LA VESTURE D'UN RELIGIEUX.

Egredere de terra tua, & de cognatione tua, & de domo patris tui, & veni in terram quam monstrabo tibi. Gen. 12. 1.

Sortez de vôtre païs, du milieu de vos parens, de la maison de vôtre pere; & venez habiter la terre que je vous montrerai.

LA grace que Dieu vous a faite, mon Frere, vous en dira plus que je ne pourrois pas vous en dire, quand je vous parlerois des années toutes entiéres; & l'attention que vous ferez sur tant de marques qu'il vous a données, d'une bonté dont vous vous étiez rendu si indigne, vous apprendra tout ce que les hommes ensemble, par toutes leurs instructions ne sont pas capables de vous apprendre ; c'est à dire, que vos reflexions vous feront connoître qu'il n'y a rien que vous ne soyez obligé de faire, pour témoigner à Dieu que vôtre gratitude & vôtre reconnoissance n'ont point de bornes.

Sa main toute-puissante vous a tiré d'un état, où non seulement il n'est ni honoré ni servi ; mais où l'on fait une profession toute publique de violer ses loix les plus saintes. Dieu vous a séparé d'entre les hommes qui vivent dans le sang & dans le carnage, pour vous engager dans une vie qui n'est rien que l'exercice d'une douceur & d'une charité continuelle, & il vous a garanti pour cela d'un nombre infini d'accidens, dont le moindre, sans une protection de sa providence toute particuliere, vous auroit privé tout ensemble de la vie de vôtre corps, & de celle de vôtre ame.

Dieu donc vous inspire de quitter cette condition si dangereuse, & permet qu'en suivant la pensée qu'il vous avoit donnée de devenir meilleur que vous n'étiez pas, vous vous engagiez dans une Observance religieuse qui n'en avoit que le nom, & non pas la verité; puisque toutes les Regles y étoient violées; que l'on y vivoit dans une transgression publique de toutes les volontez de Dieu, & que les enfans sans aucun scrupule, fouloient aux pieds & sans remords le Testament de leur Pere; enfin l'infraction y passoit pour la verité de la Loy.

Dieu vous ouvre les yeux sur ces desordres; & au lieu de vous contenter, comme il n'arrive que trop souvent, du déreglement que vous trouviez établi, & de vous persuader que vous en faisiez assez, en suivant ce que vous voyez faire aux autres, vous vous apperceûtes que vos passions & vos cupiditez avoient seulement changé de theatre, mais qu'elles étoient les mêmes; & qu'ainsi vous ne faisiez que ce que vous aviez fait auparavant; en mettant pechez sur pechez, & comblant la mesure, toutefois avec cette difference, que vous vous rendiez plus coupable, & que vous vous attiriez de la part de Dieu, une condamnation plus severe & plus rigoureuse, parce que le mal est beaucoup

plus

plus grand de vivre dans l'iniquité, lorsque l'on est engagé dans une profession sainte, que non pas quand on est dans une condition ordinaire.

Vous parliez de vos peines à celuy qui avoit l'autorité, vous luy exposiez vos embarras, il convenoit de toutes vos raisons, & il demeuroit d'accord de la confusion; mais il confessoit en même temps qu'il étoit dans l'impuissance d'y apporter aucun remede: de sorte que vous trouvant accablé de peines, devoré d'inquiétudes, ne sçachant de quel côté vous tourner pour trouver cette seureté que vous aviez recherchée, étant aux portes du desespoir; & n'ayant plus ni de pensées ni de résolutions que celles d'un homme en qui la Foy & l'Esperance est entierement éteinte; la voix de Dieu se fait entendre aux oreilles de vôtre cœur comme une trompette éclatante; on vous parle de la Trappe. La Trappe entre tout d'un coup dans vôtre ame, & sans hésiter d'un seul moment, comme si Dieu vous eût dit, ce qu'il dit autrefois à ce grand Patriarche: Sortez de vôtre pays, de la maison de vôtre Pere, & du milieu de tous vos parens. *Egredere de terra.* G. 12.

tua, & de cognatione tua, & de domo patris tui, & veni in terram quam monstrabo tibi. Vous abandonnez le lieu de vôtre naissance, vos amis, vos proches, vos habitudes, vous percez les Provinces malgré toutes les difficultez d'un long voyage, & sans écouter l'incertitude où vous étiez, ne sçachant si vous seriez ou reçû, ou rejetté d'un lieu, dans lequel vous n'aviez aucune connoissance. Ce fut assez de sçavoir qu'on y vivoit dans la retraitte, dans la séparation des hommes, dans la privation de tout plaisir, dans une mortification continuelle, & dans une austerité rigoureuse.

Que vous avez de sujet, mon Frere, de vous écrier avec le Prophete : Seigneur, que vous rendrai-je pour toutes les graces que vous m'avez faites ? *Ps. 115. 12.* *Quid retribuam Domino, pro omnibus quæ retribuit mihi,* ou plûtôt, qui peut avoir plus de fondement que vous, de luy dire comme son Apôtre ; Seigneur, que voulez-vous que je fasse ? *Act. 9. 6.* *Domine, quid me vis facere* ; Je m'assure que c'est là toute vôtre inquietude, c'est ce qui vous occupe ; c'est ce desir d'apprendre la volonté de Dieu qui vous possede; & comme je crois que vous attendez de moy que je vous la fasse connoître, & que je vous montre qu'elle est cette voie dans laquelle il veut que vous marchiez, je vous le dirai en peu de paroles.

Si cet habit que vous avez devant les yeux, & dont vous devez être revêtu dans peu de momens, étoit sali, défiguré, qu'on l'eût jetté dans la boüe, qu'il fut tellement rempli & couvert d'ordures, qu'on ne pût le regarder sans horreur; que feroit-on pour luy rendre sa blancheur, son éclat, son luxe, sa pureté premiere: il faudroit le remettre dans une foulerie, le tremper dans une eau boüillante, le presser, le battre, le fouler, le laver, le tourner, & le retourner; & aprés beaucoup de soins, d'application, de peine & de travail, on le rendroit enfin tel qu'il auroit été: c'est la figure, mon Frere, de ce qui vous doit arriver; il faut que vous regardiez l'état que vous voulez embrasser comme une foulerie spirituelle, selon l'expression d'un grand Saint; il faut que *S. I. Clim.* vous vous y jettiez comme à corps perdu & tout entier: les austeritez, les exercices de mortification, & de pénitence que vous trouverez ; les travaux corporels, les veilles, les jeûnes, les affujettiffemens, & les privations differentes aufquelles il faudra vous foûmettre, font les moyens uniques & veritables dont vous devez vous servir, fi vous voulez que Dieu vous rende cette innocence premiere que vous aviez reçûë par l'efficace de fon Efprit, dans les eaux du Baptême, & que vous avez fi malheureufement perduë par le déreglement de vos mœurs, & par l'iniquité dans laquelle vous avez vêcu.

Quand je dis que vous devez vous abandonner tout entier, mon intention eft de vous faire connoître, que vôtre efprit doit partager avec vos fens toutes ces auftéritez differentes ; & que comme il a eu part à vos defordres, auffi-bien que vôtre corps, il faut qu'il partage les peines & les châtimens, & que l'un & l'autre fubiffant les punitions qu'ils ont meritées, vous obtiennent de Dieu la miféricorde que vous en efperez.

Si quelque chofe doit vous perfuader que vous devez vous quitter fans referve, & dans cette totalité que je vous repréfente; c'eft de faire attention qu'il faut que vous fassiez deux choses qui sont grandes : l'une, que Dieu perde, pour ainsi dire, toute memoire des outrages que vous avez osé luy faire de cette guerre ouverte que vous luy avez déclarée, & de l'audace que vous avez eu de vous révolter contre luy d'une maniere si insolente ; & c'est ce que vous ne pouvez faire qu'en revenant à luy par une conversion & par un retour aussi profond, que l'a été vôtre égarement, selon cette expression d'un Prophete : *Convertimini filii* Is. 31. 6. *Israël, sicut in profundum recesseratis*: il faut que ces paroles de l'Apôtre s'accomplissent en vôtre personne ; & que l'on puisse dire que dans ce même homme, où l'iniquité s'étoit débordée, on y a vû la grace se répandre avec abondance : *ubi abundavit delictum, superabundavit gratia.* Rom. 5: 20.

La seconde chose, est de vous rendre digne de l'état dans lequel vous voulez vous engager ; & afin que vous en ayez les sentimens que vous en devez avoir, sçachez, mon Frere, que saint Bernard nous apprend que nôtre profession est la profession des Apôtres ; & que si nous ne pouvons pas nous élever tout-à-fait à la sainteté de ces hommes tout divins, il faut que nous les imitions, autant qu'il nous est possible, dans leur mortification, dans leur pauvreté, dans leurs humiliations, dans leur renoncement, dans leurs privations; & que nous essayons de suivre comme eux, Jesus-Christ dans un dépoüillement entier, & dans une nudité parfaite.

Voilà, mon Frere, ce que vous devez vous proposer, voilà le but auquel vous devez tendre ; voilà desormais l'objet de vôtre ambition : elle est sainte, & elle n'a rien de commun avec celle qui possede le cœur des gens dont vous vous séparez. L'une est propre à celle qui servent le Démon, & l'autre ne convient qu'aux Disciples de Jesus-Christ.

Je m'apperçois, mon Frere, que je vous surprens quand je vous expose l'excellence de la fin à laquelle vous devez aspirer ; & vous dites sans doute dans le sentiment de vôtre cœur; Quel rapport y a-t-il entre ce que je suis, & ce que je dois être ? quel moyen de passer d'une misere extrême au comble d'une vertu sublime ? qui me donnera des aîles pour m'élever du fond des abîmes à la cime des montagnes les plus élevées ? vous avez raison d'être étonné d'une propofition qui vous paroît si extraordinaire & qui l'est en effet : mais je vous tirerai de l'embarras & de la peine où vous pouvez être, quand je vous dirai que ce ne fera pas vôtre œuvre, mais l'ouvrage de celuy dont parle le Prophete, lorsqu'il dit, Dieu nous a lavé de nos iniquitez, & a mis entre nous & nos crimes autant de diftance qu'il y en a entre le lever & le coucher du Soleil : *quantùm diftat ortus ab occidente, longè fecit à nobis iniquitates noftras.* En un mot, ce fera celuy, qui dans un moment fit d'un Perfécuteur cruel, un Apôtre fidéle ; qui fit monter un homme puni pour ses crimes, d'un gibet infame sur le trône de la gloire, par la puiffance de ces quatre paroles : *hodie mecum eris in Paradifo* ; ce fera celuy qui toucha le cœur d'un Moyse, ce voleur si redoutable, & qui le rendit un folitaire d'une vertu confommée ; ce fera celuy qui fit les mêmes impreffions & les mêmes changemens, sur les Muces & les Capitoux, qui verferent plus de larmes dans le fond des deferts pour l'expiation de leurs crimes,

Pf. 112. 12.

Luc. 23. 43.

I iiij

qu'ils n'avoient répandu de sang pour contenter cette cruauté & cette avarice infàtiable dont ils étoient embrafez ; ce fera enfin celuy qui changea en un inftant fainte Marie d'Egypte, & qui d'une pechereffe diffamée, en fit une pénitente illuftre.

J'efpere, mon Frere, & j'ofe me promettre de la bonté de Dieu, que vous aurez un fort femblable, & qu'ayant commencé de vous regarder dans fa compaffion, il ne détournera pas de deffus vous les yeux de fa mifericorde, il ne vous arrachera point la planche qu'il vous a jettée dans le milieu du naufrage, pour vous empécher d'y périr ; il ne vous retirera point la main aprés vous l'avoir tenduë, pourvû que vous luy foyez fidele, que vous perféveriez dans les intentions finceres où je vous ay vû, & que vous embraffiez d'une volonté ferme & perféverante, tout ce qui fe préfentera de difficultez, de peines, de travaux, d'humiliations dans la carriére dans laquelle vous entrez : pourvû, dis-je, que vous foyez perfuadé qu'il ne peut y en avoir trop pour un homme comme vous, qui eft couvert de tant de crimes, chargé de tant de dettes & d'obligations : & en un mot, ce que je vous dis, est ce que l'on peut dire à tous ceux qui ont été dans le monde, & qui en ont suivi l'esprit & les maximes : disons plûtôt, les illusions, les excés & les égaremens.

Mais ce qui doit exciter vos dispositions, & les rendre plus ardentes & plus vives ; c'est la lecture que l'on vient de faire ; vous l'avez entendu nommer la charte de visite : c'est le témoignage d'un homme de Dieu, qui aprés avoir visité ce Monastere, faisant une peinture exacte de l'austerité, de la discipline & de la regularité qu'il y a trouvée, déclare que l'esprit de pénitence y regne de telle sorte, & d'une maniére si égale, qu'il n'y a pas rencontré un seul des Freres, qui luy ait proposé d'en affoiblir le moins du monde la rigueur, mais au contraire que plusieurs luy ont demandé d'être traittez dans la maladie comme dans la santé, sans y mettre ni distinction ni difference. Vous avez vû par le même témoignage quelle est la charité qui les lie les uns avec les autres, & combien cette union est intime, puisqu'il ne s'est pas trouvé dans un si grand nombre de personnes, d'âges,

de pays, de temperamens, de profeſ-
ſions, d'inclinations ſi differentes, la
moindre ombre ni la moindre apparence de deſunion ou de meſintelligen-
ce: ce qui fait voir, comme le marque fort bien ce pieux Abbé, que ce
ne peut être que l'effet du doigt de
Dieu & d'une protection toute particuliere. Que vous êtes heureux, je
ne puis m'empêcher de parler de la
ſorte, ſi vous êtes choiſi pour contribuer à la conſervation, ou même à
l'accroiſſement d'un bien ſi extraordinaire, dans le ſiécle où nous vivons.

Je ne puis m'empêcher de vous parler, mes Freres, puiſque l'occaſion
s'en preſente, de l'obligation dans laquelle vous êtes d'entrer dans les deſſeins de Dieu, & de vous animer inceſſamment d'un zele & d'une ardeur
toûjours nouvelle pour ſoûtenir cet
ouvrage qu'il a formé, & qui ſe maintient depuis plus de vingt-ſept années,
malgré cette décadence preſque géne-
rale, malgré, dis-je, ce deluge uni-
verſel, qui innonde toute la ſurface
de la terre. L'iniquité, cela ſe peut
dire, eſt quaſi répanduë par tout, &
le nombre de ceux qui s'en garantiſ-
ſent eſt plus petit qu'on ne penſe :

non seulement elle se trouve parmi les gens du monde, mais même parmi ceux qui n'en sont plus; & les passions ne font pas moins de ravage aujourd'huy dans une grande partie des Cloîtres & des Maisons qui sont consacrées au service de Dieu, que dans les lieux qui sont destinez pour le service du monde. Ce bien est d'autant plus digne d'être conservé, qu'il est plus rare : & par consequent qu'il nous attire davantage l'envie & l'indignation des hommes & des Démons; & ne doutez point que celuy qui sera assez malheureux pour faire la moindre breche dans cette place que Dieu s'est élevée comme une forteresse dans un pays ennemi, & qu'il se réserve dans le milieu de cette dissolution si publique, ne s'attire des châtimens d'une rigueur infinie. Il faut, comme dit saint Bernard, que celuy qui tombera dans ce malheur, & qui se trouvera coupable d'un si grand crime, s'attende à être puni de châtimens & de peines extraordinaires : *necesse est illum exquisitis interire tormentis.*

Je reviens à vous, mon Frere : & quoique je sois persuadé que vous êtes toûjours dans les sentimens dans lesquels il m'a paru que vous êtiez depuis que vous avez mis le pied dans cette Maison ; je ne laisserai point d'en exiger encore de vôtre bouche une confession plus précise & plus particuliere : dites-moy donc, si vous êtes dans une résolution ferme de vous donner à Jesus-Christ de la maniere dont je vous l'ai proposé ; si vous vous sentez un cœur assez grand, une volonté assez étenduë, pour entrer dans le combat : si les conditions ne vous font point de peur, si vôtre fermeté demeure inébranlable ; enfin si le desir d'être à Dieu & de le servir, l'emporte par dessus tous les obstacles que peut former la nature à une volonté si sainte : voyez, examinez, interrogez le fond de vôtre conscience, & faites-moy connoître ce qu'elle vous dira.

Je loüe Dieu de l'assurance que vous me donnez de la résolution où je vous vois, & dans l'espérance où je suis qu'il vous fera la grace d'achever le sacrifice que vous commencez aujourd'hui, par l'operation de son Saint Esprit ; je n'hésite point, mon Frere, à vous revêtir de l'habit de la pénitence : mais souvenez-vous que ce n'est ni la Tonsure, ni le vêtement que vous allez prendre, ni le changement de forme & de figure qui fait le veritable Religieux, mais la destruction de soy-même & la mortification parfaite des cupiditez & des passions. *Habitus & tonsura modicum conferunt, sed mutatio morum & integra mortificatio passionum, verum faciunt Religiosum.* Lib. I. Imitat. 17.

CONFERENCE
POUR
LE. IV. DIMANCHE
APRE'S LA PENTECOTE.
A L'ENGAGEMENT D'UN FRERE Convers.

Mox ut aliquid imperatum à majore fuerit ac si divinitus imperetur moram pati nesciunt in faciendo. Reg. S. Bened. c. 7.

Quand un Superieur leur commande, ils luy obeïssent avec autant de promptitude que si c'etoit Dieu qui luy-même leur eût fait ce commandement.

VOUS demandez, mon Frere, de vous engager à ce que la vie monastique à de plus grand, de plus important, de plus penible, & de plus saint, je veux dire, à l'obeïssance. Car c'est précisément ce que vous allez promettre dans le vœu que vous êtes prêt de prononcer; c'est, dis-je, ce que la Religion contient de plus grand, puisque c'est en cela que toute sa perfection consiste, & que tout ce qu'elle contient, se renferme dans le fond, & dans la pratique de cette vertu, & il est certain que l'obeïssance est tellement essentielle à la vie Religieuse, qu'être Religieux, & être un parfait obeïssant, ce n'est qu'une même chose; elle n'a rien de plus important, puisque sans l'obeïssance, toutes ses actions, tous ses exercices, toutes ses occupations, tous ces emplois n'ont au jugement de Dieu ni merite ni valeur; elle n'a rien de plus difficile, puisque l'obeïssance ne dit pas moins qu'une abnegation totale, un parfait détachement de soy-même, une mort, & une destruction veritable de son propre esprit, ce qui est de toutes les choses du monde la plus difficile, & à quoy l'homme qui est naturellement orgueilleux & plein de luy même, a plus de peine à se determiner, & à se resoudre; enfin elle n'a rien de plus saint, parce que toutes ces dispositions precedentes supposent ou renferment une sainteté consommée.

Je vous diray, mon Frere, en moins

de discours qu'il me sera possible, parce que l'heure me presse, & que je n'ay pas le temps de m'étendre, que comme pour acheter les choses, qui sont necessaires à la vie, on donne de l'argent qui a cours parmi les hommes, on acquiert aussi par les actes & les exercices de pieté, la perfection de l'état auquel Dieu vous appelle, c'est par la qu'on s'éleve à cette pureté de cœur, à laquelle un solitaire doit tendre, & qui est l'effet de sa conduite & comme il ne suffit pas que la monoye soit d'un métail necessaire, & legitime, mais qu'il faut qu'elle ait l'empreinte, & la marque du Prince, il faut aussi que ces actions dont je vous parle, soient comme frappées au coin qui leur est propre, qu'elles ayent un caractere particulier ; or ce caractere n'est rien que l'obeïssance, c'est celuy auquel JESUS-CHRIST a marqué toute sa vie, comme il le témoigne luy-même, lors qu'il dit : je suis venu non pas pour faire ma volonté, mais pour faire celle de mon Pere. La monoye pourroit être d'argent, & même d'or, qu'on ne laisseroit pas de la rejetter comme une monoye fausse, si elle

Joan. 6. 38.

POUR LE IV. DIM. APRE'S LA PENT. 113
elle ne portoit l'image qu'elle doit avoir, de même toutes les actions que peut faire celuy, qui est engagé par les vœux, au service de Jesus-Christ, ne sçauroient luy être utiles; elles ne seront point reçûës, quelque sainteté qu'elles puissent avoir, & non seulement elles ne luy produiront aucun avantage, mais même elles luy attireront des châtimens & des peines rigoureuses, parce que sa condition l'obligeant à vivre en toutes choses dans une dépendance entiere, il fait contre son devoir dez qu'il agit par luy même, il est bon de jeûner, de prier, de veiller, de travailler, mais si je le fais sans obeïssance, par mon choix & par ma volonté propre, tout cela ne servira qu'à me rendre digne de haine, au lieu de me meriter des récompenses & des couronnes.

Un Religieux par exemple, prie, quand on veut qu'il travaille, il jeune, quand on veut qu'il mange, son jeune sera puny comme une transgression, & sa priere luy sera imputée à péché. *Oratio ejus fiet in peccatum*; Ps.108.7. & en un mot tout ce qu'il fera sans obeïssance, pour satisfaire son humeur & sa fantaisie, ou sa

Tome III. K

pieté, si vous voulez, ne sera regardée de Dieu que comme une espece de larcin & de sacrilege: car ce qu'il fait en se conduisant luy-même, n'est autre chose que de revendre sa volonté, s'en servir à son usage aprés l'avoir offerte à Dieu comme une victime, & l'avoir consacrée à son service.

Ce n'est pas assez, mon Frere, que vous sçachiez qu'il faut obéir, mais il faut vous apprendre avec quelles circonstances il le faut faire, afin que vôtre obéissance soit reçûë de Jesus-Christ comme un sacrifice de bonne odeur. Entre un grand nombre de qualitez differentes qui doivent se rencontrer dans l'action d'un veritable obéissant, il y en a quatre principales, sans lesquelles il est impossible qu'elles luy plaisent. Il faut qu'elle soit prompte, cordiale, fervente, & qu'elle persévere ; elle doit être prompte, sans quoy il ne se peut que Dieu ne la rejette, parce que le defaut de promptitude ne peut venir que de deux causes, c'est à dire, ou de l'attachement que nous avons à nôtre propre raison, qui nous porte à examiner l'ordre qu'on nous donne avant que de nous y soûmettre, ou de nôtre paresse, qui nous retient, & qui nous lie: de sorte que quand on nous commande quelque chose, il semble qu'on nous éveille d'un profond sommeil: or comme se peut-il faire qu'une action qui a de si mauvais commencemens, puisse avoir une suite plus heureuse, & que celuy par l'ordre duquel on l'a fait, n'ait pas plus de sujet de s'en plaindre & de s'en fâcher, que d'en être content. Y a-t il rien de plus injuste que celuy qui doit tout à Dieu, par dessus le reste des hommes, qu'il a prévenu de tant de marques d'une bonté extraordinaire, retarde & differe lorsqu'il est question d'executer ses ordres: je dis ses ordres, parce que, comme dit saint Bernard, soit que Dieu commande par luy-même, ou par la bouche de ses Ministres, ce sont toûjours ses volontez qui sont déclarées, & nôtre Regle est précise sur ce sujet, & saint Benoist n'a pû s'exprimer d'une maniere plus claire que par ces termes: *mox ut aliquid imperatum à majore fuerit ac si divinitùs imperetur moram pati nesciunt in faciendo.* Ce Saint ne s'est expliqué de la sorte que pour nous apprendre qu'il ne doit point y

De præ- cepti & dispensatis cap. 2.

Reg. S. Bened. cap. 5.

avoir de distance entre la parole de celuy qui commande, & l'action de celuy qui obéit.

Il faut que l'obéissance soit cordiale, parce que ceux qui sont au nombre des enfans, & qui sont appellez plus particulierement à l'heritage du Pere, tels que sont les Religieux & les Moines, ne doivent pas se conduire comme des serviteurs & des esclaves, qui n'agissent que parce qu'ils y sont forcez, & par le motif de la crainte : Dieu veut, mon Frere, que nous le servions d'une maniere plus noble & plus élevée, il n'a que faire de nos penitences, de nos macerations & de nos travaux, ce n'est que le cœur qu'il demande. Donnez-luy tout, & ne luy donnez pas cela, vous ne luy donnez rien.

Il faut en troisiéme lieu que l'obéissance soit fervente : car sans cela, le moyen que ce Religieux fasse connoître par toutes ses actions comme il y est obligé, son ardeur dans le service de Jesus-Christ ? Comment remarquera-t-on dans sa conduite qu'il n'agit que par l'amour qu'il luy porte, & dans le dessein de luy plaire ; si son obéissance est destituée de ferveur & de zele, si elle est molle & languissante; & quel rapport y aura-t-il entre la majesté du Maître, qui est infinie, & la disposition du serviteur? Il faut enfin que l'obéissance soit persévérante, parce que c'est elle qui doit consommer vôtre sacrifice; & qui doit luy donner la perfection; c'est elle, dis-je, qui doit couronner vôtre œuvre. La recompense, comme vous sçavez, n'est promise qu'à celuy qui aura combattu & persévéré jusqu'à la fin: ce n'est point au serviteur à dire à son maître: Il y a tant de temps que je vous sers? Je vous servis hier, je vous servirai encore aujourd'hui, mais pour davantage je ne le puis. Il faut qu'il pousse ses services jusqu'à la fin de sa vie, s'il veut que sa fidélité soit reconnuë; & dés le moment qu'il refuse de servir, il efface tous ses services passez du cœur & de la memoire de son Maître: Dieu nous juge comme il nous rencontre; & s'il nous trouve las de le servir, il nous traitte comme des gens dégoûtez de son service. Quelle disposition pour celuy qui est prêt, à ce qu'il s'imagine, de recevoir sa retribution & son salaire? & combien y en aura-t-il,

Matth. 27. 13.

ausquels il dira quelque jour ces paroles terribles : *tolle quod tuum est*. Retirez-vous, remportez avec vous ce qui vous appartient, c'est à dire, vôtre lâcheté & vôtre ingratitude. C'est le partage de ceux qui se persuadent qu'ils en ont trop fait, losque Dieu, qui juge autrement qu'eux, prononce que leurs œuvres ne sont pas pleines, & qu'elles n'en ont pas assez pour être dignes d'être reçûës.

<small>Math. 20. 14.</small>

En voilà trop, mon Frere, pour vous faire connoître l'obligation que vous avez d'obéir le reste de vos jours, de la maniere que vous devez vous en acquitter : demandez à Jesus-Christ qui est le modéle si achevé de tous ceux qui sont engagez dans la carriere de l'obéïssance, qu'il vous regarde en pitié, qu'il soûtienne vôtre foiblesse, & qu'il vous donne les graces sans lesquelles toutes vos resolutions seroient vaines & steriles, & vous vous trouveriez dans l'impuissance de satisfaire à vos promesses.

CONFERENCE
POUR
LE V. DIMANCHE
APRE'S LA PENTECOSTE.

A LA VESTURE DE TROIS POSTULANS, dont l'un étoit Prêtre, l'autre Religieux, & l'autre Séculier.

Petite & accipietis, ut gaudium vestrum sit plenum. Joan. 16. 24.

Demandez & vous recevrez, afin que vôtre joie soit pleine & parfaite.

VOus demandez, mes Freres, une même chose, & quoique vous puissiez y être portez par des motifs & des considerations differentes, vous convenez dans le même dessein, vous vous proposez une même fin, vous avez un même but ; & ce n'est pas sans grande raison que vous vous adressez à Dieu, & que vous implorez aujourd'hui sa misericorde, afin que l'ayant obtenuë, vôtre joie soit pleine & parfaite.

Pour, vous mon Frere, qui êtes honoré de l'Ordre sacré du Sacerdoce, qui vous trouvez revêtu d'un caractere si éminent, & chargé d'un ministere si redoutable, que les Anges même le regarderoient avec crainte & avec frayeur, si vous faites reflexion sur vôtre conduite passée, & que vous le compariez avec ce que demande de vous le rang que vous tenez dans l'Eglise de Jesus-Christ, il est bien difficile, je ne crains point de vous le dire, qu'elle se trouve assez pure, pour répondre à des devoirs si grands & si étendus; & il n'est gueres possible que vous ne soyez tombé dans un nombre presque infini de fautes & d'inutilitez, qui en ont terni l'eclat, qui en ont attaqué l'integrité, soit par le defaut des connoissances necessaires, soit par oubli, par negligence, par promptitude, par imprudence, soit dans la direction des ames, soit dans l'usage des Sacremens, dans le ministere des Saints Autels; & enfin dans tout ce qui regarde les fonctions d'un emploi si relevé, & parce que les

defauts

défauts dans cette matiere ne peuvent être considerez comme legers & de peu d'importance, vous avez grande raison d'entrer dans ses sentimens de pénitence, de recourir à Dieu & d'implorer sa misericorde.

Vous, mon Frere, qui vous trouvez déja lié par les vœux de la Religion, vous avez promis à Dieu de vivre selon les maximes établies dans la Regle de saint Benoist, & de l'observer conformément à vos Constitutions particulieres, qui ne sont pas beaucoup differentes de ce qui se pratique dans ce Monastere, puisqu'elles vous obligent à vous priver de l'usage des œufs & du poisson; & comme non seulement cette pratique, mais quantité d'autres contenuës dans cette Regle, dont vous avez fait profession, sont tellement negligées dans vôtre Ordre, qu'on n'en voit presque plus de vestiges ni de monumens; pouvez-vous mieux faire, étant obligé de rendre à Dieu un compte exact de vos promesses, que d'embrasser une Observance qui vous donne les facilitez & les moyens pour vous en acquitter, de vous jetter entre ses bras, & de luy demander avec instance qu'il vous tende la main, & qu'il vous reçoive au nombre de ses enfans.

Quant à vous, mon Frere, quoi que vous ne vous soyez pas trouvé dans les mêmes états & dans les mêmes engagemens, & que vous vous retiriez dans ce Monastere au sortir du monde, en quittant cette liberté, dont les personnes du siecle jouïssent sans scrupule, & qu'ils prétendent qu'il leur est permis de conserver, si vous faites attention sur ce que vous devez à Dieu en qualité de Chrêtien, & sur les obligations que vous avez contractées dans les eaux sacrées du Baptême : vous trouverez que vous n'avez pas moins besoin de sa misericorde, que ceux ausquels nous venons de parler ; & si l'on vous demandoit raison de vôtre conduite passée, je suis assuré que vous auriez peine à la rendre, & que si vous êtiez sincere vous ne la justifieriez non plus aux yeux des hommes qu'au jugement de Dieu; vous êtes engagé par le Baptême de servir uniquement Jesus-Christ, de rendre vôtre vie conforme à la sienne, de l'imiter, de le suivre en toutes choses, comme un disciple qui s'attache aux sentimens de son

POUR LE V. DIM. APRE'S LA PENT. 123
Maître, comme un enfant obéit à la volonté de son pere; c'est pour cela que vous avez renoncé au monde, à ses pompes, à ses vanitez, à ses plaisirs, que vous avez en même temps declaré la guerre au Demon, comme à un ennemi irreconciliable.

Vous êtes-vous acquittez de tous ces devoirs? avez-vous gardé à Dieu la fidelité que vous luy avez promise? avez-vous répondu au dessein que vous n'avez pû ignorer qu'il avoit sur vous? au choix & à la destination qu'il avoit fait de vôtre personne? n'avez-vous écouté en rien la voix de vos passions? vôtre cupidité n'a-t-elle point eu de part à vôtre conduite? l'orgueil qui domine d'une maniere si absoluë dans le cœur de tous les hommes, n'a t-il point agi dans le vôtre? enfin avez-vous observé les regles de l'Evangile avec l'exactitude & la religion d'un serviteur fidele.

Je ne crains point de me mecompter en répondant pour vous, mon Frere, qu'il est bien difficile, que sortant comme vous faites, du milieu du monde, qui selon l'oracle du Saint Esprit, est le siege de la corruption & de l'iniquité; *mundus totus in maligno positus*

I. Jean.
c. 5. v.
19.

L ij

est. qui bien loin de nous fournir les secours necessaires pour avancer dans les voies de Dieu, nous tend incessamment des pieges pour nous en separer. Il est bien difficile, dis-je, que vous y ayez vécu avec tant de vigilance, & avec tant d'attention sur vous-même, que vous n'ayez effacé la blancheur de cette robbe sacrée dont vous avez été revêtu dans vôtre seconde naissance, que vous n'ayez blessé la sainteté de vôtre état, & que cette pureté premiere ne se soit perduë par les déreglemens de vôtre cœur : disons davantage, que vous n'ayez fait de ces actions qui sont incompatibles avec la vie que vous avez reçuë, & qui donnent d'un seul coup la mort à ceux qui les commettent : *peccata quæ uno ictu perimunt animam.* Ainsi vous n'avez que trop de raisons, pour vous engager dans la pénitence, & pour avoir recours à la misericorde de Dieu, dont l'application vous est si necessaire.

Aug.

Cela étant mes Freres, vous n'avez tous trois qu'un même dessein, comme je vous l'ay déja dit, qui est de rétablir cette alliance que vous avez si malheureusement violée, de vous rapprocher de Dieu par une conversion sincere, & de vous attacher à son service par des liens & des engagemens tout nouveaux ; enfin de vous remettre dans le nombre & dans le rang de ses veritables enfans, dont vous étes si malheureusement déchû : c'est à dire, qu'il faut que ce soit desormais son Esprit qui vous anime, qui vous inspire, qui vous dirige & qui vous conduise, puisque selon le sentiment de l'Apôtre, ceux-là seulement sont enfans de Dieu, qui sont mus & poussez par son Esprit : *Quicunque Spiritu Dei aguntur, hi sunt filii Dei.*

Rom. 8. 14.

Comme les enfans sont differemment regardez de leurs peres, qu'il y en a qui sont plus aimez, plus cheris, & plus favorisez, il faut, mes Freres, je parle à tous tant que vous étes, à ceux qui sont engagez, comme à ceux qui ne le sont pas, que vous vous mettiez dans ce rang, & que vous soyez persuadez que Dieu qui vous a retirez du monde, comme du milieu d'un naufrage, qui vous a distinguez de cette multitude innombrable de personnes qu'il y laisse, vous a donné des marques d'une bonté & d'une affection toute particuliere, par une preference dont vous n'étiez pas dignes. C'est dans cette persuasion que vous devez le servir avec plus d'attachement & de reconnoissance, & avec une fidelité plus parfaite & plus entiere que le reste des hommes. C'est ce qui doit vous obliger de travailler à le faire regner dans vos ames d'une maniere absoluë, à luy plaire par une observation constante de toutes ses volontez, de ses conseils comme de ses preceptes, & par une soûmission interieure & cordiale à toutes ses inclinations : c'est cette pieté que les uns luy ont promise, & que les autres veulent luy promettre; c'est cette pureté de cœur qu'il exige de tous ceux qui se consacrent à luy par les vœux de la Religion, & cette disposition vous est si principale & si essentielle, que si elle vous manque, sçachez que vôtre profession n'est qu'un phantôme, que vôtre engagement n'est qu'une illusion, que vous ne faites autre chose par tous vos travaux, par vos exercices, par vos regularitez & par vos pénitences exterieures, que de semer dans ue terre ingratte ; que vous ne serez rien moins devant Dieu, que ce que vous paroisssez devant les hommes, que vous aurez l'apparence d'une condition, dont vous n'aurez ni le merite ni la verité, & que vous serez semblables à ces vierges folles, ces épouses extravagantes qui furent chassées de la chambre de l'Epoux, & privées pour jamais du bonheur de sa présence.

Elles avoient veritablement la chasteté des sens: mais parce qu'elles n'avoient pas celle du cœur, sans laquelle il n'y en a point de veritable, elles entendirent de la bouche de celuy auquel elles avoient negligé de plaire: je ne sçai qui vous étes, je ne vous connois point; & c'est ce qui arrivera à tous les Religieux, qui au lieu de répondre comme ils devoient, aux misericordes que Dieu leur a faites, se trouveront depourvûs de cet Esprit dont je vous parle, qui est la marque & le caractere de ses veritables enfans: *Quicumque Spiritu Dei aguntur, hi sunt filii Dei.* Rom. 8. 14.

Vous me demanderez sans doute, par le mouvement d'une curiosité sainte, ce que vous devez faire pour vous rendre dignes de cet Esprit, au cas que vous ne l'ayez pas; ou si vous l'avez, pour l'attirer en vous avec encore plus de plenitude & plus d'abondance. A cela mes Freres, je vous répons que ce sera par la priere & par le soin que vous aurez de vous la rendre utile; c'est le secours le plus puissant dont nous puissions nous servir auprés de Dieu, pour nous le rendre favorable. C'est par elle que nous luy decouvrons nos besoins & nos miseres, que nous pressons sa misericorde : c'est le canal par lequel nous viennent toutes ses benedictions & toutes ses graces : il veut nous donner, mais il veut que nous luy demandions, *petite & accipitis:* c'est un hommage qu'il veut que nous rendions à sa Majesté suprême; c'est un aveu que nous luy faisons de nôtre indigence ; c'est un assujettissement & une dépendance dans laquelle il veut que nous vivions, afin qu'ayant un sujet perpetuel de recourir à luy dans nos necessitez, qui sont continuelles, nous tenions à luy par un attachement inviolable. C'est la voie qu'il nous a marquée, & ce seroit une temerité condamnable de la negliger, pour s'en faire de particulieres. Le Sage nous apprend que c'est par elle qu'il a obtenu de Dieu ce qu'il luy a demandé, & qu'il la remplit de l'Esprit de sa-

Jean. 16. 24.

gesse : *invocavi & venit in me Spiritus* Sap. 7. 7. *sapientia* ; & saint Benoist qui étoit parfaitement informé des conduites de Dieu, nous exhorte, ou plûtôt nous ordonne de nous adresser à luy par des prieres instantes, dans tout ce que nous entreprenons pour son service & pour sa gloire, afin qu'il y donne sa benediction, *imprimis, ut quidquid agendum inchoas bonum à Deo perfici in primis instantissima oratione deposcas.* S. Bened. in Prolog.

Quelque grande que soit la vertu & l'efficace de la priere, il ne faut pas manquer d'y joindre l'action. Dieu veut qu'on le prie, mais il veut qu'on agisse : travailler sans prier, c'est une temerité & une présomption, comme dit saint Augustin, & prier sans faire des efforts, c'est une negligence & une paresse ; il faut donc que vous joigniez vos travaux à vos oraisons ; & qu'en même temps que vous demandez à Dieu cet esprit qui vous est si necessaire, & par lequel vous devenez ses enfans, vous employiez tous vos soins pour vous y préparer & vous en rendre dignes. Appliquez-vous, mes Freres, ces paroles de l'Ange du Seigneur : *parate viam Domini, rectas* Luc. 3. 4.

facite semitas ejus. Recevez-les comme si elles vous étoient uniquement adressées, ou qu'il vous eût eû en vûë plus particulierement que les autres lorsqu'elles sont sorties de sa bouche : preparez les voies & applanissez les chemins : abbaissez les montagnes, c'est à dire, la vanité, l'enflure & l'élevement que l'orgueil a pû produire dans vos cœurs ; comblez les précipices ; c'est à dire, remplissez ces abîmes, ces vuides funestes que vos cupiditez ont creusez dans vos ames par tant de pechez qu'elles vous ont fait commettre : entrez dans le sentiment du Prophete lorsqu'il disoit : *persequar inimicos meos, & comprehendam illos, & non convertar donec deficiant* : je poursuivrai mes ennemis, & ne leur donnerai aucune treve, que je ne m'en sois rendu le maître, & que je ne les aye exterminez. Vous avez une volonté propre : c'est une ennemie declarée & opiniâtre, qui ne vous donne aucun repos ni les jours ni les nuits : faites-luy donc une cruelle guerre, & ne cessez point de la combattre, jusqu'à ce qu'elle soit assujettie, j'entens jusqu'à ce moment, où étant détruite & absorbée dans la volonté de Jesus-

Pf.17.38.

CHRIST, elle ne sera plus capable de vous nuire. Ne vous imaginez pas, mes Freres, que vous ayez en cela des menagemens à faire : je parle à tous ceux qui m'écoutent ; & il n'y en a point à qui ce que je dis ne soit utile ; ne croyez pas que vous puissiez allier vôtre amour propre avec l'amour de Dieu, ni l'Esprit Saint avec l'esprit du monde : ce sont des choses incompatibles : les tenebres & la lumiere ne se souffrent point, & il n'y peut avoir ni communication ni societé entre Belial & JESUS-CHRIST : *quæ participatio justitiæ cum iniquitate ? aut quæ societas lucis ad tenebras : quæ autem conventio Christi ad Belial ?* 2. Cor. 6. 14. 15.

Ainsi prenez une resolution constante de bannir de la maison de Dieu tout ce qui ne merite point d'y être, & n'en donnez l'entrée à rien de ce que vous connoissez qui puisse luy deplaire.

Mais qui est-ce qui n'y doit point être, me direz-vous ? Je vous répons, mes Freres, que c'est tout ce qui n'est point de luy, tout ce qu'il n'y a point mis, tout ce qu'il ne l'a ni pour fin ni pour principe, qui ne peut contribuer ni à sa gloire ni à vôtre salut : toute plante, selon la parole de JESUS-CHRIST, qui n'aura pas été plantée de la main de mon Pere, sera arrachée: *omnis plantatio quam non plantavit Pater meus cælestis, eradicabitur*, parce qu'elle est ou mauvaise ou inutile, & dans l'un comme dans l'autre cas, on peut dire: *ut quid etiam terram occupat?* Est-il juste qu'il y ait de l'yvroie, des ronces & des épines dans un champ qui luy appartient, qui luy coûte si cher, qu'il cultive avec tant de soin & duquel il attend une moisson abondante.

Math.15. 13.
Luc.13.7.

Couppez, mes Freres, taillez, deracinez, ne gardez nulles mesures dans les retranchemens & dans les privations; c'est un mal plus grand qu'on ne pense, quand les creatures occupent dans nos cœurs les places qu'elles ne doivent point y avoir; il n'en faut pas davantage pour empêcher que le Createur n'y trouve les entrées libres: c'est assez pour luy faire perdre le desir qu'il avoit d'y établir sa demeure. Ignorez-vous que cet Epoux n'a pas moins de pudeur que de sainteté, qu'il ne se donnera point à vous, & qu'il ne vous accordera pas, comme dit saint Bernard, le bonheur de sa presence, en la presence des autres? tout attachement luy est insupportable, & rien ne l'offense davantage, que les partages, les reserves, & les restrictions? Quoy, dit S. Augustin, il veut se communiquer à vous, il veut s'y repandre tout entier, il trouve les places occupées? n'est ce pas le moyen de l'en exclure pour jamais; ayez soin de vous purifier, de vous desemplir, de vous desoccuper, si vous voulez vous rendre dignes de recevoir un si grand hoste : *vas es, sed adhuc plenus es, funde quod habes, ut accipias quod non habes.* Aug.

Vous ne devez pas avoir moins d'exactitude, mes Freres, dans vôtre conduite à l'égard des choses exterieures; il n'y en a pas une seule, dont vous ne deviez faire un cas particulier, & dont l'observation ne vous soit importante; pratiquez avec fidelité, tout ce que vôtre regle vous prescrit; ayez une soûmission parfaite pour toutes les choses que vous y trouvez ordonnées; gardez vous bien de tomber dans l'inconvenient de ceux qui distinguent entre les regularitez, & qui disent celle-cy est considerable & celle-là ne l'est pas : quel mal y a-t-il à negliger cet exercice, & quel bien reviendra-t-il de s'en acquiter si ponctuellement? C'est juger ceux qui les ont établies: c'est se rendre Superieurs à ceux ausquels Dieu vous a soûmis, ou plûtôt c'est le juger luy même, parce que les hommes n'ont fait qu'executer ses ordres & expliquer ses volontez: cette disposition que vous voyez instituée dans ce Monastere est toute de luy, il n'a fait que se servir du ministere & de l'entremise des hommes, & vous ne devez point douter que le mépris que vous en faites ne retourne sur luy: vous dites que le reglement ne sert de rien, parce que vous en ignorez & l'autheur & le motif, & vous ne voyez pas qu'il vous est utile, puisqu'il vous tient dans la dépendance, qu'il vous impose une necessité, & qu'il vous fait faire ce que naturellement vous ne feriez pas: croyez, mes Freres, qu'il ne peut y avoir trop de choses commandées, pour des personnes qui sont obligées de vivre dans un renoncement qui n'a point de bornes, ni de limites, & à quoy ne doivent pas se reduire ceux ausquels, il n'est plus permis d'user de leur volonté propre, non plus dans les choses qui re-

gardent le corps que dans celles qui re- *Reg. S:*
gardent l'esprit, *quibus nec corpora sua nec* *Bened.*
voluntates licet habere in propriâ potesta- *cap. 33:*
te, c'est la dependance à laquelle S. Benoist declare, que sont obligez tous ceux qui font profession de sa regle.

Je vous l'ay dit bien de fois, mes Freres, je vous le repete encore, qu'un Moine a consacré sa liberté par ses vœux, qu'elle est liée par son engagement, ou plûtôt sacrifiée, & que lors qu'il suit ses inclinations & ses mouvemens, & qu'il agit par luy même, c'est une espece de sacrilege, c'est reprendre le don qu'il a offert à Dieu, aprés l'avoir mis sur les Autels.

Voila, mes Freres, les maximes sur lesquelles vous devez compter : voila le fondement sur lequel vous devez établir l'édifice que vous voulez construire ; prenez au pied de la lettre ce que vous venez de m'entendre dire, & recevez-le comme des veritez constantes ; car si vous aviez d'autres sentimens, & d'autres vûës dans les pas que vous voulez faire, vous ne trouveriez rien moins dans l'état que vous voulez embrasser, que le bonheur que vous y cherchez ; & je vous dirois dans ce moment même, si vôtre disposition m'étoit connuë, que vôtre entreprise seroit extravagante, & temeraire, & qu'au lieu d'aller plus avant vous feriez beaucoup mieux de vous en desister ; au contraire si vous entrez dans cette lice sainte, selon les regles que nous vous avons marquées, vous fournirez une carriere heureuse, Dieu vous remplira de son S. Esprit, vôtre engagement aura des suites de benediction, Dieu vous donnera les premieres places dans le nombre de ses enfans ; & le soin que vous aurez de luy rendre en tout, une obeïssance fidele, & de vous conserver à ses yeux comme des hosties toutes pures & sans tâche, selon les paroles du Prophete, vous attirera une plenitude de misericorde, & vous meritera des couronnes & des recompenses éternelles ; *novit Dominus dies immaculatorum & hæreditas eorum in æternum erit.*

CONFERENCE
POUR
LE VI. DIMANCHE
APRE'S LA PENTECÔTE

Dominus dedit, Dominus abstulit; sicut Domino placuit ita factum est, sit nomen Domini benedictum. *Job.* 1. 21.

Dieu m'avoit donné les biens que j'ay perdus ; il me les a ôtez, il n'en est arrivé que ce qui luy a plû ; que son Nom soit beni.

IL n'y a qu'un moment, mes Freres, que je faisois reflexion sur cette disposition si extraordinaire dans laquelle l'Ecriture nous represente aujourd'huy le Saint homme Job, au milieu de toutes ces épreuves & de ces tentations violentes, dont il fut attaqué ; il n'y a rien, ce me semble, de plus surprenant que de voir ce grand homme avant la publication de l'Evangile, avant que Jesus-Christ eût declaré à tout le genre humain, qu'il ne mettroit personne au nombre de ses Disciples, qu'il n'eût renoncé à toutes les choses qu'il possede, *omnis ex vobis qui non renuntiat omnibus quæ possidet, non potest meus esse discipulus*, entrer si avant dans ce sentiment, & dans ce precepte, que le renversement de ses maisons, le meurtre de ses enfans, la perte generale de tous ses biens, & cette playe si terrible & si universelle, dont il fut frapé, non seulement ne le porta pas à s'élever, ou à se plaindre de cette conduite si rigoureuse que Dieu tenoit sur luy ; mais même elle ne tira pas la moindre parole de sa bouche, qui pût marquer, qu'il n'eût pas une soûmission entiere pour toutes ses volontez.

Il souffre que sa femme se revolte contre luy, qu'elle se mocque de sa patience & de sa douceur ; il voit que ses meilleurs amis luy insultent, que ceux qui l'avoient consideré avec respect, & qui avoient accoûtumé de se tenir devant luy dans un profond silence, au lieu de le consoler dans son affliction & dans son malheur, l'accablent de reproches & d'accusations; & cependant il conserve la paix, & rien n'est capable d'ébranler sa constance, ni de luy donner la moindre atteinte.

Je voudrois bien demander, mes Freres, à tout ce qu'il y a aujourd'huy de Chrétiens dans le monde, si aprés toutes les graces qu'ils ont reçûës de Dieu; si aprés l'incarnation, les souffrances, & la mort de son fils, livré pour nôtre salut à des tourmens si extremes, si aprés sa resurrection, aprés la promesse qu'il nous a faite, & qu'il nous confirme depuis prés de dix-sept cens ans, de donner son Royaume & sa gloire, à ceux qui l'imiteroient dans ses privations, dans ses renoncemens, dans ses peines, & dans ses travaux, *omnis qui reliquerit domum, vel fratres. . . . . . Centuplum accipiet, & vitam æternam possidebit.* Je leur demande, dis-je, si aprés avoir été comblez de toutes ces faveurs, de toutes ces lumieres, & ces connoissances, ils gardent à JESUS-CHRIST une fidelité pareille,

Matth. 19. v. 29.

dans les afflictions qui leur arrivent; ou plûtôt si dans ces occasions legeres, dans ces contradictions si peu considerables, qui se rencontrent ordinairement dans le cours de la vie, ils demeurent aussi fermes & aussi dependans de sa Providence, que ce saint Patriarche l'étoit dans l'abîme de tous les malheurs, où l'envie du Demon l'avoit precipité, & s'ils disent comme luy d'un même cœur, & d'une même soûmission. *sicut Domino placuit, ita factum est, sit nomen Domini benedictum.*

Job. 1. 21.

Mais c'est trop desirer d'eux, qu'ils me disent seulement si dans leurs prosperitez lorsque toutes choses leur reüssissent, & qu'ils ne reçoivent de la main de Dieu, que des marques de sa bonté & de sa clemence, ils le regardent avec la fidelité qui luy est dûë, s'ils le reconnoissent pour leur bienfaiteur, s'ils cherchent à luy donner des marques de leur reconnoissance; enfin s'ils s'étudient à le servir & à luy plaire; je suis assuré, mes Freres, que s'ils veulent me parler sans deguisément, & me decouvrir ce qui se passe dans le fond de leur cœur, ils me répondront, que c'est la moindre de leurs pensées & le moindre de leurs soins ; qu'ils reçoivent tous ces effets de la Divine Providence sans les ressentir : qu'ils sont occupez des choses du monde, qu'ils en sont remplis, & que celles de Dieu ne trouvent chez eux ni de place ni d'entrée : quel état, mes Freres ! ne vous fait-il pas horreur ?

Addressons-nous à ceux qui ne sont plus du monde, qui l'ont abandonné par un renoncement solemnel, qui font une profession toute publique d'être à JESUS-CHRIST de l'imiter, de le suivre, & de former leur conduite sur ses instructions, & sur son exemple ; & faisons-leur la même demande, je ne sçai si nous en tirerons une réponse plus favorable ; mais ne disons point, je ne sçai : car nous ne sçavons que trop les sentimens qui regnent dans la plus part des Cloîtres, & combien d'ordinaire ceux qui y vivent, sont éloignez de regarder Dieu dans les choses qui leur arrivent, & de recevoir de sa main ce qu'il permet qu'il se rencontre dans leurs voyes, pour exercer leur foy, leur fidelité & leur patience : non seulement on n'y remarque aucune trace de cette refignation parfaite, de laquelle nous vous parlons; mais au contraire on n'y voit qu'opposition, que soulevement, que murmure, que chagrin pour des peines de rien & pour des difficultez, qui ne meriteront pas d'être apperçûes: ce ne sont point des renversemens de fortune, des ruines de maisons & de palais magnifiques, des pertes de grands biens qui les agitent & qui les revoltent, mais ce sont de petits interêts, des évenemens de rien qui mettent tout en confusion chez eux, & qui y excitent des tempêtes qu'on ne peut appaiser.

Il faut demeurer d'accord qu'ils sont beaucoup plus à plaindre, & que leur condition est beaucoup plus malheureuse, que n'est celle des autres, parce qu'ils sont moins excusables & qu'ils n'ont ni pretexte, ni raison legitime, dont ils puissent se servir, pour se justifier au jugement de Dieu, non plus qu'à celuy des hommes. Si vous reprochez aux gens du monde le tort qu'ils ont de ne se pas addresser à Dieu dans les accidens fâcheux qui leur arrivent, dans les disgraces, dont leur vie est toute traversée; si vous leur dites qu'ils devroient l'avoir devant les yeux en toutes occasions, & le considerer comme la veritable cause de ces maux, qui les jettent dans le trouble & dans l'impatience. Si vous leur dites qu'ils sont malheureux parce qu'ils ne sont point veritablement Chrêtiens, c'est à dire, parce qu'ils n'imitent point JESUS-CHRIST, ils vous répondront deux choses; l'une qu'ils sont remplis de mille affaires, & de mille soins, si capables de les distraire, & de les empêcher d'être autant appliquez à Dieu qu'ils le doivent, *uxorem duxi*, *villam emi*, *juga boum emi &c.* quoique ces raisons ne soient pas legitimes, puisque le Fils de Dieu ne les reçoit pas, & qu'il les condamne, neanmoins, ce sont des raisons specieuses, qui ont quelque couleur & quelque apparence.

Luc.14. 18 19. & 20.

L'autre est, que les interêts, pour lesquels ils se passionnent, sont grands dans l'estime & dans l'opinion des hommes, qu'il y va souvent de la ruine entiere de leurs familles, de leur fortune, de leur honneur, de l'établissement de leurs enfans; quoique cela ne les justifie point, cela ne laisse pas de diminuer de la grandeur de leurs fautes, & de les rendre moins coupables.

Mais pour les Moines, ils ne peuvent rien alleguer de semblable, car leur état les rend libres, les degage, les affranchit de toutes les necessitez qui oppriment ceux qui vivent dans le Siecle ; ils ont renoncé à toutes les choses de la terre : & celles du Ciel sont tellement devenuës leur partage, qu'elles doivent posseder tout le sentiment de leur cœur ; rien ne doit plus les separer de Dieu, depuis qu'ils luy ont consacré leur liberté ; il doit leur être present dans toutes sortes de rencontres, & cette vûë doit tellement les attacher à luy, qu'ils n'en doivent plus avoir pour remarquer ce qui se passe icy bas, ils doivent y tendre de tous leurs efforts, & dire sans relâche avec le Prophete, Seigneur mon ame ne vous desire pas avec moins d'ardeur, qu'un cerf échauffé recherche à se raffraichir dans les eaux claires des fontaines ; *Quemadmodum desiderat cervus ad fontes aquarum, ita desiderat anima mea ad te Deus.*

Pf. 41. 1.

Ils ne peuvent pas non plus s'excuser sur la nature & sur la qualité de leurs engagemens, car ils n'en ont point, &

& leur condition leur interdit ces sortes de pretextes, dont ils pourroient se servir pour couvrir leurs dereglemens, leurs extravagances, & leurs excés.

Que nous sommes éloignez de la vertu de ce saint homme ! que les distances qui se trouvent entre nos voies & les siennes sont infinies ! & comment est-ce que nous pourrions adorer ce bras tout puissant, s'il nous portoit de ces coups, & qu'il nous fit de ces blessures si profondes ; puisque des incidens & des circonstances si legeres, causent tous les jours en nous des mouvemens & des agitations si violentes.

Ne pensez pas, mes Freres, que cet inconvenient ne regarde que ceux qui vivent dans des relâchemens tout declarez, & dans une licence toute connuë ; non, non les observances même où il paroît de l'exactitude, peuvent aisément tomber dans ce malheur, lorsqu'il s'y trouve quelques attachemens & quelques affections particulieres ; j'ay honte de le dire, mais je ne le puis taire ; une bagatelle, un atome, un amusement, une niaiserie, tient dans nos cœurs un ran si considerable, qu'on n'est point capable d'en supporter la privation ; un Religieux, par exemple, est dans une charge, dans un office ; vous sçavez ce que c'est que les offices des Monasteres, & de quel avantage ils sont à ceux qui les exercent, c'est le soin d'une Infirmerie, d'un Refectoire, d'une Sacristie. Un Religieux l'aime & s'y plaît ; il s'en fait un espece d'état ; s'il arrive qu'on luy ôte, il s'en afflige, comme s'il perdoit un Royaume, & ne sçauroit regarder celuy qui luy succede, que comme un homme qui luy a ravi un bien qui luy appartenoit ; un autre s'est fait une étude & une occupation dans ses lectures qui le satisfait & qui le contente, il s'est choisi des livres selon son inclination ; on change le plan qu'il s'est fait, on le prive de ses livres qui contentoient son amour propre ; ce derangement l'offense, & le blesse jusqu'au cœur ; il se plaint de son Superieur, il croit & il dit qu'il l'a traité sans charité, sans sagesse & sans prudence ; un autre est malade & n'a pas tous les soulagemens que son immortification luy fait desirer ; ou ceux qu'on luy accorde ne le guerissent point, sitôt qu'il voudroit, il s'impatiente contre le remede, contre l'Infirmier qui le luy presente, contre le Superieur qui le luy ordonne. Un autre voit, ou croit voir dans son Frere un deffaut qui l'importune, il en est choqué comme s'il commettoit un crime énorme; son imagination en est échauffée, & par tout où il le rencontre il ne le peut souffrir. Un autre se choque d'un regard, d'un geste, qui souvent ne veut rien dire; il le regarde comme une injure : il se l'applique, il veut que son frere ait eu dessein de le fâcher. Un autre trouve à redire qu'on fasse ce qu'il fait autrement qu'il ne le fait luy-même, il s'imagine qu'on agit à son égard, par un esprit d'opposition, & s'en irrite comme d'une offense réelle ; un autre forme des soupçons contre toutes les actions de ses freres, il examine toutes les circonstances de leur conduite, & par une folie & une extravagance pitoyable, il se figure qu'on n'agit que pour luy, & dans l'intention de luy deplaire ; je ne finirois point si je voulois rapporter tout ce qui se passe de miseres, de foiblesses & d'infidelitez dans les ames qui sont obligées d'avoir une vertu eminente, de de conduire uniquement dans la vûë de Dieu, & qui doivent avoir la pureté de ſes Anges. Mais ce qui eſt de plus incomprehenſible, c'eſt que toutes ces penſées, ces peines, ces chagrins, ces humeurs, ces impatiences s'augmentent & ſe multiplient par les reflexions, & par la preſence des objets qui les ont cauſées. Ainſi ce qu'on ne peut penſer ſans douleur, il eſt vrai de dire que l'amertume, le trouble, l'impatience & la confuſion regnent d'ordinaire dans le ſejour de la charité, de la douceur, & de la paix.

JESUS-CHRIST a declaré aux Juifs, que la Reine du midy s'élevera contr'eux, au jour du jugement, & qu'elle eſt venuë de l'extremité de la terre, pour admirer la ſageſſe de Salomon: *Regina Auſtri ſurget in judicio cum generatione iſta & condemnabit eam*: la Reine du midy s'élevera au jour du Jugement contre cette race pour ſa condamnation; nous devons craindre, mes Freres, que ce grand ſerviteur de Dieu, qui vivoit dans le milieu d'un peuple idolatre, & d'une nation barbare, ne nous condamne dans ce moment ſi terrible; & que la tranquillité, la patience, la ſoûmiſſion

Matth. 12. 42.

avec laquelle il reçoit tous les ordres de la Providence, dans un état auquel son infortune étoit consommée, & que rien ne manquoit à son malheur, ne nous couvre à la face de tout l'univers, d'une confusion éternelle, nous qui dans le sein de l'Eglise, en présence de JESUS-CHRIST, par une infidelité qui ne se peut comprendre, succombons tous les jours aux moindres difficultez, & rendons lâchement les armes aux moindres tentations qui nons attaquent.

Je vois, mes Freres, que vous me dites en vous-mêmes, que vous n'êtes point de ce nombre, Dieu veuille que cela soit ; je le veux croire, car je puis dire avec l'Apôtre, que mon dessein n'est pas de vous donner de la confusion, je veux seulement vous avertir de vôtre devoir comme mes chers enfans: *non ut confundam vos hac scribo, sed ut filios meos charissimos moneo*; cependant ne laissez pas de vous examiner, d'entrer dans les plus secrets replis de vos consciences, car peut-être qu'en vous considerant avec une discussion plus rigoureuse, & avec une application plus exacte, sur le tableau que nous venons de vous tra-

1. Cor. 4.
14.

cer, vous ne vous paroîtrez pas si irreprehensibles que vous le pensez : que si cela est comme je vous le dis, vous devez prevenir par une connoissance profonde, par un aveu sincere de vôtre état, & par une penitence severe, la justice de JESUS-CHRIST, que vous ne pouvez éviter par d'autres voyes. En tout cas, la vûë d'une disposition qu'on ne peut regarder sans horreur, & sans douleur tout ensemble, vous rendra fermes dans vos devoirs, & plus incapables de vous y laisser surprendre.

Voila, mes Freres, ce que l'occasion de l'Ecriture que nous avons lûë aujourd'huy nous a mis dans la bouche, & comme il n'arrive rien icy bas par hazard, & que Dieu à qui la chûte d'une feuille ne peut échapper, regle tous les momens & toutes les circonstances de nos vies, il ne faut point douter qu'il ne nous ait mis devant les yeux l'histoire du Bien-heureux Job, afin que nous trouvassions dans cette conduite si sainte, si élevée, & si digne de Dieu, de quoy nous confondre, & nous encourager tout ensemble, en sorte que gemissans de nos miseres passées, nous

POUR LE VI. DIM. APRÈS LA PENT. 151
puissions en imitant une vertu si éclatante, nous mettre à couvert, & nous garentir des maux à venir qui nous environnent de toutes parts, & dont nous sommes incessamment menacez.

CONFERENCE
POUR
LE VII. DIMANCHE
APRE'S LA PENTECOSTE.

Te supplices exoramus, ut noxia cuncta submoveas, & omnia nobis profutura concedas. Collect. Eccl.

Délivrez-nous, Seigneur, de toutes choses qui peuvent nous nuire, & donnez-nous celles qui nous sont utiles.
Ce sont les paroles que nous avons dites aujourd'huy dans l'oraison de l'Eglise.

SI les Chrêtiens qui vivent dans le monde ont quelque demande à faire à JESUS-CHRIST, c'est principalement celle que l'Eglise nous met aujourd'huy dans la bouche, & que nous exprimons dans l'oraison de l'Office ; car comme ils sont appellés à quelque chose de grand par la grace qu'ils ont reçûë dans le Bapteme, c'eſt avec beaucoup de raiſon, qu'ils doivent le conjurer par des cris violens & par des prieres ardentes, d'ôter tous les obſtacles qui peuvent les empêcher d'arriver à cette fin ſi relevée, qu'il faut qu'ils ſe propoſent, *ut noxia cuncta ſubmoveas*, & qu'il leur accorde tous les ſecours, qui peuvent les y porter & les y conduire, *& omnia nobis profutura concedas*; comme ces obſtacles ſont preſque infinis, dans la voye dans laquelle ils ſe trouvent engagez, je veux dire la voye du monde; ils ne ſçauroient être trop ſur leurs gardes, marcher avec trop de precaution ni trop de crainte, ni s'addreſſer à Dieu avec trop d'inſtances, afin qu'il les éclaire de ſa lumiere, qu'il les aſſiſte de ſa grace & qu'il les ſoûtienne de ſa projection; car ſans cela ils n'éviteroient jamais de tomber dans les pieges qui leur ſont tendus de toutes parts, & dans les précipices qui les environnent, ce qui rendroit toutes leurs pretentions vaines, & toutes leurs eſperances inutiles.

Mais s'il y en a parmi les Chrêtiens, qui ſoient plus particulierement obligez que les autres de reconnoître dans cette vûë, la bonté de Dieu, de luy rendre des actions de graces continuelles, & en un mot, qui ayent déja reçû au pied de la lettre l'effet de cette priére, il ne faut point douter que ce ne soit nous, mes Freres, & tous ceux qui comme nous, ont le bonheur de vivre dans la solitude, & d'être appellez à la vie retirée, car quels sont ces obstacles, mes Freres, dont l'Eglise demande à Dieu qu'il delivre ses enfans, sinon le monde, qui est luy-même le plus grand de tous & le plus dangereux; qui renferme dans son sein tous les autres, & dont à proprement parler il est comme la source & le principe.

En effet n'est-ce pas où se trouvent toutes ces cupiditez & ces passions qui possedent les hommes & les reduisent dans la servitude? n'est-ce pas l'amour du monde qui produit tous ces engagemens & ces affections differentes qui les lient, qui les tiennent captifs, & qui les empéchent d'aller où la vocation de Dieu les appelle ; puisqu'ils sont veritablement les esclaves des choses ausquelles leurs cœurs & leurs volontez sont attachées ; *à quo enim*

1. Pet. 2. 19.

quis superatus est, hujus & servus est.

Cet avare, par exemple, s'applique à amasser des thresors, il en a rempli ses coffres, & ils les tient renfermez sous trente clefs, ou trente serrures, si vous voulez, il croit qu'il en est le maître, & qu'il les possede, mais il se trompe. C'est luy-même qui en est possedé, & il s'en faut bien qu'il en soit le maître, il en est l'esclave, son esprit, son cœur, sa memoire, son imagination, enfin son homme tout entier est plus dans son coffre, que son argent; il y pense les jours & les nuits, il n'y a point de moment dans lequel il n'en soit occupé; & bien loin d'avoir le plaisir d'un homme qui joüit, l'ardeur qu'il a d'avoir du bien est si excessive, que dans sa richesse il souffre la peine d'une extreme indigence.

Ce sensuel de même s'abbandonne à la recherche de ses plaisirs, il vient à bout de ce qu'il desire, il se figure qu'il est content, & qu'il est au dessus de ce qu'il a souhaité; mais c'est une imagination fausse, c'est sa volupté qui le domine, c'est elle qui a le dessus, il la sert, & luy obeït, comme à une méchante maîtresse, elle exerce sur luy un pouvoir absolu, il est dans sa dépendance; & il n'y a rien qu'elle ne luy fasse entreprendre. Il en est de même de toutes les autres passions: elles assujettissent tous ceux qui s'y laissent aller, elles occupent leur raison, elles la remplissent de ténebres: de sorte qu'ils n'ont nulle vûë sur leur état, leur captivité ne leur est point sensible; & ils portent par tout le poids d'une servitude pesante & cruelle, sans s'en appercevoir: *Quid miserius misero, non miserante seipsum.*

Aug. lib. 1. Confes. c. 13.

Ce sont-là, mes Freres, les obstacles qui se rencontrent dans la voie des gens du monde: voilà ce qui fait qu'il leur est presque impossible de s'acquitter de leurs devoirs, de rendre à Dieu ce qu'ils luy ont promis par les engagemens du Baptême, & de vivre dans la pieté, de laquelle, quoiqu'ils puissent dire, ils ont fait une profession solemnelle. Dieu par sa misericorde a levé tous ces obstacles à nôtre égard: il nous a mis à couvert de tous ces accidens si fâcheux, & nous a tout d'un coup affranchis de tous ces dangers en nous retirant du monde: il a donné à l'Eglise ce qu'elle luy a demandé en nôtre faveur, *ut noxia cuncta submoveas*, puisqu'il nous a retirez de la corruption du siécle, & que par le mouvement de son saint Esprit, il nous a engagez dans un état qui n'est rien qu'un renoncement entier & sincere aux biens, aux affaires, aux honneurs & aux plaisirs du monde ; enfin à tout ce qui est passager & perissable. Que ne devons-nous point, mes Freres, à la bonté de Dieu, ou plûtôt, qu'avons-nous fait pour meriter qu'il nous comblât de toutes ces graces & de tous ces avantages : car non seulement il nous a préservez de tous les maux qui tombent en foule sur les gens qui vivent dans le commerce du monde, qui les accablent & qui les oppriment : mais il a fait plus, car il nous a donné avec abondance & plenitude, tout ce qui pouvoit nous conduire & nous établir dans un veritable bonheur : *& omnia nobis profutura concedas.*

Je vous dis, mes Freres, que Dieu ne s'est pas contenté de nous delivrer des maux, mais qu'il nous a comblez de biens ; & je suis assuré que vous avez trop de reconnoissance des graces qu'il vous a faites pour ne pas enrer en ce point dans mes sentimens; car n'est-il pas vrai qu'il vous a conduits comme par la main dans une école de pieté & de vertu, dans une demeure sainte ; j'entens dans la retraite, dans un Cloître, où l'unique occupation est d'obeir à sa volonté & de la suivre en toutes choses, comme la regle unique de vôtre vie : il vous a mené, dis-je, dans ces deserts de benediction, dans ces montagnes qui luy sont consacrées, *in montem sanctificationis suæ*, où l'on trouve ce repos, cette paix, cette tranquillité sainte, qui est un bonheur, selon le même Prophete, qu'il vous a acquis par sa toute-puissance, *quem acquisivit dextera ejus*. C'est là où non seulement vous étes à l'abri des maladies contagieuses, dont toute la face de la terre est infectée ; mais vous y trouvez des remedes puissans qui vous guerissent des blessures que vous y avez reçûës, & qui vous garantissent de celles que vous y pourriez recevoir : non seulement vous évitez ce grand froid qui glace les cœurs, & qui dans nos temps est presque universel, *frigus caritatis*, mais vous avez, dans tous les exercices & les œuvres de pieté qui se

Ps. 77. 57.

Ibid.

Aug. in Ps. 37.

pratiquent parmi vous, de quoy exciter vôtre foy, animer vôtre religion, & enflammer vôtre zele; non seulement vous n'étes point tentez par les richesses qui ne sont point devant vos yeux; mais vous trouvez dans le Cloître cette simplicité, cette pauvreté prescrite par JESUS-CHRIST, si établie par son exemple, & si pratiquée par ses Saints: non seulement vous ne vivez point dans la mollesse & dans l'oisiveté dans laquelle sont ensevelis comme dans un sepulcre, les gens qui se laissent aller au torrent du monde: mais vos travaux & vos veilles vous maintiennent dans cette vigilance, & une vivacité qui est digne de ceux qui sçavent qu'ils sont dans l'obligation de veiller sans cesse. Non seulement vous vous parez contre l'orgueil, contre la vanité & l'amour de la gloire; mais le silence, la separation des hommes & les humiliations dans lesquelles vous vivez vous donnent des dispositions toutes contraires, & non seulement vous n'avez point de part à toutes ces dissensions, ces haines si cruelles qui se rencontrent parmi ceux qui ont des affaires & des interêts à démêler les uns avec les autres: mais vous joüiſſez par la miſericorde de Dieu d'une paix & d'une charité conſtante, qui n'eſt jamais ni troublée ni interrompuë; non ſeulement vous n'étes pas ſujets ni à dire, ni à entendre ces calomnies, ces mediſances noires qui font la matiére & le ſujet des entretiens & des converſations des mondains, je veux dire des amateurs du monde: mais vous n'avez ni bouches, ni oreilles que pour dire & pour entendre des paroles d'édification; non ſeulement vous n'étes pas adonné comme eux à la bonne chere & aux plaiſirs de la bouche: mais vous gardez une auſterité exacte dans le boire & dans le manger; non ſeulement vous n'étes pas deſtituez de connoiſſances, de conduites, de Conducteurs: mais vous avez des Superieurs qui veillent inceſſamment ſur vous, qui vous inſtruiſent, qui vous avertiſſent; des Freres qui vous donnent des exemples, & la meditation de la Loy de Dieu, qui ne permet pas que vous puiſſiez ignorer ce qui regarde vôtre ſalut; enfin vous avez tous les avantages, tous les ſecours qui ſe rencontrent dans les Monaſteres, lorſqu'on y vit dans la pureté des regles.

Ainſi

POUR LE VII. DIM. APRE'S LA PENT.

Ainsi, mes Freres, comme il n'y a pas un seul instant, ni une seule action de vôtre vie qui ne soit determinée selon l'ordre & par l'esprit de Dieu : il n'y en a point aussi si vous luy étes fideles, qui ne vous obtienne cette double grace : sçavoir d'éviter cette multitude effroyable de maux & de miseres qui menacent, comme nous avons dit, les gens qui vivent dans les embarras du siecle, & de vous enrichir tout ensemble de tous les biens & de toutes les vertus qui peuvent contribuer selon la priere de l'Eglise à vous rendre éternellement heureux : *ut noxia cuncta submoveas, & omnia nobis profutura concedas.* C'est ce que vôtre condition renferme par dessus tous les autres états & toutes les autres professions du monde.

Coll. Ecclef.

Je vous dis, mes Freres, pourvû que vous soyez fideles : car je vous confesse qu'il n'y a rien que j'apprehende davantage que de voir en vous moins de soin, moins d'application, & moins de ferveur que vous 'nen devez avoir pour répondre à tant de graces ; & j'ay peine à me persuader que mon apprehension ne soit pas bien fondée : car d'un côté, si j'apperçois en vous quelque exactitude qui me contente, si j'y remarque quelque chose qui ne se trouve pas parmi ceux de nôtre profession qui vivent dans le relâchement & dans la molesse, je vous vois tellement au dessous de ceux que nous regardons comme les modeles sur lesquels vous devez former vôtre conduite, que je ne puis comprendre qu'ayant les mêmes lumieres, les mêmes principes & les mêmes maximes, vous soyez si éloignez d'être ce qu'ils ont été. Vous pensez de vôtre état ce qu'en ont pensé les Antoines, les Pacomes, les Hilarions, les Basiles, les Jean Climaques, les Benoists, les Bernards; & pourquoi donc n'êtes-vous pas comme eux? Direz-vous que le bras de Dieu est racourci, ou que les hommes n'en sont plus capables? Prenez-vous-en plûtôt à vôtre propre foiblesse; reconnoissez vôtre infidelité; humiliez-vous devant celuy qui fait de nos cœurs tout ce qu'il en veut faire, & qui renouvelle la force & la vigueur des ames abbatuës quand elles s'adressent à luy, & qu'elles luy exposent avec confiance leurs besoins, leurs necessitez & leurs impuissances.

Cependant, mes Freres, que ce bas sentiment que vous devez avoir de vous-mêmes ne soit pas tel qu'il vous tire comme un voile sur les obligations que vous avez à Dieu : & qu'il vous empêche de les reconnoître : car non seulement vous ne devez pas cesser de voir ce qu'il a fait pour vous, & ce qu'il fait encore : mais vous devez ressentir dans tous les momens cet excés de misericorde qui l'a porté à vous favoriser de tous ces dons & de tous ces bienfaits, dont nous venons de vous faire le détail ; dites-vous souvent que ses profusions & ses liberalitez sont grandes, mais qu'elles seroient plus abondantes, si vous en faisiez un meilleur usage ; rien, mes Freres, n'est plus utile, ni d'un plus grand merite auprés de Dieu, que d'être persuadé de cette preference avec laquelle il vous traitte, & de toutes les marques qu'il vous donne de sa misericorde, non par un esprit d'orgueil & de présomption, mais par un sentiment d'une gratitude & d'une humilité profonde ; rien n'est plus puissant, dis-je, pour vous les conserver, pour les augmenter & vous en attirer de nouvelles ; Dieu ne sçait ce que c'est que de refuser une ame fidele & reconnoissante: car comme cette disposition procede d'une humilité sainte & sincere, elle attire sur elle l'Esprit de Dieu, qui prend plaisir, comme il l'a dit par son Prophete, de reposer par tout où il trouve de l'humilité & de la douceur:

Is. 66. 2.
ad quem respiciam nisi ad pauperculum & contritum spiritu, & trementem sermones meos.

Aprés tout, mes Freres, demandez-luy que ce sentiment ne soit pas une simple speculation, mais qu'il passe de vôtre tête dans vôtre cœur, & de vôtre cœur dans vos mains, qu'il soit réel, qu'il soit effectif, qu'il se fasse desormais remarquer dans toute vôtre conduite, afin que paroissant au jugement de Dieu, comme des serviteurs qui n'ont pas negligé de faire profiter le talent de leur Maître, il recompense vôtre fidelité, & qu'ainsi l'Eglise obtienne en vos personnes l'accomplissement de ses vœux & de ses prieres : *ut noxia submoveas, & omnia nobis profutura concedas.*

CONFÉRENCE
POUR
LE VIII. DIMANCHE
APRÈS LA PENTECOSTE.

Facite vobis amicos de mammona iniquitatis. Luc 16. 9.

Faites-vous des amis, des richesses d'iniquité.

IL n'y a personne, mes Freres, à qui l'Evangile de ce jour convienne davantage, qu'à ceux qui ont embrassé la vie retirée, & qui ont dit adieu pour jamais au monde, afin de se consacrer à JESUS-CHRIST dans la solitude : car comme il n'y en a point qui pratiquent plus à la lettre ce précepte ou ce divin conseil, *facite* Luc. 16. *vobis amicos de mammona iniquitatis :* 9. faites-vous des amis de l'argent d'iniquité, il se peut dire qu'il a particulierement parlé pour eux, & qu'ils

O iij

ont plus de part à ses instructions que le reste des hommes.

Quoique les richesses de la terre puissent être employées à de saints usages, & qu'il ne soit point necessaire de s'en dépoüiller par un renoncement actuel & exterieur : cependant il est si rare que ceux qui les possedent en usent avec des intentions pures & droites, qu'on ne se trompera pas, quand on les considerera comme des biens d'iniquité ; & veritablement il y a une malignité secrete qui y est attachée ; & l'experience ne nous fait que trop connoître que l'on fait toutes sortes de maux pour les acquerir, & qu'il n'y en a point qu'on ne commette par leur moyen, lorsqu'on les a acquises.

Ainsi, mes Freres. Dieu voulant nous délivrer d'une tentation si commune & si dangereuse, nous a donné une grace toute speciale pour executer ce conseil : *facite vobis amicos de mammona iniquitatis*, & nous a inspiré de renoncer à ces fortunes passageres, à ces avantages perissables, pour nous concilier par ce dépoüillement, par cette privation volontaire, l'amitié de Jesus-Christ & celle des Anges & des Saints : Dieu remplissant par un bien infiniment plus grand & plus avantageux, le vuide que cette abnegation a pû causer dans le fond de nos ames : c'est nous rendre au centuple ce que nous luy avons donné ; c'est un échange qui a des disproportions & des différences que l'on ne peut ni exprimer ni comprendre : car quel rapport y a-t-il entre ce qu'on laisse & ce que l'on trouve ; on quitte un rien pour un tout d'un merite & d'une valeur infinie ; c'est renoncer à la terre pour acquerir le Ciel, c'est méprifer une joie courte de peu de momens, pour jouïr d'une éternité bienheureuse : c'est ce qu'un grand Saint exprime par ces paroles, *mercari propriam de re pereunte* Paulin. *salutem, perpetuis mutare caduca, & vendere terram, cœlum emere,* acheter son bonheur éternel au prix des choses périssables, changer celles qui passent, en celles qui ont une durée immortelle, donner la terre pour posseder le Ciel.

C'est un commerce lequel tout saint qu'il est, n'est ni connu ni goûté des gens qui vivent dans le siécle ; & l'on y tient des conduites qui luy sont tellement opposées, qu'il est vrai de dire que la terre tient dans leurs cœurs toutes les places que le Ciel y doit avoir, que ce qui passe les occupe & les possede de sorte, qu'on ne se trompera point quand on dira qu'ils travaillent uniquement pour ce qui n'est pas digne un seul instant de leurs soins & de leurs vie, ils l'employent toute entiere à se bâtir des fortunes, à amasser des trésors, à rechercher des plaisirs & des voluptez, comme si toute leur espérance & toute leur beatitude étoit renfermée dans la joüissance de ces biens imaginaires : le nombre de ces insensez est si grand, qu'on les voit par tout, & l'aveuglement est si universel, qu'à peine en trouveroit-on quelqu'un, je dis dans tous les états & dans toutes les conditions, en qui on remarque une action qui fasse croire qu'il porte ses vûës, ses pensées & ses desirs au delà des choses présen-

Ps. 13, 3. tes : *omnes declinauerunt, simul inutiles facti sunt, non est qui faciat bonum, non est usque ad unum.*

Que vous étes redevables à la bonté de Dieu, mes Freres, d'avoir rompu ces liens & ces engagemens qui font tant de miserables, par la pauvreté dont vous avez fait une profession publique : mais ce n'est pas assez de de vous être déchargez une fois de ce fardeau, il faut que ce renoncement se renouvelle, & qu'il dure autant que vôtre vie : il faut, dis-je, que vous ne cessiez de vous dépoüiller, tant que vous porterez cette cupidité qui ne meurt point, & que vous sentirez en vous cette loy de peché dont parle l'Apôtre, qui s'oppose sans cesse à la loy de la grace : *video aliam legem in membris meis repugnantem legi mentis meæ.* Ce plaisir qui se presente, cette satisfaction qui nous attire & qui nous flatte, soit qu'elle regarde l'esprit ou les sens, quelque legere ou peu importante qu'elle paroisse, elle doit être le sujet de nôtre renoncement, nous devons la rejetter comme un appas de mort, & comme un piége qui nous est tendu pour nous surprendre ; & ce nous est une occasion de pratiquer ce divin précepte : *facite vobis amicos de mammona iniquitatis.* Rom. 7. 23.

Luc. 16. 9.

Vous étes obligez, mes Freres, de tendre à la perfection ; & comme vous devez éviter ou combattre tout ce qui s'y oppose, vous devez avoir incessamment les armes à la main, & croire que vous étes engagez dans une guerre continuelle. Vous vous étes fait pauvres pour l'amour de JESUS-CHRIST en vous dépoüillant de tout ce que vous pouviez avoir de biens dans le monde : c'est beaucoup, mais cette action toute grande qu'elle vous paroît, ne vous serviroit de rien, si vous n'aviez la même fidelité pour vous separer de toutes les choses dont vôtre profession vous défend l'usage & la joüissance ; & il n'y a presque point de moment, dans lequel vous n'ayez occasion de donner quelque chose à Dieu, ou de luy refuser de luy plaire ou de luy déplaire.

Par exemple vous étes tentez de l'envie de parler, de dire une chose ou inutile, ou plaisante, ou mauvaise, vous devez vous en abstenir par le respect que vous avez pour la loy du silence ; vous voudriez vous contenter en donnant à vôtre frere quelques marques de vôtre méchante humeur, c'est un mouvement que vous devez reprimer ; vous vous sentez poussez à juger son action, c'est un sentiment qu'il faut desavoüer ; la paresse vous presse & vous sollicite, c'est une inutilité & une mollesse que vous devez rejetter ; vôtre esprit s'éleve & s'échauffe contre la maniere d'agir de vôtre Superieur; & vous vous sentiriez soulagez, si vous vous laissiez aller à censurer sa conduite; c'est une pensée qu'il faut supprimer, en demeurant dans la soûmission & le respect que vous luy devez; les observances religieuses vous pesent & vous importunent, vous n'y trouvez rien qui vous satisfasse: ce vous seroit, à ce qu'il vous semble, un soulagement considerable de vous en accorder quelques dispenses: il faut sacrifier cette pensée, & la regarder comme une tentation fâcheuse; vous vous voyez contraints par la multitude des Reglemens, quoi qu'ils n'ayent été faits que pour entretenir la discipline & conserver la pieté; cet assujettissement si serré vous gêne & vous porte à desirer une voie plus large, plus libre & plus spacieuse: détournez vos yeux de cette latitude, quelqu'agréement qu'elle vous offre; il vous vient en l'esprit d'examiner & de discuter les ordres de vos Superieurs, sous prétexte de leur rendre ensuite une obeïssance plus pleine & plus entiere: passez promptement sans vous arrêter à une si mauvaise raison; enfin rejettez pour l'amour de Dieu tout soulagement, tout delaissement, toute satisfaction, toute joie que vous ne pouvez avoir, que ce ne soit aux dépens de quelques-unes des Constitutions, des loix qui vous sont préscrites, & qu'en vous éloignant en quelque chose des ordres & des volontez de vos Superieurs, *facite* Luc. 16. *vobis amicos de mammona iniquitatis;* 9. renoncez à ces sortes de consolations qui sont toûjours accompagnées de quelque iniquité, & cherchez à vous faire les Saints pour amis, qui sont les amis de Dieu; quels Saints, me direz-vous ? les Anges qui veillent incessamment à la garde de vos ames, vos Fondateurs, vos Instituteurs & vos Peres, afin que vous conduisant en tout par leur esprit, par leurs maximes & par leurs instructions, ils vous accordent leur protection auprés de Jesus-Christ, & que par leur moyen les portes de son royaume vous soient ouvertes: *recipiant vos in æterna ta-* Luc. 16. *bernacula.* 9.

Ceux qui traittent ces veritez d'imaginations ou de pensées scrupuleuses, qui font plus de cas de ce libertinage auquel ils sont accoûtumez, que de cet assujettissement de benediction, qui nous est si recommandé par JESUS-CHRIST & par tous les Saints, ne manquent pas de dire & de se vanter qu'ils sont exacts dans les choses essentielles, & que pour rien du monde ils ne voudroient s'en separer; qu'ils sont incapables, par exemple, de s'élever contre leurs Superieurs par une desobeissance formelle, par un murmure éclatant; d'exciter des divisions dans la Communauté, de quereller leurs freres, de conserver de l'argent contre la pauvreté qu'ils ont promise, de rien faire contre la continence à laquelle ils se sont engagez, ni de manquer à aucune de leurs obligations principales, quelles merveilles! Ils ne feront pas des crimes, des conspirations, des blasphêmes, des rebellions ni d'autres actions scandaleuses, parce qu'elles couvrent d'ignominie & de confusion tous ceux qui les commettent: ce n'est pas qu'ils aiment Dieu, mais comme ils s'aiment eux-mêmes, ils ne veulent ni la douleur ni la honte, qui sont les suites necessaires de ces excés scandaleux.

Cette innocence prétenduë, mes Freres, est inutile, elle n'est point suffisante, elle est toute basse & toute servile, & ceux qui s'en tiennent-là, sont voir à la verité qu'ils craignent la peine, mais non pas qu'ils aiment la justice, & s'ils n'étendent leurs soins sur les choses qui leur paroissent petites, s'ils ne sont exacts à éviter ces fautes legeres qu'ils s'imaginent n'être d'aucune importance, & qu'ils commettent sans remords & sans difficulté, ils tomberont malgré eux, & par des consequences necessaires dans des inconveniens considerables ; ils feront des chûtes grossieres & profondes, & vous les verrez vivre & languir dans la servitude de toutes leurs passions : *qui in modico iniquus est, & in majori iniquus est.* C'est la parole de JESUS-CHRIST, vous ne vous souciez pas de commettre de petits maux, vous en commettrez de grands.

Luc. 16. 10.

Si vous me demandez, mes Freres, comment cela arrive, je vous dirai que ce qui fait qu'un Religieux commet facilement de ces fautes qu'il nomme & qu'il estime petites, c'est qu'il ne craint pas de déplaire à Dieu, & le defaut d'une apprehension si juste & si necessaire, vient du defaut de son amour : car s'il aimoit Dieu, non seulement il n'auroit garde de luy déplaire, mais il rechercheroit & feroit avec empreſſement & application tout ce qu'il connoîtroit qui luy ſeroit agreable ; on veut toûjours plaire à ceux que l'on aime, quand l'amitié eſt veritable & ſincere : on les choie, on ne neglige rien de tout ce qui peut leur témoigner la conſideration que l'on a pour eux , & l'on n'a point plus de joie que d'eſſaier de meriter leur affection, par les marques qu'on leur donne de la ſienne.

Je penſe, mes Freres, qu'il n'y en a pas un ſeul parmi vous, qui n'entre pleinement dans un ſentiment ſi juſte & ſi raiſonnable : or comme c'eſt par l'amour que l'on va à Dieu & que l'on s'en approche, c'eſt auſſi par ce défaut d'amour qu'on s'en ſepare & qu'on s'en éloigne, *amando aſcendis, negligendo deſcendis* : & de même que le cœur qui eſt vuide & deſempli des creatures eſt plein de Dieu, & de toutes les vertus & les qualitez ſaintes qui accompagnent ſa préſence ; ainſi celuy qui eſt vuide de Dieu, eſt tout plongé dans les creatures, & tout penetré des déreglemens, des vices & des paſſions qui naiſſent de cet attachement illegitime, quel état ! quelle diſpoſition ! & comment eſt-il poſſible

Aug. in Pſ. 85.

qu'un Religieux appellé de D^{te} à une vie toute sainte puisse se conter d'un sort si pitoyable ? cependant c'est la suite, c'est l'effet du mépris des fautes legeres.

Secondement, que fait ce Religieux qui commet des fautes petites, & qui ne se donne pas la peine de s'en corriger, sinon d'apprendre à en commettre de grandes, il transgresse une obligation, il en transgresse une autre, il continuë parce que ces transgressions luy sont commodes, & qu'elles ne luy font aucune horreur; il contracte ainsi l'habitude de se dispenser des loix, il la fortifie. Y a-t-il un moyen plus assuré pour acquerir la hardiesse de commettre des crimes ? & peut-on douter qu'elle ne naisse de la liberté qu'il se donne de faire ce qu'on appelle de petits maux; les mauvaises inclinations augmentent quand elles ne sont pas combattuës : la cupidité a dans nous un mouvement & une action continuelle, cette malignité qu'elle renferme ne se donne point de bornes, & elle croît sans cesse, si sans cesse elle n'est reprimée : *superbia eorum qui te oderunt ascendit semper.* L'orgueil qui, à proprement parler, rend ce Reli-

Ps. 73. 23.

gieux indocile, & qui fait qu'il ne veut point être assujetti ; & par consequent qu'il n'aime point Dieu, grossit jusqu'à ce qu'il ait donné le coup de la mort.

On voit quelquefois des gens qui s'exercent & qui combattent avec des bâtons ou avec des lames de fer, qui n'ont ni taillant ni pointe : il semble qu'ils perdent leur temps, qu'ils badinent & qu'ils se joüent : cependant la verité est, qu'ils apprennent à tuer des hommes, à commettre des meurtres : c'est ainsi que les Religieux se rendent habiles dans l'art de desobeïr, & que s'accoûtumant à méprifer & à violer les regles par de petites transgressions, ils se perdent enfin par des infidelitez & des infractions mortelles.

Troisiémement, on entoure une place de boulevars & de bastions pour la mettre en état de resister à ceux qui voudroient l'attaquer & la surprendre : toutes ces défenses ne sont qu'un amas de terre, on y applique ou des pierres ou des gazons pour la soûtenir, & pour en conserver la fermeté & la force ; si l'on vient à démolir ces gazons & ces pierres, ou à negliger de les entretenir ; cette masse tombera, se détruira peu à peu par l'injure des temps, par les pluïes, par les neiges, par les glaces; & cette forteresse qui étoit imprenable, si l'on avoit eu soin de maintenir ses défenses, devient accessible de toutes parts; & on la prendra par tous les endroits & par tout où l'on voudra l'attaquer.

Une Communauté Monastique a ses regles principales qui la forment, qui la composent, qui luy sont essentielles; cependant elles ne peuvent subsister si elles sont seules, & si elles ne sont appuïées par d'autres pratiques & d'autres Constitutions particulieres qui leur servent de défenses, & dés-là qu'on les neglige & qu'on les ruine, en se dispensant de les observer, il faut que ce corps qui est destitué de ces appuis & de ces épaulemens qui luy sont si necessaires, se demembre peu à peu, qu'il s'en aille par pieces & par parties, & qu'il tombe enfin dans la derniere défaillance: *qui in modico iniquus est, & in majori iniquus est.*

Luc. 16. 10.

Cela vous fait voir, mes Freres, avec évidence quelle fidelité vous devez garder dans l'observation des choses qui vous ont été préscrites, soit qu'elles soient contenuës dans vôtre Regle, soit qu'elles y ayent été ajoûtées, pourvû qu'elles tendent à vous rendre plus parfaits & plus saints, & qu'elles soient dans l'esprit & dans le dessein de vos Instituteurs & de vos Peres : car soit que Dieu, comme dit saint Bernard, vous explique ses volontez par luy-même, ou par la bouche de ceux qu'il a préposez pour vous conduire, c'est toûjours luy qui vous parle ; & vous devez à ces ordonnances un respect & une soûmission égale. *Quid enim interest, utrum per se, an per suos Ministros, sive homines, sive Angelos, hominibus innotescat suum placitum Deus, pari profectò obsequendum est curâ, pari reverentiâ deferendum.* Croyez, comme je vous l'ay dit bien des fois, qu'il n'y a rien de petit dans les choses que Dieu vous a commandées.

De præcept & disc. c. 9.

Apprenez donc, mes Freres, à sacrifier à Dieu tout ce que vous pouvez trouver de goût, de plaisir & de satisfaction dans les choses d'icy bas : je dis de satisfactions terrestres & humaines, *facite vobis amicos de mammona iniquitatis*, renoncez-y comme

Luc. 16. 9.

vous avez renoncé aux biens, aux fortunes & à la succession de vos peres; vous plairez à Dieu par une telle conduite, vous plairez à Jesus-Christ, vous plairez à ses Saints; & toute la Cour céleste se réjoüira de voir le Nom de Jesus-Christ sanctifié par ce sacrifice si entier, si religieux & si saint; que faut-il à ceux qui ont pris Jesus-Christ pour leur partage ? & pourriez-vous vous imaginer de trouver dans les biens de ce monde des avantages & des consolations qui fussent comparables à ces joies ineffables qui se rencontrent dans la possession de Jesus-Christ:

Rom. 8. 28. *diligentibus Deum omnia cooperantur in bonum.* Soyez persuadez que ses veritables serviteurs ne manquent de rien, qu'ils sont même dés cette vie dans une abondance & dans une paix profonde, & que tout conspire à les rendre éternellement heureux: *Pf. 33. 10. non est inopia timentibus eum.*

CONFERENCE POUR LE IX. DIMANCHE APRE'S LA PENTECOSTE.

Ut appropinquavit, videns civitatem, flevit super illam, dicens; quia si cognovisses & tu & quidem in hac die tua, quæ ad pacem tibi. Nunc autem abscondita sunt ab oculis tuis. Luc. 19. 4i.

JESUS-CHRIST approchant de Jerusalem, jetta les yeux sur cette ville, & repandit des larmes, en disant : si vous aviez connu au moins en ce jour ce qui pourroit contribuer à vous donner la paix ; mais tout cela presentement vous est caché, & ne tombe point sous vos yeux.

IL y a peu d'instruction, mes Freres, dans l'Ecriture plus importante, & qui contienne de plus grandes utilitez, que celle que nous trouvons dans l'Evangile de ce jour ; elle nous apprend que le Sauveur du monde allant à Jerusalem, aussi-tot qu'il apperçut cette ville ingrate, fut saisi d'une telle douleur, qu'il ne pût s'empécher de verser des larmes, *videns civitatem flevit super illam.* C'est la dureté & l'insensibilité de cette ville infidelle, qui cause cet attendrissement & cette compassion dans cet homme-Dieu ; il ne peut voir que ce qu'il a fait pour cette ville malheureuse, tous les soins qu'il a pris pour luy procurer une paix constante, pour la faire rentrer dans la voye de la verité & de la justice, enfin toutes les marques qu'il luy a données de sa bonté, n'ait servi qu'à la rendre plus rebelle, plus ennemie de sa loy, & plus opposée à ses volontez.

Il luy avoit envoyé des Prophetes pour l'éclairer & pour l'instruire, pendant que le reste du monde étoit enseveli dans les tenebres profondes de l'ignorance & de l'erreur. Il luy avoit donné une loy pour luy tracer le chemin qu'elle devoit suivre; & pour comble de ses graces & de ses bienfaits, il étoit sorti du sein de son Pere, & venu luy même en personne pour accomplir les promesses qu'il luy avoit faites depuis si long-temps, pour la faire joüir d'un bonheur, d'une paix & d'une felicité parfaite.

Il ne faut pas s'étonner, mes Freres, si aprés cette suite de graces & de benedictions, dont il l'avoit favorisée ; aprés tous ces temoignages de son application & de ses soins, il ne peut souffrir le mépris & l'indifference qu'elle a pour tous les effets de sa charité & de sa tendresse. Si les châtimens rigoureux qu'elle s'attiroit par une conduite si injuste, font sur luy des impressions si vives & si sensibles, & s'il ne peut s'empêcher de la plaindre de ce qu'étant dans un état si deplorable, elle ne connoît point son malheur, il falloit, mes Freres que son aveuglement fût grand; elle avoit foulé aux pieds toutes les loix qu'il luy avoit données, elle avoit massacré les Prophetes qui étoient venus de sa part pour la retirer de l'égarement où elle étoit, elle avoit trempé ses mains dans le sang de ceux qui luy avoient predit les malheurs dont elle étoit menacée, elle étoit sur le point de porter ses iniquitez jusqu'aux derniers excez, en le faisant mourir luy-même d'une mort cruelle; luy, dis-je, qui n'étoit sorti de dessus le throne de son Pere, & descendu sur la terre que pour luy conserver la liberté & la vie.

Ne pensez pas, mes Freres, que cette Jerusalem ne soit rien que cette ville infidelle, dont l'Ecriture nous parle, que ce soit à ce Temple ingrat que se borne la douleur qui paroît aujourd'huy dans le Sauveur du monde, & que ce soit seulement pour luy que son cœur s'attendrit, & que nous luy voyons repandre des larmes.

Cette Jerusalem n'est que la figure de ce grand nombre d'hommes qui composent un peuple saint, je veux dire un peuple distingué, & marqué au caractere des Saints, qui est le sceau sacré du Bapteme. Il n'y en a pas un, comme l'Evangile nous apprend, s'il est tel qu'il doit être, qui ne contienne au dedans de luy le Royaume de Dieu *Regnum Dei intra vos est*, & l'Apôtre nous dit que les cœurs de tous ceux qui sont à Dieu & qui le servent sont le Temple du Saint Esprit, *membra vestra Templum sunt Spiritus Sancti*. C'est donc à cette Jerusalem spirituelle

Luc. 17. 21.

1. Cor. 6. 19.

tuelle que JESUS-CHRIST adresse principalement sa parole ; c'est elle qu'il instruit, qu'il éclaire, qu'il exhorte ; il parle en sa personne à vous & à moy & à tous ceux dont elle étoit la figure; il n'en neglige aucun, & il s'attache par une bonté qui ne se peut comprendre à leur donner toutes les lumieres & les connoissances qui leur sont necessaires, & à les fortifier par ses divines instructions. Tous y ont part, & il n'y en a pas un seul qui n'ait droit de puiser dans cette source d'une abondance infinie, les petits & les grands, les pauvres & les riches, les Princes, les sujets, tous y sont appellez, *omnes sitientes venite ad aquas*; Isa. 55:1. & cette misericorde immense n'en rejette personne.

On peut dire, & avec douleur, que véritablement il parle, mais aussi qu'il n'est point écouté, & qu'il ne trouve guere plus de disposition dans ceux ausquels il déclare à present ses intentions, qu'il en trouvoit autrefois, & que la resistance n'est pas moindre qu'elle a été lorsqu'elle a percé son cœur, & qu'elle a tiré des larmes de ses yeux ; enfin JESUS-CHRIST s'explique, mais on n'a rien moins que la Religion qu'on devroit avoir pour profiter de ses avis.

Les gens du monde, qui pour l'ordinaire font une profession toute publique de se conduire, & de marcher par des voyes & des routes égarées, ne sont pas destituez de ce secours : le Fils de Dieu leur parle par une compassion toute particuliere ; & bien loin de les laisser à leurs passions, & à leurs cupiditez sans leur rien dire, il les avertit en mille & mille manieres differentes, pour les retirer de l'égarement où il les voit, & les ramener dans le chemin de la verité qu'ils ont abandonnée ; il leur parle, dis-je, tantôt par ses ministres, & par ses Predicateurs, par ce soin perpetuel qu'il prend de la conservation de leur vie, tantôt par les bienfaits dont il les comble, tantôt par les maux qu'il leur envoye, par les maladies dont il les visite, par les châtimens dont il les punit, par l'exemple des personnes qui vivent dans sa crainte, & qui gardent ses loix ; enfin il leur parle par le renversement des fortunes temporelles, par la perte des biens, par la mort des grands du monde, par la privation de leurs amis ; & il leur fait toucher au doigt par tous ces évenemens & ces conduites differentes, que tout passe ici bas, que tout change de moment en moment, & qu'il n'y a rien sous le soleil qui ait ni consistance, ni solidité, ni durée; que c'est la plus grossiere de toutes les illusions, de quitter les corps comme ils sont tous les jours, pour courir aprés les ombres, & les fantômes, & d'abandonner la verité toute aimable qu'elle est, pour s'attacher à l'erreur, à la vanité & au mensonge, *Filii hominum ut quid diligitis vanitatem & quæritis mendacium?* Ps. 4. 3

Cette voix, mes Freres, si claire & si éclatante n'est point entenduë, les hommes, pour la plus grande partie, vivent comme s'ils n'avoient point d'oreilles, leur dureté resiste à tout ce que Dieu fait pour leur conversion, l'attachement qu'ils ont pour les choses de la terre les retient & les domine; & toutes ces instructions si pressantes, si salutaires, & si saintes n'ont garde de trouver place dans des cœurs possedez de l'amour du monde.

Si on doute de ce que j'avance, il n'y a qu'à juger de l'état où ils se trouvent, par leurs œuvres, je parle des gens du monde ; & à mettre leur conduite auprès des veritez qui leur sont annoncées ; il y a tantôt dix-sept cens ans que Jesus-Christ ne cesse de leur parler, qu'il les avertit, qu'il les exhorte, & qu'il les presse ; & quel effet voyez-vous jusqu'icy de toutes ces diligences ? quel changement a produit dans ces ames endurcies, le soin qu'il a eu de les instruire de leurs devoirs.

Mais pour entrer dans quelque detail, mes Freres, disons qu'il leur a declaré & qu'il leur declare encore tous les jours qu'il n'y a que ceux qui sont pauvres d'esprit, c'est à dire qui sont humbles ausquels les portes de son Royaume sont ouvertes ; le monde cependant n'est rempli que d'ames orgueilleuses ou superbes, & chacun, soit digne, soit indigne (au mépris du precepte) travaille autant qu'il peut pour se donner du rehaussement & de la gloire : le Fils de Dieu declare que ceux là seulement qui conservent la paix & la douceur possederont la terre des vivans ; & vous ne voyez qu'aigreur, qu'envie, qu'inimitié parmi les mondains : ce sont ces passions si malignes & si condamnées qui regnent parmi eux avec un empire absolu : le Fils de Dieu déclare que ceux qui pleurent seront consolez, c'est à dire, qu'ils seront heureux, on fuit cependant cette tristesse sainte, quelque commandée quelle puisse être, on n'en a que de l'horreur, chacun cherche ce qui le satisfait, & ce qui le contente, & sacrifie à son plaisir son temps, sa peine, son bien, sa santé, sa vie même ; car combien y en a-t-il qui se sont donnez la mort par les excez qu'ils ont commis dans des débauches ? le Fils de Dieu dit que ceux qui gardent la pureté du cœur sont heureux, & qu'ils joüiront de sa presence, helas que cette declaration & cette promesse toute importante qu'elle est, est ignorée ; on ne connoît presque dans le monde que la vie des sens, les passions brutales y sont les maîtresses ; & il y a si peu de lieux, & si peu de personnes en qui ce dereglement ne se rende sensible, qu'il se peut dire qu'on auroit besoin d'un second deluge pour laver l'iniquité de la terre.

Enfin, mes Freres, on apperçoit quasi par tout, des marques de l'indocilité des pécheurs, de leurs resistances aux volontez de Dieu, & du mépris qu'ils font de ses ordonnances ; & si nous

Q iij

avions le temps d'appliquer les regles aux œuvres, & les devoirs aux actions, le violement de la Loy paroîtroit incroyable: Seigneur que de justes sujets de vous plaindre de vôtre peuple? quelle ingratitude pour tant de graces & de bienfaits? quelle tendresse dans le Pere, quelle dureté dans les enfans? vous ne vous lassez point de parler, d'exhorter, d'instruire; & dans tous les temps vous tendez la main à ceux qui ne cessent point de vous refuser leur soûmission & leur confiance:

Isai. 65. 2. *tota die expandi manus meas ad populum non credentem & contradicentem.* Ils ignorent, ou pour mieux dire ils ne veulent point sçavoir ce que vous faites pour leur procurer une paix constante *si cognovisses & tu, & quidem in hac die tua, quæ ad pacem tibi.* Ils se detournent de cette clarté divine qui frappe leurs yeux ; enfin ce sont des aveugles volontaires qui fuyent la lumiere & cherchent l'obscurité des tenebres pour cacher la corruption de leurs mœurs, & le déreglement de leur

Ioan. 3. 19. conduite *dilexerunt homines magis tenebras quam lucem, erant enim eorum mala opera.*

Si vous voulez sçavoir, mes Freres,

quelle sera la destinée de ces ingrats, & de quelles peines cette resistance si inflexible, & si perseverante sera punie? c'est ce que le Fils de Dieu nous apprend, lors qu'il nous dit, que cette ville sera attaquée par ses ennemis, qu'elle sera assiegée, qu'elle sera prise, & que sa ruine sera si entiere qu'il ne restera pas une pierre sur une autre pierre: *non relinquet lapidem super lapidem*. C'est ainsi que le Seigneur exercera ses jugemens sur ces ames infidelles; & à moins qu'elles ne rentrent dans des sentimens & dans des dispositions toutes nouvelles, & qu'elles ne reparent leurs égaremens passez par un retour & une conversion sincere, il les livrera à leurs ennemis: *circumdabunt te inimici tui vallo*, c'est à dire aux Démons & à leurs propres cupiditez; ces ennemis leur feront une guerre cruelle, ils les attaqueront par toute sorte d'efforts & de surprises, par mille suggestions, par mille tentations différentes, & mettront tout en usage pour les reduire dans une captivité honteuse: *coangustabunt te undique*; enfin leur malheur sera consommé: *in terram prosternent te, & non relinquent in te lapidem super lapidem*;

Luc. 19.
43.

ce renversement d'une place & d'une ville est entier, & sa ruine est achevée lorsque les murs & les maisons en sont tellement demolies, que l'on en voit les pierres éparses deça & delà dans les ruës & dans les places publiques; c'est ce qui arrivera à ces hommes, qui étant rejettez de Dieu en punition de leurs égaremens & de leurs péchez, deviendront la proië, le partage, & la possession des Démons; ils seront jettez par terre, c'est à dire comme des gens abbatus, ils seront sans force & sans puissance, leur raison obscurcie par leur iniquité, sera sans discernement & sans lumière, leur volonté corrompuë par le peché, n'aura ni sentiment ni action, ni mouvement pour le bien; en un mot la desolation sera complete, & la cause de ce malheur irreparable, c'est qu'ils n'ont pas profité de la visite que Dieu leur a renduë : *eo quod non cognoveris tempus visitationis tuæ*, ils ont regardé avec indifference toutes les marques qu'il leur a données de sa bonté, ils ont violé ses preceptes, ils ont meprisé ses conseils, enfin c'est qu'ils ont suivi la voix de leurs passions, sans vouloir écouter les veritez qu'il

POUR LE IX. DIM. APRE'S LA PENT. 193

qu'il leur a annoncées, & qu'ils ont mieux aimé s'attacher aux creatures qu'au Createur : *servierunt potius crea-* Rom. 1. *turæ quam Creatori.* 25.

Voila, mes Freres, l'état où se trouve la plus grande partie des personnes qui vivent dans le Siecle ; le monde auquel ils ne doivent rien, peut tout sur eux, & Dieu qui les comble dans tous les momens des marques d'une protection dont ils ne peuvent se passer, ne trouve en eux ni respect, ni soûmission, ni reconnoissance. Je ne vous parle si souvent de leurs miseres que pour échauffer vôtre charité, & afin que la connoissance que vous aurez de la profondeur de leurs playes, vous porte à jetter devant Dieu des cris profonds pour leur guerison : je le fais encore, afin, pour ainsi dire, que vous n'ayez pas le temps d'oublier ce qu'il a fait pour vous, en considerant qu'il vous a tiré du milieu de tous les écueils, & de tous les perils où il les a laissez ; & en comparant l'état heureux où il vous a mis, avec celuy dans lequel ils se trouvent.

Quoyque la condition dans laquelle il a plû à Dieu de vous mettre, mes Freres, ait des avantages pres-

Tome III. R

que infinis, & qu'il y ait attaché tout ce qui pouvoit vous établir dans une assurance parfaite (je parle de tout l'état monastique & Religieux) cependant on répond si mal à tant de graces, & on est si éloigné d'en user comme on le doit, qu'on ne sçauroit trop se reprocher son ingratitude, s'affliger devant Dieu de ses égaremens dans l'esprit d'une confession humble & sincere, & même s'appliquer les plaintes que JESUS-CHRIST fait éclatter dans ce jour sur la dureté de son peuple : car si nous ne sommes pas tombez dans de semblables excez, si la main de sa misericorde nous a garentis des mêmes chûtes, nôtre vie ne laisse pas d'être remplie de tant d'infidelitez, que nous avons grand sujet de craindre que Dieu ne nous juge plus coupables que nous ne pensons.

Outre ce que Dieu nous dit tous les jours par toutes ces manieres que nous avons expliquées, & qui nous sont communes avec le reste des hommes, il y en a d'autres qui nous sont propres par lesquelles il nous avertit incessamment de nos devoirs ; & comme il se peut dire qu'il ne fait cette grace à personne, avec une application plus

tendre & plus charitable, il n'y en a
point aussi qui ait plus d'obligation
que nous de l'écouter, & de former
l'état de sa vie, sur ses saintes instructions.

Dieu nous parle donc, mes Freres,
& à tous ceux qui ont fait profession
sous la Regle de S. Benoist par toutes les actions, les exercices, & les
regularitez qu'elle renferme; & il n'y
en a pas une qui ne nous declare de sa
part quelque dessein ou quelque volonté particuliere. Le seul nom de nôtre Pere, & de nôtre Instituteur, je
veux dire S. Benoist, nous apprend
que sa sainteté doit être la nôtre: les
enfans sont heritiers de leur pere, ses
richesses leur appartiennent; il faut donc
que sa religion passe dans toute sa posterité, & que sa pieté se trouve dans
ses descendans *si radix sancta, & rami:* Rom. 11. 16.
les rejettons doivent être saints comme la tige? Dieu nous met devant les
yeux par le travail auquel nôtre regle nous oblige la desobeïssance de nos
peres; il nous dit que nous sommes destinez particulierement à la penitence,
& que ces paroles sorties de la bouche
de Dieu, *in sudore vultus tui vesceris* Gen. 3. 19.
pane, nous regardent beaucoup plus

R ij

que les autres hommes. Il nous declare par ces longues veilles qui nous sont ordonnées, l'obligation que nous avons d'être inceſſamment ſur nos gardes pour nous deffendre de l'ennemi qui ne penſe qu'à nous ſurprendre. Il nous apprend par l'abſtinence & par les jeunes que nous pratiquons, avec quel ſoin & quelle application nous devons conſerver la pureté de nos ſens & de nos cœurs, *cogitat quæ Dei ſunt ut ſit ſancta corpore & ſpiritu.* Il nous avertit par ce ſilence ſi rigoureux & cette ſolitude ſi étroite qui nous eſt preſcrite, de rompre commerce avec tous les hommes & de n'en plus avoir qu'avec luy; *ducam eam in ſolitudinem, & loquar ad cor ejus.* Il nous declare par la ſtabilité que nous promettons, que nous devons fixer la mobilité de nôtre eſprit, & de nôtre corps afin de joüir de ce repos ſacré qui ne ſe trouve point dans l'agitation & dans le tumulte. Il nous montre par les couches dures que la vie d'un moine eſt d'une mortification continuelle, & qu'il doit porter la croix de JESUS-CHRIST les jours & les nuits: *ſemper mortificationem Jeſu in corpore noſtro circumferentes.* Il nous apprend par ce grand nombre d'heures que nous passons à chanter ses loüanges, qu'il veut que nous fassions sur la terre ce qui se fait dans le Ciel, & que nous joignions, pour ainsi dire, nos voix avec celles de ses Anges: *in conspec-* *Ps. 137.* *tu Angelorum psallam tibi.* Il nous fait *2.* voir par la pauvreté & par l'obeissance dans laquelle nous devons vivre, qu'il faut que nous nous quittions d'une maniere si entiere & si complete pour l'homme exterieur comme pour l'homme interieur, que nôtre état soit un renoncement & une privation parfaite de nous mêmes, ensorte que nous pratiquions à la lettre ce precepte divin, *omnis ex vobis qui non renunciat* *Luc. 14.* *omnibus qua possidet non potest meus esse* *33.* *discipulus*: quiconque d'entre vous ne renonce à tout ce qu'il a, ne peut être mon disciple. Il nous fait ressouvenir par la maniere dont S. Benoist nous ordonne de prier, que la vie d'un solitaire est une vie de larmes, & que son oraison doit sortir du gemissement & de la componction de son cœur. Il nous dit par la qualité des lectures ausquelles nous devons nous appliquer, que c'est pour devenir saints que nous lisons, & non pas pour devenir sçavans,

Il nous apprend par cette distribution si exacte de nôtre temps, & par cette succession d'exercices qui composent nos journées, que nous n'avons point icy bas un moment à perdre; & qu'il veut que nous soyons du nombre de ceux dont il est dit *dies pleni invenientur in eis*; les jours pleins se trouveront en eux: enfin il veut que nous acquerions une vertu parfaite, c'est à dire, selon les termes de nôtre Regle, que nous nous élevions par la pratique d'une humilité sincere, profonde & perseverante, à une charité consommée: *ergo his omnibus humilitatis gradibus ascensis, monachus mox ad charitatem perveniet illam, quæ perfecta foris mittit timorem.*

Ps. 71. 10.

C'est ainsi que Dieu nous visite, mes Freres, & qu'il nous declare ses volontez par la regle que nous avons embrassée; c'est ainsi qu'il nous fait connoître ce qu'il veut de nous d'une maniere si claire, qu'il n'y a pas moyen de l'ignorer; il est certain que la voix de Dieu se fait entendre, mais il faut demeurer d'accord qu'il y en a peu qui la suivent, & qui l'écoutent avec le respect & la soûmission qui luy est dûë; & plût à Dieu que le nombre ne fût pas si grand qu'il est, de ceux à qui on peut appliquer cette parole de JESUS-CHRIST: *si cognovisses quæ ad pacem tibi, nunc autem abscondita sunt ab oculis tuis*; si vous aviez connu ce qui étoit capable de vous procurer une paix & une tranquillité sainte, vous auriez marché par des voyes toutes contraires à celles que vous avez suivies: mais helas! il n'est plus temps; vous n'avez plus d'yeux pour appercevoir une verité si importante.

En effet, mes Freres, entre cette multitude d'hommes qui font profession de cette Regle dont nous venons d'exprimer les obligations principales, les uns en ont abandonné les points les plus considerables, comme les jeunes, les veilles, les travaux, les couches dures, le silence, la solitude, la fuite des gens du monde, la priere, les pratiques & les exercices de pieté, & nous voyons avec douleur que non seulement ils vivent dans une trangression toute publique des devoirs de leur profession, mais qu'ils foulent aux pieds, sans remords & sans sentiment, les loix du Christianisme les plus saintes, & les obligations les plus indis-

R iiij

pensables, & par conséquent ils ne tirent ni fruit ni avantage de cette menace de JESUS-CHRIST *non relinquent in te lapidem super lapidem, eò quod non cognoveris tempus visitationis tua.* Ils ne vous laisseront pas pierre sur pierre, parce que vous n'avez pas connu le temps auquel Dieu vous a visitée ; menace, dis-je, si capable de penetrer les cœurs, à moins que leur dureté ne surpasse celle du marbre ou de la bronze.

Luc. 19. 44.

Les autres ont embrassé la mitigation de la regle comme il a plû à l'Eglise de l'établir : mais au lieu de suppléer selon ses intentions par les actions d'une pieté vive & animée, à ce qui leur a été retranché de moyens & de secours exterieurs, & de trouver dans la pureté, & dans l'ardeur de leur zele, ce qu'ils ne peuvent plus recevoir de la mortification & de la penitence qu'ils ont abandonnée, ils vivent pour la plus grande partie, d'une vie si molle & si relâchée, & dans des dispositions si contraires à ce que demande d'eux, l'ordre de Dieu & la sainteté de leur état, qu'on ne peut pas douter que JESUS-CHRIST, ne se plaigne de leur conduite, aussi bien que de celle des autres, & qu'il ne leur dise comme à eux, le peu de soin que vous avez eu de profiter des graces que Dieu vous a faites, vous rendra pour jamais la proye de vos ennemis: *circumdabunt te inimici tui vallo.* Luc. 19. 43.

Il y en a d'autres qui veritablement gardent la regle avec plus d'exactitude, qui en ont repris les pratiques les plus essentielles, comme les jeunes, les veilles, le silence, & les autres pratiques que nous venons de marquer; cependant parce qu'ils n'ont pas soin d'accompagner toutes ces regularitez exterieures de cette sainteté sans laquelle on ne sçauroit plaire à Dieu, & que toutes ses œuvres sont destituées de cet esprit, qui seul en peut faire la valeur & le merite ; parce qu'ils sont dans le mouvement, dans l'inquietude, vuides des dons du Ciel, toûjours prêts à se remplir des choses de la terre, par les commerces & les communications qu'ils conservent avec ceux de qui ils peuvent les apprendre ; on peut dire qu'ils ne font point devant Dieu ce qu'ils devroient être, qu'ils n'entrent pas autant qu'ils y sont obligez dans ses desseins, & que leur vie n'ayant p... à ses yeux ni l'agréement.

ni la justice qu'elle devroit avoir, il ne se peut qu'il ne leur fasse ce même reproche, qu'ils se sont si justement attirez par le déreglement de leur conduite, *non relinquent lapidem super lapidem &c.* ce peu de soin que vous avez eu, hommes ingrats de répondre aux marques que Dieu vous a données de sa bonté, vous causera une ruine irreparable: *eo quod non cognoveris tempus visitationis tuæ.*

Enfin il s'en trouve qui gardent encore une fidelité plus entiere & plus litterale, qui s'efforcent d'approcher de plus prés les exemples de leurs peres, qui se les proposent comme les seuls modeles sur lesquels ils doivent former l'état de leur vie; cependant quand ils se considerent, ils se voyent si differens de ce qu'ils ont été, qu'ils ne sçauroient s'imaginer ce qui peut faire, que veillant comme eux, travaillant comme eux, gardant une même retraite, un même silence, & vivant dans une pauvreté & dans une obeïssance toute semblable, ils soient si éloignez de la vertu de ces hommes tout divins; que les voyant comme des Aigles dans le plus haut des nuées, à peine peuvent-ils par tous leurs efforts se détacher & s'élever au dessus de la terre : ce sentiment les penetre, les afflige, & leur fait craindre que Jesus-Christ appercevant en eux des infidelitez secrettes, & des dereglemens qui ne leur sont point connus il ne pleure sur leur malheur, comme il a fait sur celuy de Jerusalem, & qu'il ne leur dise : *si cognovisses & tu, & quidem in hac die tua, quæ ad pacem tibi, nunc autem abscondita sunt ab oculis tuis*: qu'ils ne connoissent non plus que cette ville ingrate, la bonté qu'il a euë de leur tendre la main pour les mettre, & pour les soûtenir dans la voye de la verité & de la vie.

Je vois, mes Freres, que vous me dites que je vous represente les inconveniens, & que je vous montre les maux que vous avez à craindre, mais que ce n'est point assez si on ne vous dit les moyens par lesquels vous pouvez vous en garentir, & faire l'usage que vous devez faire de l'avertissement que Jesus-Christ vous donne, lorsqu'il vous dit dans la personne de son peuple ; *si cognovisses & tu, quæ ad pacem tibi, nunc autem abscondita sunt ab oculis tuis.* Je n'entrerois pas dans les desseins de Dieu, mes Freres, & je ne contribuerois pas autant que je le dois, à vous faire trouver dans ces instructions les utilitez qu'il y a renfermées, si je n'essayois de vous donner la satisfaction que vous me demandez.

Je vous diray donc qu'il faut que ceux qui vivent dans ce violement, dans cette privation si scandaleuse de leurs devoirs, ce sont les premiers dont je vous ay parlé, se persuadent que l'état où ils sont est un état de mort, qu'ils n'ont pour regle que les impressions de la chair & du sang, & cependant qu'il est écrit, que le Royaume de Dieu n'est point pour ceux qui en suivent les mouvemens, *iniqui regnum Dei non possidebunt*; & qu'à moins qu'ils n'embrassent un genre de vie autorisé par l'Eglise, & qu'ils ne se fassent pour s'y reduire toute la violence necessaire, il ne se peut qu'ils n'éprouvent toute la rigueur des menaces dont Jesus-s-Christ se sert pour les porter à revenir à luy par la penitence, & par une contrition sincere de leur égarement & de leur conduite.

Pour les seconds, il faut qu'ils rappellent dans leur memoire ou plûtôt dans leur cœur, que si l'Eglise leur a remis la plus grande partie des mortifications exterieures, elle ne les a point dispensez de la pieté à laquelle leur Regle les engage ; c'est une obligation qui subsiste, elle n'y a point touché, & que d'autant plus qu'ils se trouvent destituez des secours & des assistances exterieures, ils se rendent plus fidéles dans l'exercice des vertus interieures, qui sont essentielles à leur Profession; il faut donc qu'ils croyent que c'est la voie dont ils doivent se servir pour se rendre dignes de Dieu, dignes de leur état, & qu'ils pensent incessamment que pour remplir ce devoir contenu dans ces paroles : *Virgo cogitat quæ Dei sunt, ut sit sancta corpore & spiritu.* Une vierge s'occupe du soin des choses du Seigneur, afin d'être sainte de corps & d'esprit ; il faut qu'ils conservent dans toute leur conduite la douceur, la patience, l'humilité, la charité, la docilité, & que non seulement ils rendent à ceux que Dieu a établis pour les conduire, une obeissance entiere & cordiale, mais qu'ils ayent les uns pour les autres une deference, qui ne reçoive jamais ni la

1. Cor: 7. 34.

moindre alteration, ni la moindre atteinte; enfin il faut qu'ils courent dans toutes ces voies, qui sont les voies de leur salut, avec promptitude & legereté, & qu'ils se hâtent pendant que la lumiere les éclaire, de crainte que venant à se cacher ou à s'éteindre, ils ne se trouvent dans les tenebres épaisses d'une nuit profonde, c'est à dire, qu'ils s'avancent pendant que JESUS-CHRIST les appelle, les instruit & les attend, afin que leur paresse ou leur resistance, ne le contraignent pas de se taire, & de les abandonner pour jamais à leurs propres cupiditez : *ambulate dum lucem habetis, ut non vos tenebræ comprehendant.*

Joan. 12. 35.

Pour ce qui touche ceux que j'ay mis dans le troisiéme rang, je vous dirai, mes Freres, que s'ils veulent que Dieu leur donne cet esprit qu'ils n'ont point, s'ils veulent s'établir dans cette retraitte du cœur si importante, si essentielle & si necessaire à ceux qui ont promis à Dieu ce que nous luy avons promis : il faut qu'ils ayent un soin particulier de se dégager des communications exterieures, non seulement avec les étrangers, mais avec leurs propres freres: il faut qu'ils rejettent toute occupation, qui ne convenant point à leur état, ne peut être propre que pour remplir leurs cœurs des choses & des sentimens qui ne doivent point y avoir de place; qu'ils s'abstiennent des lectures qui sont plus capables de leur donner la science qui ne leur est point necessaire, que la sainteté dont ils ne peuvent se passer; qu'ils prennent garde que sous de fausses raisons & des prétextes specieux, ils ne se tirent de la simplicité qui est le caractere qui distingue les Solitaires des gens du monde; qu'ils se souviennent en tout temps de ce précepte du Saint Esprit, qui les oblige de demeurer dans les bornes & dans les limites de leur vocation; *unusquisque in qua vocatione vocatus est, in ea permaneat*; c'est l'unique moyen dont ils peuvent se servir pour détourner l'effet des menaces de JESUS-CHRIST, & pour profiter de l'instruction qu'il leur donne: *si cognovisses & tu, & quidem in hac die tua, quæ ad pacem tibi, nunc autem abscondita sunt ab oculis tuis.*

1. Cor. 7. 20.

Enfin je vous dirai sur le sujet des derniers, mes Freres, qu'il faut qu'ils s'humilient devant Dieu, qu'ils s'accusent des fautes qu'ils ignorent, comme de celles qui leur sont connuës; qu'ils luy demandent la lumiere pour remarquer en eux ce qu'ils n'y ont point encore apperçû, & la grace de profiter d'une vûë qui leur est si importante & si necessaire; il faut, dis-je, qu'ils s'animent, qu'ils s'excitent, qu'ils s'échauffent incessamment, qu'ils s'acquitent de leurs obligations comme si elles leur étoient toûjours nouvelles, & sur tout qu'ils s'adressent à Dieu par d'instantes prieres, afin qu'il benisse leurs travaux, qu'il ne permette pas que leurs œuvres se trouvent vuides de ces dispositions, sans lesquelles ils ne sçauroient luy plaire, & qu'ayant autant d'envie qu'ils en ont de répondre aux graces qu'il leur présente, ils ne soient pas assez malheureux pour les negliger, ou pour en faire un mauvais usage : c'est ainsi que ces paroles de Jesus-Christ qui ont causé, & qui causeront la mort à une infinité d'ames ou dures ou negligentes, leur donneront la vie : *quia si cognovisses & tu, & quidem in hac die, quæ ad pacem tibi, &c.*

Voila, mes Freres, de quelle utilité

lité sont les visites de Jesus-Christ quand on en ménage les momens; voilà l'effet qu'a sa parole sur ceux qui l'écoutent avec docilité & avec respect, & qui sçachant qu'encore qu'elle ne soit sortie de sa bouche que pour le salut des hommes, il arrive souvent qu'ils y trouvent leur perte, n'oubliant rien de ce qui peut luy donner une fecondité sainte, & faire qu'elle soit en eux une source de vie, de benediction & de gloire.

Je ne peux m'empêcher de revenir aux gens du monde, l'état auquel je les vois me touche, & je ne me sçautois lasser de vous parler de leurs miseres: cette vûë m'afflige au delà de ce que je puis vous exprimer, soit à cause du malheur dont ils sont menacez, qui doit être une suite necessaire de leurs desordres, soit parce que la majesté de Dieu en est deshonorée, & que de quelque côté qu'on jette les yeux, on ne voit que des sujets de se plaindre avec l'Apôtre, & de dire que son saint Nom est blasphêmé dans le monde, par la corruption de leurs mœurs, & par le déreglement de leur conduite: *Nomen Di per vis* Rom. 2. *blasphematur inter gentes:* ce qui est 24.

de plus fâcheux, mes Freres, c'est que l'iniquité a pris des racines si profondes, qu'il n'y a presque plus lieu d'esperer que l'on puisse en arrêter les effets & les consequences. La maladie est devenuë comme incurable par son antiquité; & les hommes se sont tellement accoûtumez à faire le mal, qu'ils ne peuvent plus s'empêcher de le commettre: on ne sçauroit se resoudre à marcher par des chemins qui ne soient pas battus; le torrent emporte dans les voies larges & spacieuses; & celles qui sont étroittes & resserrées, on ne peut les regarder qu'avec horreur: ainsi ce vous est une obligation principale de prier pour les hommes, & de demander à Dieu qu'il rompe les liens qui les attachent à ces habitudes malheureuses, & qu'il les délivre par la Toute-puissance de son bras de la servitude du peché, comme autrefois il tira son peuple de la captivité de l'Egypte: *in manu potenti & brachio excelso.* En un mot, mes Freres, c'est une délivrance qui n'arrivera jamais que Dieu ne change les cœurs, qu'il ne les refonde, ou plûtôt qu'il ne donne un cœur de chair à ceux qui ont un cœur de pierre;

afin qu'ils soient plus susceptibles des mouvemens de son esprit & des impressions de sa grace. Enfin quand Dieu voudra operer ce prodige, il faut qu'il inspire aux hommes la haine du siecle; & qu'au lieu, comme dit l'Apôtre, de se conformer à ses pratiques & à ses usages; il se fasse en eux une entiere reformation, par un renouvellement veritable, & par une extinction de cet esprit d'erreur & de mensonge qui les possede: *nolite conformari huic saeculo, sed reformamini in novitate sensus vestri*: afin que connoissant, selon les paroles de l'Apôtre, ce qui est la volonté de Dieu, ce qui est bon, ce qui luy est agreable & ce qui est parfait, *qua sit voluntas Dei bona, bene placens & perfecta*: ils embrassent une vie toute contraire à celle qu'ils ont menée, c'est à dire, qu'ils commencent à hair ce qu'ils ont aimé, & à considerer comme l'objet de leurs mépris, ce qu'ils ont regardé comme l'objet de leur attachement & de leur estime; cela s'appelle qu'il ne faut pas qu'il leur en coûte moins qu'un renversement dans toutes leurs affections précedentes, & qu'une destruction entiere de toutes leurs maxi-

Rom. 12. 2.

mes & de tous leurs sentimens.

C'est la verité même qui déclare par la bouche de son Apôtre, que ce changement est necessaire: *reformamini in novitate sensûs vestri*. Il n'est donc pas possible qu'ils s'en dispensent, puisque la verité ne se trompe point, & que ses declarations ou les decisions sont irrevocables. Il faut donc que cet homme, par exemple, qui étoit sans compassion, devienne charitable; que celuy qui ne pouvoit oublier les injures, apprenne à les pardonner; que celuy qui étoit sans douceur, devienne patient; que celuy qui ne respiroit que la joie & le plaisir, recherche, ou du moins supporte la tristesse & la douleur; que celuy qui vivoit dans la licence & dans le déreglement des sens, embrasse une pureté qu'il n'avoit point connuë: en voilà assez, mes Freres, pour vous faire connoître ce qu'il faut que fassent les gens du monde, pour trouver dans les instructions que JESUS-CHRIST donne aujourd'hui à tous les Chrétiens, les biens & les utilitez qu'elles renferment, pour prévenir selon la parole de JESUS-CHRIST, les malheurs qui viennent au devant d'eux

Rom. 12. 2.

… & qui les attendent : *ut digni habeamini fugere ista omnia quæ futura sunt* : enfin pour se mettre à couvert de l'effet des menaces si redoutables qu'il a fait à toute la terre : *non relinquent in te lapidem super lapidem, eò quòd non cognoveris tempus visitationis tuæ.*

Luc. 21. 3.

Pour vous, mes Freres, ne cessez point de rendre graces à Dieu, de ce qu'il vous a mis dans un état qui vous donne tant de moyens & de facilitez pour faire un saint usage de ces grandes instructions : loüez-le de ce qu'il vous a separé de cette multitude infinie de personnes, qui étoient plus dignes que vous de cette distinction & de cette preference ; loüez-le de ce qu'il vous a conservé dans sa crainte, je dis plus, dans sa charité & dans son amour, parce que je suis assuré que vous l'aimez, quoique ce ne soit pas autant que vous le devez & que vous desirez de l'aimer : mais prenez garde que la vûë de ses misericordes n'ôte de devant vos yeux vôtre foiblesse & vôtre fragilité ; car il faut que la défiance que vous avez de vous-mêmes, vous porte à rechercher dans sa protection & dans sa bonté, la force &

la fidelité qui vous manque, & que vous ne trouverez jamais dans vôtre propre fond. Agiſſez cependant avec confiance & dans une liberté ſainte: le Maître que vous ſervez n'a pas moins de puiſſance que de charité, tout le bien qu'il nous promet & qu'il nous veut faire, il nous le fait toûjours, pourvû que nôtre iniquité ne mette point d'obſtacle à l'accompliſſement de ſes deſſeins. Penſez inceſſamment, mes Freres, pour vôtre conſolation & pour vôtre repos, que ceux qui ſe ſont abandonnez ſans reſerve entre ſes mains, ne ſe ſont jamais ni mécontez ni repentis de l'avoir fait: ce ſera par là, mes Freres, que les larmes qu'il verſe aujourd'hui ſur Jeruſalem ſe repandront dans le champ de vos cœurs, qu'elles y produiront une fecondité ſainte, & qu'étant arroſez de cette roſée céléſte, ils rapporteront une moiſſon abôndante. Ce ſera par là que toutes ces menaces ſi capables de remplir de terreur les ames qui n'ont pas les diſpoſitions neceſſaires pour les entendre, ni pour en profiter, ſeront pour vous des paroles de vie, de grace & de benediction.

POUR LE IX. DIM: APRE'S LA PENT. 115

II. CONFERENCE
POUR
LE IX. DIMANCHE
APRE'S LA PENTECOSTE.

Videns civitatem flevit super illam.
Luc. 19. 41.

JESUS-CHRIST jette les yeux sur Jerusalem, & pleure sur ses malheurs.

S'IL y a rien qui doive nous attacher inviolablement aux promesses que nous avons faites à Dieu dans nos vœux, & nous obliger de reconnoître par nôtre fidelité la grandeur des graces que nous en avons reçûës, & que nous en recevons encore tous les jours, c'est ce que nous lisons aujourd'hui dans l'Evangile. JESUS-CHRIST approchant de Jerusalem, pleure & répand des larmes sur les maux & les calamitez qui devoient arriver à cette Ville ingratte, qui avoit fait si peu de cas de tant de marques qu'il luy avoit données de sa misericorde : *videns civitatem, flevit super illam.* Il exprime son infortune & sa desolation d'une maniere vive & touchante ; pour nous porter à prendre une conduite toute contraire à celle, par laquelle ce peuple insensé s'est précipité luy-même dans cet abîme de toutes sortes de calamitez & de disgraces.

Luc. 19. 41.

Ce peuple avoit été choisi de Dieu entre toutes les nations de la terre par une élection speciale, il l'avoit attaché à son service, afin d'en être servi & d'en être adoré par un culte particulier : *separavi vos à cæteris populis ut essetis mei.* Il l'avoit marqué d'un caractere exterieur pour le distinguer & le sanctifier tout ensemble ; il luy avoit donné une loy, dont l'observation devoit le rendre heureux ; il luy avoit envoyé des Prophetes pour l'exciter à le suivre, & pour l'avertir de son peché, au cas qu'en quelque occasion il s'en fût separé, & pour luy aider à rentrer dans son devoir : il l'avoit châtié par des punitions séveres, lors qu'il

Levit. 20. 26.

qu'il luy étoit arrivé de quitter la voie qui luy avoit été prescrite: *ulcis-* Pf. 98:8. *cens in omnes adinventiones eorum,* afin de le rendre plus incapable de tomber dans les mêmes excés. Enfin il avoit envoyé son propre Fils pour le guerir de toutes ses maladies, pour refermer les playes que le peché luy avoit faites.

Jesus-Christ étoit sorti du sein de son Pere, pour luy annoncer sur la terre les veritez par lesquelles il devoit se conduire, il les luy avoit proposées par des instructions continuelles & pressantes, il les avoit accompagnées de signes & de prodiges éclatans, d'austeritez, de pénitences, de jeûnes, & de privations: cependant ce peuple infidele a répondu à cette multitude de graces & de bienfaits par la plus cruelle de toutes les ingratitudes. Il est livré à ses ennemis, & Dieu l'abandonne par un jugement plein de justice ; Jerusalem, cette ville si cherie, si favorisée est attaquée, elle est affligée, elle est prise, elle est renversée de fond en comble ; les peres & les enfans sont enveloppez dans un même malheur; & la ruine en est si grande & si entiere, que selon la parole du Fils de Dieu il n'en resta pas pierre sur pierre : *non relinquent in te lapidem super lapidem*; & la cause de cette desolation si extrême, c'est que cette ville méconnoissante n'avoit pas ressenti les visites que Dieu luy avoit renduës, & n'avoit fait aucun cas des graces qui luy avoient été faites : mais au lieu d'être pénetrée de ses bontez, & de rendre au moins amour pour amour, elle s'étoit montrée insensible, & avoit mieux aimé se laisser aller à ses cupiditez, que de respecter ses ordres, d'adorer ses volontez & de s'y soûmettre.

Luc. 19. 44.

Faites-vous l'application, mes Freres, de cet exemple si terrible : envisagez ce desastre dans sa cause, dans ses suites & dans toutes ses circonstances, & voyez dans le malheur de Jerusalem, celuy dont vous êtes menacez : cet évenement vous parle, vous instruit, il vous presse; & il me semble qu'il s'adresse à vous beaucoup plus qu'aux autres : Dieu par une preference que vous n'avez pas meritée, vous a séparé du reste des hommes, afin que vous n'eussiez rien à faire ici bas qu'à vous attacher à luy, à l'ai-

aimer & à le servir avec plus de fidelité, que ceux qu'il a laissez dans le commerce du monde : il vous a donné comme à son peuple des Regles particulieres, dont la pratique, si elle est exacte, vous fera joüir pour l'éternité comme pour le temps d'un veritable bonheur : il vous a mis sous des Superieurs, lesquels, ainsi que des Prophetes, veillent incessamment sur vous, pour vous porter à l'observation de ses loix si saintes, & travaillent à vous y ramener si le pied vous glissoit, & qu'il vous arrivât de vous écarter de la voie qu'il vous a tracée ; il vous a donné une circoncision interieure, qui est la consecration de vos vœux, par laquelle vous vous sanctifiez, pourvû qu'elle soit faite en esprit & en verité ; s'il n'use pas à vôtre égard de ces punitions publiques & rigoureuses, il ne laisse pas de vous avertir par des coups secrets, par des maladies, par les infirmitez differentes qu'il vous envoye, & de punir ainsi les fautes que vous pouvez commettre contre les obligations dont il vous a chargez.

Le Fils du Pere Eternel est incessamment parmi vous : vous avez l'avantage de l'avoir sur vos Autels, il vous parle en mille manieres, tantôt par des inspirations secrettes, tantôt par les avertissemens de ceux qui vous conduisent, par la lecture des livres saints, vos veilles, vos travaux, vôtre pauvreté, vôtre pénitence vous rendent presentes, toutes les austeritez, les privations, & les diverses souffrances qu'il a volontairement embrassées, pour vous meriter la protection de Dieu son Pere, & afin de vous conserver dans l'obeïssance que vous luy avez promise.

Mais prenez garde, mes Freres, qu'ayant tous ces rapports avec ce peuple infortuné (qui tire aujourd'hui des larmes des yeux de ce divin Sauveur) du côté des graces qu'il en a reçuës, vous ne luy deveniez semblable dans son malheur, & que vous n'ignoriez comme luy le temps des visites qu'il vous a renduës. Qu'il y a de Religieux qui font voir par leur conduite qu'ils ne connoissent pas mieux que les Juifs le temps de ses visites & de ses graces.

Ne vous imaginez pas, mes Freres, qu'il soit necessaire pour tomber dans ce malheur, de commettre des crimes énormes, des homicides, des parjures, de s'élever contre Dieu par des revoltes éclatantes, ou de brûler de l'encens d'une main sacrilege, à Meloch & à Rempham : non, non, on se procure souvent cette disgrace, toute funeste qu'elle est, par des infidelitez cachées, par des conduites dont la malignité n'a rien qui fasse horreur; & il n'arrive que trop souvent que l'on porte l'inimitié de Dieu sans le sçavoir, jusqu'au dernier moment de la vie, c'est à dire, jusqu'au temps que le mal est devenu incurable, & que la guerison en est desesperée.

Un Religieux, par exemple, dans ces jours où l'on voit tant de déreglement dans les Cloîtres, appellé de Dieu dans une Congregation exacte & disciplinée, qui, au lieu d'être touché de la misericorde qu'il luy a faite d'en conserver le sentiment dans le fond de son cœur, & d'estimer autant qu'il le doit une vocation si sainte, vivroit, comme s'il ne faisoit aucun cas de son état, comme s'il étoit insensible à cette grace, qu'il en ignorât les utilitez, & qu'il regardât avec indifference ce don de Dieu si grand & si extraordinaire, qu'il fût tout prêt dans les moindres tentations de changer de lieu & de demeure, de se plaindre de sa condition dans les difficultez qui s'y rencontrent, comme si elle luy étoit à charge, ou que Dieu n'eût rien fait pour son bonheur, en l'engageant dans une profession si digne d'envie. Ne doutez pas que ce Religieux ne fasse injure à sa providence, qu'il ne l'offense par sa dureté & par son ingratitude, & qu'il ne le mette au nombre de ceux qui n'ont pas connu le temps de la visité qu'il leur a renduë.

Un autre dans un même engagement ne se met point en peine de suivre les ordres & les desseins de Dieu, il l'a destiné à une vie parfaite, il est content d'en mener une toute commune & toute ordinaire; il veut qu'il s'éleve comme un aigle au dessus des nuées; & luy se contente de ramper comme un serpent le ventre contre terre: il neglige ses obligations & les moyens qu'il luy a donnez pour les remplir; s'il les pratique à l'exterieur, ce n'est pas qu'il les aime, mais c'est qu'il craint la honte qu'il auroit de ne s'en pas acquitter: il lit, il travaille, il jeûne, il veille sans pieté & sans esprit; il écoute ses Superieurs mais il ne les croit pas : ainsi son ame est toute desséchée & toute languissante, & il rend inutile tout le soin que Dieu a pris de sa sanctification.

L'un & l'autre, mes Freres, viole la loy de Dieu, foule aux pieds son Testament, & témoigne par des conduites si déplorables, qu'il n'a que de l'indifference & du mépris pour les visites de misericorde qu'il luy a rendües; & sans qu'il paroisse rien dans leur vie de ce qu'on appelle crime, ils ne sont pas moins coupables à son jugement que l'a été Jerusalem, & la punition de leur peché ne sera pas moins rigoureuse : leur déreglement à la verité n'a été ni si public, ni si scandaleux : ils ne se sont pas portez dans les mêmes excés : cependant comme ils ont resisté à Dieu, qu'ils n'ont fait ni difficulté ni scrupule de passer par dessus toutes ses volontez, qu'ils ont dissipé avec insolence tout ce qu'il leur avoit donné de moyens & de secours pour les executer, enfin qu'ils ont voulu déterminément le contraire de ce qu'il vouloit, n'est-il pas juste que cette resistance soit punie : & cette revolte est-elle moins criminelle pour être plus cachée & pour n'avoir pas

II. CONFERENCE

Is. 2. 13. le même éclat : *dies Domini exercituum super omnem superbum & excelsum, & super omnem arrogantem, humiliabitur* ; le jour du Seigneur des armées éclatera sur la tête de l'homme superbe, hautain & insolent, & il sera humilié ; il faut que les Moines orgueilleux & desobeïssans trouvent dans la justice de Dieu le châtiment & l'humiliation qu'ils ont meritée.

En effet, ne voyez-vous pas ce qui s'est passé dans la desolation de Jerusalem, dans l'état où se trouvent aujourd'hui certains Moines rebelles : je veux dire, ces Moines déreglez, qui ont ignoré la voie de la paix & de la verité, & qui ont marché par des chemins & par des routes perduës : *circundabunt te inimici tui vallo*, dit JESUS-CHRIST, *& circundabunt te, & coangustabunt te undique, & ad terram prosternent te, & filios tuos qui in te sunt, & non relinquent in te lapidem super lapidem, eò quòd non cognoveris tempus visitationis tuæ* : leurs ennemis qui sont les Demons, les ont environnez de toutes parts, & Dieu leur ayant ôté sa protection en punition de leurs pechez, ils les ont in-

Luc. 19. 43. & 44.

vestis, ils les ont resserrez de prés pour empêcher qu'ils ne pûssent recevoir d'assistance ni du dedans, ni du dehors : ils se sont emparez de leur imagination, ils l'ont remplie de vains fantômes, tout propres pour favoriser leurs entreprises, ils ont jetté les tenebres dans leur entendement, ils ont obscurci leur raison afin de la rendre incapable de former nulle pensée qui leur fût utile, & que l'égarement de l'esprit causât & confirmât le dereglement du cœur & de la volonté, *& ad terram prosternent te*, & s'étant emparez de toutes leurs puissances, ces ames destituées de toute défense, sont tombées entre leurs mains, ils les ont terrassées, *& filios tuos*, leurs enfans, c'est à dire, leurs œuvres & leurs actions, au cas qu'ils en eussent fait quelques-unes, ont été détruites & effacés pour jamais dans le souvenir de Dieu, selon la parole de son Prophete qui nous apprend que toutes les justices du juste seront oubliées au moment qu'il commettra l'iniquité : *omnes justitia ejus oblivioni tradentur*; & l'Evangile ajoûte : *& non relinquent in te lapidem super lapidem* ; & ils ne laisseront pas pierre sur pierre : ces

Ibidem.

Ezech. 33. 13.

pierres sont les vertus, les qualitez saintes & les dons de la grace, par le moyen desquels nous élevons en nous l'édifice spirituel du Temple de Dieu: ces ennemis impitoïables les ont démolies, & les ont détruites; & la dissipation a été si entiere, qu'il n'en est pas resté les moindres vestiges.

Voila une ruine dont le recit fait horreur: cependant c'est le sort de ces ames perfides qui ont deshonoré l'alliance qu'elles avoient contractée avec JESUS-CHRIST: & qui bien loin d'estimer cette gloire comme un bonheur infini, ont pris plaisir à violer la foy qu'ils luy avoient promise, & ont compté pour rien les misericordes dont il les avoit comblez.

Profitez, mes Freres, de ces instructions si touchantes: faites que les larmes que JESUS-CHRIST a versées inutilement sur cette ville rebelle, ayent en vous des effets & des suites de benediction; & qu'elles vous soient comme des pluïes & des rosées célestes, qui amolissent la sécheresse & la dureté de vos cœurs, & qu'elles vous donnent la fecondité: en sorte qu'elles produisent des fruits dans le temps & dans la saison. Pensez qu'il faut ménager tout ce qui vient de Dieu avec une religion extrême ; que le moindre de ses regards demande un esprit appliqué & une attention profonde ; & que ce qu'il a fait pour vous dans un temps d'une sterilité presque universelle, surpasse tout ressentiment & toute reconnoissance. Pensez que par la protection qu'il vous a donnée, pendant que la plus grande partie de la terre perit d'une faim & d'une necessité cruelle, vous êtes dans l'abondance, si vous le voulez, pourvû que vous ayez soin d'ouvrir le sein de vos ames, afin de recevoir ce qu'il répand incessamment à mains ouvertes, & que vous en fassiez un saint usage. Pensez enfin qu'il tient un registre exact de toutes ses liberalitez, de tous ses dons, & de toutes ses graces, & qu'il n'aura que de la rigueur & de la séverité pour ceux qui les auront méprisées.

CONFERENCE
POUR
LE X. DIMANCHE
APRE'S LA PENTECOSTE.

Qui se humiliat, exaltabitur. *Luc.* 18. 14.

Quiconque s'abaisse, sera élevé.

SAINT Augustin dit une parole digne d'être remarquée : *dilige, & fac quod vis,* aimez, & faites tout ce que vous voudrez : c'est à dire, que celuy qui est animé & rempli de cet amour dont parle ce grand Saint, étant conduit de la main de Dieu, qui est la charité même, ne sçauroit ne pas marcher par des chemins & par des routes assurées : je puis dire, mes Freres, la même chose de l'humilité, dont l'Evangile de ce jour nous inspire la pratique en nous proposant la récompense qui en est inseparable, *qui se humiliat, exaltabitur.* Quicon-

Cap. 7.
in Epist.
Ioan.

que s'abaisse sera élevé, Dieu ne se trouvant pas moins dans ceux qui s'humilient que dans ceux qui aiment, la voie des personnes humbles, n'est ni moins seure, ni moins certaine que celle des personnes qui ont la charité: ces deux vertus sont également divines, elles se donnent la main, elles sont inseparables, & si l'esprit du Sauveur du monde prend plaisir à établir sa demeure dans celuy qui en possede l'une, il établit son thrône dans celuy en qui l'autre reside, & comme l'Apôtre nous assure, que toutes les vertus ne sont rien aux yeux de Dieu si elles ne sont accompagnées de la charité qui en est la source, & qui en fait tout l'ornement & tout le merite, de même aussi toutes nos actions seront vaines & defectueuses si elles sont separées de l'humilité, qui en est le soûtien & le fondement; ayez donc, mes Freres, l'une de ces vertus, vous avez tout, il n'en faut pas davantage, vous étes parfaits, vous plaisez à Jesus-Christ, & il ne se peut faire qu'il ne benisse tous vos pas & toutes vos demarches.

1. Cor. 13.

En effet s'il arrive que vous soyez contraints de discontinuer vos exercices de vertu & de pieté, si vos infirmimitez vous interdifent les veilles, les jeunes, les travaux corporels, les macerations, les autres pratiques faintes dans lefquels vous vivez quand vous avez de la fanté, vous n'en ferez pas moins agreables aux yeux de Dieu, pourvû que vous foyez humbles; l'humilité toute feule vous tiendra lieu de tout ce que vous n'aurez point, elle vous donnera tout ce que vous auriez pû trouver d'avantages dans les vertus exterieures dont vous êtes deftituez, & vous aurez en elle une fource inepuifable de toutes fortes de biens; parce que ce qu'elle a de propre & de particulier, eft de conferver l'innocence & la pureté de nos ames, & fi vous en voulez fçavoir la raifon je vais vous la dire.

Premierement, elle attaque & affoiblit de telle forte le principe de tous nos dereglemens, & de tous nos vices, qu'ils n'ont plus ni de force, ni d'activité pour nous nuire; ce principe eft nôtre propre volonté, c'eft d'elles qu'ils prennent leur naiffance, elle en eft la mere, elle les produit; & comme cette vertu toute divine arrête en elle cette fecondité malheureufe, il faut que le cours de nos péchez, lequel comme un torrent ravage le champ de nos cœurs, se desseiche & se tarisse, & que nos ames conservent la pureté qu'elles peuvent avoir, ou qu'elles acquierent celle qu'elles n'ont pas.

Secondement, l'humilité, aussi bien que la charité, attire JESUS-CHRIST dans nos ames, car comme il les voit toutes vuides d'elles-mêmes, toutes desemplies des passions & des habitudes mauvaises, qui luy en pouvoient fermer l'entrée, & que rien ne luy dispute la place qui luy appartient, & qu'il y doit avoir, il y vient avec plaisir, il y est comme dans son Ciel, il y établit sa demeure, & comme elles luy sont parfaitement soûmises, elles n'ont ni mouvement ni volonté que celle qu'il y forme ; il se peut dire qu'on y voit au pied de la lettre l'accomplissement de cette priere toute divine, *fiat voluntas tua sicut in Cœlo & in terra* ; qu'il regne pour lors aussi absolument sur la terre que dans le Ciel. Ainsi, mes Freres, ayez l'humilité comme nous vous l'avons dit, & faites ce que vous voudrez, parce que vous ne sçauriez rien faire, qui ne plaise à Dieu, puisqu'il est le ve-

Matth. 6. 10.

ritable principe de tout ce que vous ferez.

C'est de quoy vous avez une experience continuelle, quand vous considerez la conduite des personnes en qui se trouve une humilité profonde, & sincere; car vous y voyez avec tant d'éclat & d'évidence l'enchaînement & la suite de toutes les autres vertus, que vous pouvez assurer que celuy qui a l'humilité est insurmontable à tous les vices, & à toutes les tentations; & veritablement quelle passion, disons plûtôt, quel demon peut attaquer avec avantage un homme qui volontairement est sous les pieds de tout le monde, qui s'estime le dernier de tous, qui souffre les injures avec une patience constante & invincible, qui trouve sa consolation dans les opprobres & les ignominies, qui accablent les autres; qui se considere comme un ver & qui se dit dans la sincerité de son cœur, *Ps. 21. 6.* *ego sum vermis & non homo*, enfin qui se regarde comme un serviteur inutile, & qui s'estime indigne que la terre le porte? comment, dis-je, ses ennemis pourroient-ils l'entreprendre, & le combattre avec succez? c'est un athlete en qui il n'y a point de prise, qui a toute sa force dans son depoüillement, & dans sa nudité: il est vuide de luy même, & par consequent, comme nous l'avons dit, rempli de Jesus-Christ, & il peut dire avec beaucoup de verité ces paroles du Prophete, le Seigneur est ma lumiere & ma force, & quand je verrois contre moy des armées rangées en bataille, la fermeté de mon cœur n'en sera point ébranlée, *si consistant adversum me castra non timebit cor meum.* Ps. 26. 4. 5. 6.

Enfin, ce que l'Apôtre a dit de la charité, *plenitudo legis est dilectio*, nous le pouvons dire de l'humilité ; elle n'est pas moins l'accomplissement du precepte & de la loy, que la charité dont elle est la veritable source. Rom. 13. 10.

Que nous sommes heureux, mes Freres, que nous sommes redevables à la bonté de Dieu, de nous avoir appellé dans un état d'une humilité si profonde, qui renferme tant de biens, tant de graces & tant d'avantages; cependant ce n'est pas assez si nous ne répondons à ses desseins par des œuvres qui soient dignes d'une telle misericorde ; que sert-il à tant de Chrétiens d'avoir été rachetez du sang de Jesus-Christ, d'être nez dans

Tom. III. V

le sein de l'Eglise, s'ils negligent une grace si grande, & s'ils ne vivent d'une maniere qui soit digne de leur foy ? que sert à cet homme qui est sorti de parens riches, d'en avoir herité des richesses immenses, si au lieu d'en remplir les mains des pauvres, son avarice le porte à les renfermer dans ses coffres ? Ainsi, mes Freres, vous ne tireriez nul avantage d'être comme regenerez par l'humilité, par la conservation de vos vœux, si cette vertu si élevée, & si basse tout ensemble, ne se repandoit sur tout le corps de vos actions, & si elle ne se trouvoit dans tous les endroits de vôtre vie, & dans toutes les circonstances de vôtre conduite ; & nous ne nous tromperons pas quand nous dirons que ce que la charité produit de dispositions saintes dans les ames qu'elle possede, l'humilité l'opere dans celles qu'elle remplit ; elle est donc patiente ; elle est douce, elle n'est point envieuse, elle n'est point temeraire, elle ne sçait ce que c'est que de s'enfler d'orgüeil, & elle ne se connoît point à mépriser personne, elle n'est point ambitieuse, & elle ne cherche point ses propres interêts, elle ne s'offense point, elle ne s'aigrit

s. Cor 13.
4. 5. 6.
& 7.

point, elle ne se forme aucuns mauvais soupçons, elle ne se rejoüit point de l'injustice, mais de la verité, elle souffre tout, elle croit tout, elle espere tout, elle supporte tout.

Voila les dispositions dans lesquelles vous devez vivre ; ce sont les écoulemens de cette source toute divine, qui doit innonder le champ de vos cœurs par des degorgemens continuels, & à moins que ces qualitez differentes ne se rencontrent dans toutes vos voyes, pour vôtre consolation particuliere, comme pour celle des personnes avec lesquelles l'ordre de Dieu vous a unis, si vous ne les edifiez, & si vous ne vous edifiez vous mêmes par toutes ces saintes pratiques, vous avez beau faire, vôtre vie, quelque exacte, quelque austere, quelque penitente, quelque retirée, quelque parfaite qu'elle soit d'ailleurs, ne vous procurera nul avantage solide ; ce ne sera qu'un exterieur sans fond & sans verité ; quand même, comme dit l'Apotre, vous livreriez vos corps aux flammes pour en être consumez, vôtre martyre vous seroit inutile, vous ne feriez que semer sur le sable, & vous n'en retireriez aucun fruit ; *qui absque*

Ibid.

humilitate virtutes congregat, quasi qui in ventum pulverem spargit.

Disons quelque chose de plus, je veux dire, que si vous ne vous attachez à mettre en œuvre, tout ce que S. Benoist vous propose d'actes & d'exercices, dans les divers degrez d'humilité, dont il vous fait un denombrement si precis & si particulier, il seroit inutile de vous le repeter, vous en ayant déja parlé toutes les fois que j'ay eu occasion de le faire, vôtre profession toute sainte qu'elle est, ne vous sera qu'une terre ingrate, qui au lieu de la moisson que vous devez en attendre, ne vous rapportera que des chardons & des épines.

Reg. S. Bened. c. 7.

Rentrez dans vous mêmes, mes Freres, au moment que je vous parle, interrogez vôtre conscience, examinez-vous sur ces regles, elles sont certaines, & toutes les autres sont fausses, voyez si elles conviennent à vos conduites, si vous avez eu soin jusqu'à present de remplir les devoirs qu'elles contiennent, faites une discussion qui soit exacte de vos manieres d'agir soit avec vôtre Superieur, soit avec vos freres, soit avec vous mêmes; & aprés cela vous pourrez avoir des connoissances assûrées de vôtre état, & prendre de nouvelles resolutions de reformer vos mœurs ; je vous parle de la sorte, parce que je ne pense pas qu'il y en ait un seul d'entre vous qui ose croire qu'il se soit acquitté de ses devoirs avec toute la fidelité necessaire, & qui ne se trouve redevable aux obligations que sa regle luy impose, & puis il n'y a rien de si capable d'exciter les imparfaits; de donner de la force aux foibles, & même de redresser ceux qui se sont égarez, que de leur remettre devant les yeux la verité (qu'ils ont quittée) dans sa pureté & dans son éclat.

Sur tout ne vous mécomptez pas, prenez garde de ressembler à ceux qui font consister cette vertu dans quelques paroles étudiées, dans quelques gestes, quelques postures, quelques contenances exterieures, tantôt en se blâmant eux-mêmes, tantôt en affectant de se mettre dans les lieux les plus bas, dans les dernieres places ; & sçachez qu'il y a bien de la difference, comme dit saint Jerôme, entre avoir la verité de la vertu, & n'en avoir que l'apparence, & celle-cy, j'entens l'humilité, est d'autant plus interieure, qu'on peut dire qu'elle est le fondement de toutes les autres; travaillez donc, mes Freres, à l'acquerir; employez à cela tous vos efforts & tous vos soins, soit pour n'être pas privez des biens infinis qu'elle renferme, soit afin de rendre vos reconnoissances à Dieu, de ce qu'il vous a favorisé d'une grace si particuliere, soit aussi parce que faisant l'essence de vôtre profession, vous ne pouvez la negliger sans renoncer aux engagemens que vous avez pris au service de JESUS-CHRIST, & sans luy violer la foy que vous luy avez promise.

II CONFERENCE
POUR LE X. DIMANCHE APRÈS LA PENTECOSTE.

Scala verò ipsa erecta, nostra est vita in sæculo, quæ humiliato corde à Domino erigitur ad cœlum. Reg. S. Bened. c. 7.

Et pour cette echelle dressée, elle nous figure l'état de nôtre vie mortelle que Dieu éleve jusques au Ciel par les humiliations de nôtre cœur.

NOUS voyons, mes Freres, par l'endroit de la Regle, dont on vient de nous faire la lecture, que de s'humilier & de s'aneantir, ce n'est pas pour un Religieux un avis, ou un simple conseil, mais comme un commandement & un precepte, *di-* Ibid. *versos humilitatis gradus vocatio divina ascendendos inseruit*; car il ne faut pas douter que par tout où il y a une destination & une vocation de Dieu, il n'y ait une obligation de suivre & d'executer ce qu'il inspire ; je ne parle point d'un mouvement ou d'une inspiration simple, parce qu'elles ne sont pas toutes de Dieu, & que quelquefois même, lorsqu'elles viennent de luy, il n'en veut pas l'effet & l'accomplissement tout entier, mais je dis que quand il y a une vocation certaine, une destination évidente à quelque action, ou à quelque emploi pour son service & pour sa gloire, on ne peut la negliger, ni y resister, sans s'opposer à ses desseins, sans combatre ses volontez, & par consequent sans peché.

Que les hommes disent ce qu'ils voudront, ils ne peuvent pas nous persuader, que quand Dieu appelle on puisse sans l'offenser refuser de luy prêter l'oreille du cœur, le moins qu'on puisse faire est d'écouter ce qu'il veut dire, & on ne sçauroit aussitôt qu'il est connu, ne le pas executer, sans manquer à l'obeïssance qui luy est dûë ; qui est le maître assez patient pour souffrir que son serviteur ne se donne pas la peine de l'entendre, ou de de luy obeïr quand il luy parle? Or mes Freres, c'est une chose digne de compassion que Dieu fasse connoître ses volontez à tant de Moines par le ministere de S. Benoist, & qu'il leur declare par la bouche de ce grand Saint, qu'il veut qu'ils s'élevent à luy par des abbaissemens continuels, & qu'ils s'appliquent dans leur solitude à dresser l'échelle mysterieuse de ce Patriarche, dont les degrez ne sont que ces differentes pratiques d'humilité qu'il décrit dans la suite, & qu'il n'y ait presque personne qui profite de ce precepte. S. Benoist dit que les côtez de cette échelle sont nos corps & nos ames, pour nous apprendre que nôtre humilité doit être double, c'est à dire interieure & exterieure, & que nous devons par un mouvement du cœur qui soit sincere, rendre à Dieu dans toutes les occasions, le sacrifice de nôtre volonté, par les actions de nôtre obeïssance; & cependant il n'y a rien de si rare aujourd'huy que de trouver parmi les Religieux cette vertu si essentielle à leur état quoy qu'on puisse assurer que l'observation en est indispensable.

Où remarque-t-on, mes Freres,

cette obeïssance accompagnée de simplicité, de douceur, de promptitude, de joye, de cordialité, d'amour, de respect & d'estime pour ceux qui commandent; & ne voit-on pas souvent des dispositions toutes contraires? les murmures, les soupçons, les chagrins, les jugemens temeraires, l'inquietude, l'envie, la deffiance de ceux qui ont l'authorité, & une infinité de déreglemens semblables, qui ternissent toute la beauté de la maison de Dieu, & qui font que les actions exterieures n'ont ni solidité, ni vertu, ni merite, & ce qui rend le mal plus grand, c'est que comme les mauvaises dispositions des particuliers sont souvent secrettes & cachées, & que le ver qui en consume les intestins, & qui en devore les entrailles, comme dit S. Bernard, n'a pas encore percé la peau dont ils sont couverts, on ne voit que l'écorce, l'on ne s'applique point à la guerison du mal, les playes étant negligées la corruption s'augmente, elle se communique, & enfin le desordre vient à un tel point qu'il n'est plus capable de remede: *intestina est plaga, plaga est insanabilis.*

Bern.

Je sçai qu'on ne manquera pas de

me dire, que ces qualitez que je donne à l'obeïssance, je les tire de mon fond, & qu'elles ne sont point necessaires pour rendre une obeïssance veritable; mais qui ne voit qu'une telle pensée n'a nul fondement, car de quoi sert que le corps execute les ordres d'un Superieur si l'esprit y resiste ? de quoi sert que la main soit soûmise si le cœur est revolté ? & quelle utilité y a-t-il, que l'homme exterieur conserve un silence apparent, si l'interieur est dans le murmure ; l'obeïssance, mes Freres, n'est commandée que pour exercer la volonté & pour l'assujettir, & dés qu'elle n'a point cet effet, elle n'a point celuy qu'elle doit avoir: comme toute la fin de la profession Monastique est d'élever les ames, pour les unir à Dieu, ensorte qu'il regne aussi absolument sur elles, qu'il regne sur ses Anges; que la propre volonté toute seule s'oppose à ce dessein, les saints Peres inspirez de Dieu ont établi l'obeïssance dans les solitudes, & dans les Monasteres, pour la combattre & pour renverser, selon la parole d'un ancien Solitaire, ce mur d'airain qui nous separe de luy, & il se peut dire qu'un Solitaire, qui n'obeït que parce qu'il y est contraint, est un forçat attaché dans la galere, qui veritablement ne fait pas une action qui ne luy soit ordonnée ; mais qui haïssant le commandement & celuy qui commande, ne retire aucun merite de son travail, ni de son obeïssance.

Les Saints qui ont toûjours pensé & parlé differemment des autres hommes, se sont expliquez d'une mê-me maniere sur ce sujet, & sans renvoyer ces deffenseurs de l'independance, à ce que les Solitaires des premiers temps, nous en ont appris, il est aisé de leur montrer leur condamnation dans le sentiment de S. Benoist même dont la plûpart des Moines sont les descendans, & qu'ils reconnoissent pour leur Instituteur, & pour leur Pere ; car s'il veut que les Moines executent les ordres du Superieur, comme ceux de Dieu *ac si divinitus imperetur moram pati nesciunt in faciendo*, peut-on dire qu'il ne demande d'eux qu'une obeïssance materielle, à moins que contre toute sorte de bon sens & de pieté, on osât dire qu'il suffit de rendre à Dieu une soûmission exterieure. Une des

Regul. c. 2.

plaintes principales que Dieu fait contre son peuple par la bouche de son Prophete est, que leur cœur n'avoit point de part au culte & à l'honneur qu'il luy rendoit: *populus iste ore suo & labiis suis glorificat me: cor autem ejus longè est à me.* Ioan. 19.

Vous ne tomberez pas dans cet inconvenient, mes Freres, si vous étes exacts à pratiquer ce que Saint Benoist vous prescrit sur cette matiere: comme il sçavoit de quelle importance il est à un Solitaire de renoncer à ses sentimens & à son propre esprit, & de s'humilier incessamment sous la main de celuy qui est préposé pour le conduire, & que c'étoit particulierement en cela que consistoit toute l'essence & la perfection de la vie solitaire, il n'y a rien aussi qu'il ait recommandé avec plus de soin par tout où il a trouvé lieu de le faire; & sans parcourir tout ce que vous sçavez qui est contenu dans les differens degrez de l'humilité; il veut en un mot qu'un Religieux soit tellement mort à son discernement, à ses vûës & à toutes ses lumieres, qu'il soit à l'égard de ceux qui luy commandent, comme si en effet il n'en avoit point, & qu'il se reduise à l'état auquel étoit celuy qui disoit de tout le sentiment de son cœur, *ut jumentum factus sum apud te*: Seigneur, je suis devenu comme une bête devant vos yeux. Si les Moines avoient plus de foy & de religion qu'ils n'en ont, ils ne trouveroient jamais assez d'occasions pour combattre, pour détruire & pour humilier cette volonté, qui par le mouvement de l'orgueïl qui luy est si naturel, leur a fait & leur fait encore tous les jours mille & mille blessures.

Voila, mes Freres, la voie par laquelle Dieu a toûjours conduit ceux qui se sont attachez volontairement à son service : tant qu'ils s'y sont maintenus, & qu'ils se sont rendus fideles à la suivre, ils ont joüi des consolations que Dieu donne à tous ceux qui le servent : mais lorsqu'ils s'en sont éloignez, il les a laissé à eux-mêmes & à cette inquietude qui est toûjours l'effet d'une mauvaise conscience. Nous en avons vû d'entre nos Freres, il n'est pas besoin de les nommer, qui avoient des sentimens si profonds sur l'étenduë de l'obeïssance, & sur la sincerité avec laquelle cette vertu doit être exercée, qu'ils ne pouvoient comprendre qu'un Religieux pût connoître la volonté de son Superieur, & ne la pas faire, & d'autres disoient souvent qu'ils n'avoient qu'une peine, qui étoit lorsque leur Superieur leur laissoit lieu de douter de ses intentions, de crainte de faire quelque chose qui y fût contraire.

Je me suis attaché à l'obeissance, parce qu'elle est inseparble de l'humilité, & que l'humilité la forme aussi naturellement dans nos cœurs, que le feu produit la chaleur & la lumiere, & que par tout où elle n'est point sincere & cordiale, il n'y a jamais de veritable humilité. Mais si quelque chose doit nous donner une grande idée de cette vertu, c'est de voir avec quel soin Dieu a voulu que ses Saints l'ayent pratiquée. Vous sçavez que saint Antoine qui devoit être élevé à une sainteté consommée, fut livré au Démon comme un autre Job, quoique d'une maniere differente, & que cet irreconciliable ennemi des hommes, l'accablât de maux, de persecutions & de souffrances : Dieu voulant qu'il ressentit tout le poids & toute la grandeur de cette humiliation, se contenta de luy conserver la vie & de son corps &

In Vita ejus.

de son ame. Saint Pacôme vit un grand nombre de ses disciples qui ne faisoient qu'être formez de sa main, se revolter contre luy avec éclat & scandale, & perir malheureusement à ses yeux sans qu'il pût les secourir.

In Vita ejus.

Saint Benoist fut abandonné à une tentation honteuse, qui faillit à détruire en luy toute la grace de sa vocation: il eut le déplaisir de voir que ceux qui s'étoient volontairement soûmis à luy, se lassant de sa conduite, se porter jusqu'à cet excés, que de vouloir le faire mourir par le poison. Mais quelle humiliation pour saint Bernard que la chûte de ce Religieux perfide, qui abusa de sa confiance: & qui étant auprés de sa personne, comme le dépositaire de ses pensées & de ses sentimens, se perdit & ne tira aucun fruit ni des instructions, ni de la conversation toute sainte de ce grand homme: il n'eut pas une moindre épreuve dans le mauvais traittement qu'il reçût du Souverain Pontife, qui aprés avoir été maintenu dans son Siege par son credit & par son zele, oublia tellement les services qu'il luy avoit rendus, qu'il accusât de trahison ce parfait Disciple de JESUS

CHRIST, dont on pouvoit dire que les levres toutes pures & toutes sinceres n'avoient jamais proferé aucun mensonge : *in ore ejus non est inventum mendacium.* Apoc.14. c. 5.

Je ne puis m'empêcher de vous dire une circonstance remarquable dans la vie de saint François : Dieu l'avoit choisi pour être le Fondateur d'un Ordre tres-saint & tres-celebre, & le Pere d'une posterité nombreuse. Si l'on demandoit aux sages du monde, de quels moyens Dieu devoit se servir pour construire & élever ce grand édifice, ils auroient honte d'imaginer ceux qu'il luy plût d'employer pour l'execution de cette entreprise si vaste & si étenduë : car comme il ne luy inspira que de former des disciples qui reçussent dans la pratique des principales vertus Chrêtiennes, c'est à dire, l'humilité, la simplicité, la pauvreté, l'obeïssance, l'amour des souffrances & des mortifications, il n'assembla que des gens simples, ignorans & grossiers; *eramus homines idiotæ,* dit ce grand Saint, dans le Testament qu'il a laissé à ses Freres. Il écrivit une Regle non par le mouvement de son propre esprit, car elle luy fut dictée par celuy de Dieu: mais au lieu de trouver de la soûmission dans ceux de qui il prétendoit qu'elle devoit être religieusement observée, ils se soûleverent contre luy, & par un attentat qui ne se peut comprendre, ils dechirerent sa Regle, & luy declarerent qu'il cherchât pour l'observer, qui il luy plairoit, que pour eux ils n'en avoient ni la volonté ni la puissance; celuy qu'il avoit établi son successeur, & qu'il croïoit devoir entrer dans tous ses sentimens, emploïa ce qu'il luy avoit donné d'autorité pour détruire son œuvre : ce saint Homme succombant sous l'excés de tant de travaux, perdant & l'esperance & le courage, se tourne du côté de Dieu & luy adresse ses plaintes, en luy disant qu'il l'avoit choisi pour l'institution d'un Ordre qui devoit contribuer à son honneur & à la gloire de son Eglise : mais qu'au lieu d'édifier, il n'étoit capable que de détruire, qu'il le prioit de le délivrer de l'obligation qu'il luy avoit imposée, de laquelle il s'étoit si mal acquittée, & que puisque son indignité toute seule en empêchoit le succés, il luy permît de le servir desormais dans la retraitte &

dans le silence. Que croïez-vous, mes Freres, que Dieu réponde à ce serviteur fidele, pour le consoler dans cet abîme de tristesse où il étoit plongé ? il luy répond, petit homme ver de terre, *homuncio*, tu t'affliges de ce qui devroit te réjoüir & te consoler ; tu te fâche de ce que tu ne tire aucun fruit de ton entreprise, & que tu n'y trouve que de la confusion ? & c'est ce qui doit être le sujet de ton bonheur. Sçache que tu n'en auras jamais de veritable, que celuy que tu pourras acquerir par les ignominies & par les opprobres, & que tu ne seras jamais plus grand à mes yeux, que quand tu seras plus méprisé & plus humilié devant les hommes ; & pour cela je veux que l'amour que tu as pour moy, te fasse regarder dans le monde comme un fou : *volo te meum esse fatuellum*.

C'est, mes Freres, par cette voie, que ce grand Saint est parvenu à ce comble de gloire dont il joüit aujourd'hui : c'est ce qui a fait reverer son nom par toute la terre : c'est par là que ses veritables enfans se sont multipliez ; c'est ce qui les a sanctifiez, & c'est par ce seul moyen qu'ils conserveront la grace & l'esprit de leur vocation.

Ainsi, mes Freres, nous ne devons pas nous étonner, si saint Benoît, qui étoit plein de l'Esprit de Dieu, & qui connoissoit parfaitement les chemins, par lesquels ceux qui les servent dans les Cloîtres, doivent marcher, pour s'élever à la perfection à laquelle il les appelle, les avertit qu'il n'y en a point d'autres que celuy de l'humiliation : *si ad exaltationem* *illam cælestem, ad quam per præsentis vitæ humilitatem ascenditur, volumus velociter pervenire, actibus nostris ascendentibus, scala illa erigenda est, &c.* & s'il leur prescrit pour cela tant de regles & tant de pratiques differentes, c'est qu'il voioit evidemment qu'il falloit ou suivre cette voie ou abandonner ses desseins. Enfin, mes Freres, je finis en vous donnant le plus important de tous les avis, qui est, que si vous voulez vous assurer si vous êtes dans la voie du Ciel, ou si vous n'y étes pas, si vous étes dans l'ordre de Dieu, ou dans une disposition contraire, si vous suivez le cours de vôtre vocation, ou si vous l'avez quitté; examinez avec application si vous

Reg. S. Bened. c. 7.

êtes dans tous ces exercices d'anneantissement, d'humiliation, de denuëment, de docilité, de soûmission & d'obeïssance, que saint Benoist vous a marquez dans ce même Chapitre, & decidez hardiment sur vôtre état : car comme si vous vous rendez fideles à toutes ces saintes pratiques, vous devez croire que vous accomplissez les volontez de Dieu : au contraire si vous les negligez, soyez persuadez que vous resistez à ses ordres, & que vous vous flattez faussement d'un nom & d'une profession dont vous n'avez ni la verité ni le merite.

CONFERENCE
POUR
LE XI. DIMANCHE
APRE'S LA PENTECOSTE.

Adducunt ei surdum & mutum.
Marc. 7. 23.

On amene à JESUS-CHRIST un homme sourd & muet tout ensemble.

JESUS-CHRIST, comme nous l'apprenons de l'Evangile, mes Freres, guerit aujourd'hui un homme malade de deux maladies, qui ne sont que trop communes, ce sont des maux presque universels, & dont peu de personnes sont exemptes, que la surdité & la privation de l'usage de la langue : *adducunt ei surdum & mutum, & deprecabantur eum, ut imponat illi manum* ; & il n'y en a gueres qui n'eussent besoin d'un miracle pareil à

Ibid.

celuy que Jesus-Christ fait sur cet homme sourd & muet qui luy fut presenté, auquel il rendit la puissance de parler & d'entendre.

C'est être sourd que de ne pas écouter ce que l'on doit & ce que l'on est obligé d'entendre; c'est être muet que de ne pouvoir dire ce qu'un devoir, ce qu'une necessité veritable oblige de dire & d'exprimer; & n'est-ce pas, mes Freres, ce que font presque tous les hommes? Il n'y a rien à quoy ils soient plus étroitement obligez, qu'à écouter les veritez & les instructions saintes que Jesus-Christ leur annonce, soit par ses divines Ecritures, soit par l'entremise de ses Ministres: cependant ils n'ont point d'oreilles, & ils ne l'entendent pas; ils sont muets, & n'ont garde de luy parler & de luy répondre; c'est à dire, de luy témoigner par le sentiment du cœur, qui est le seul langage qui soit digne de luy, qu'ils sont tout prêts d'executer ce qu'il leur ordonne: ainsi il est vrai de dire, que l'oreille & la bouche des hommes sont tellement fermées pour toutes les choses qui leur viennent de la part de Dieu, & qui regardent leur salut, que l'on ne voit presque dans le monde que des muets & des sourds.

On dit par exemple à un impudique, que son déreglement luy donne la mort, il ne laisse pas de continuer dans son desordre, sans faire d'attention sur l'avis qu'on luy donne. On avertit un avare de l'attachement qu'il a aux biens de la terre, il ne discontinuë pas pour cela: mais sans faire aucun cas de son peché, il suit ses vieilles habitudes, & il ne cesse de remplir ses coffres; ou comme dit l'Ecriture, il détruit ses greniers, pour en bâtir de nouveaux & de plus grands, afin de contenter l'envie démesurée qu'il a d'être plus riche qu'il n'est pas. On dit à un autre qu'il est un ambitieux, cependant le soin de sa fortune l'occupe & le possede; il pense la nuit & le jour à l'aggrandir & à faire de nouveaux établissemens. On dit à ce Prédicateur qu'il se perd malheureusement en instruisant les peuples, qu'il recherche sa propre gloire & non point leur salut; ou qu'en travaillant pour acquerir l'approbation des hommes, il s'attire de la part de Dieu une condamnation assurée: il va son chemin sans se mettre en peine de ce qu'on luy

luy dit, On dit à un autre qu'il a tort de s'abandonner à la vanité & à l'étude des sciences, au lieu de s'appliquer uniquement à acquerir celle des Saints, & neanmoins il ne se lasse point de feüilleter les livres, & d'écouter la passion qu'il a d'avoir l'estime & la reputation d'un homme sçavant; & tout ce que vous luy dites ne fait non plus d'impression sur luy, que s'il étoit de marbre ou de bronze.

Ce n'est pas seulement parmi les gens qui sont engagez dans le monde, que l'on trouve des sourds & des muets, il ne s'en rencontre que trop parmi ceux qui n'en sont plus, & dans les lieux qui sont particulierement consacrez à Jesus-Christ, destinez uniquement à son service, & où sa voix toute seule devroit être écoutée: je veux dire dans les Cloîtres & dans les Monasteres, qui ne sont rien que les demeures de ceux qui ne doivent plus vivre que de son Esprit, & dont tous les pas & toutes les démarches doivent être éclairées de la lumiere de sa parole.

Jettez les yeux, mes Freres, sur les observances qui ont dégeneré de la pieté primitive, & où les relâchemens se sont introduits: presque tout y est sourd; presque tout y est dans un silence de mort. Dites à ceux qui s'y sont engagez qu'ils ont quitté la vérité pour suivre l'erreur & le mensonge; dites-leur qu'ils violent la pauvreté religieuse par l'argent qu'ils gardent, par ce pecule qu'ils reservent, qu'ils cherissent comme leur trésor, & que la permission des Superieurs ne les met point à couvert; dites-leur qu'ils ne sont pas moins coupables de l'infraction du vœu d'obeissance, & que leur vie n'est qu'une licence continuelle & un libertinage scandaleux; dites-leur qu'ils ne sont pas plus Religieux dans l'observation de la pureté à laquelle leur profession les oblige; dites-leur que la communication qu'ils ont avec les gens du siecle les remplit de leurs sentimens & de leur esprit, & les entraîne dans une perte toute assurée; enfin dites-leur que toute leur conduite n'étant animée que par l'esprit du monde, il est évident qu'ils sont rejettez de Dieu, & qu'à moins qu'ils ne sortent de l'abîme où ils se sont précipitez, ils n'auront jamais de part à la recompense qui n'est destinée que pour ceux qui ont renoncé à toutes ses maximes : ces veritez toutes importantes qu'elles sont, ne leur paroîtront pas dignes d'un seul regard ; ceux qui les disent ne sont pour eux que des visionnaires ; & leur cœur est tellement fermé, que cette voix qui dans le fond n'est rien que celle de Dieu, ne peut pas s'y faire la moindre entrée : ainsi ils sont sourds & muets tout ensemble : car comment pourroient-ils répondre à Dieu qui leur parle, puisqu'ils ne veulent pas l'entendre ? Vous dites peut-être en vous-mêmes que ces cas que je vous represente ne vous touchent point : que ce sont des inconveniens dans lesquels vous ne pouvez pas tomber ; & que la divine Providence vous ayant conduit dans une observance exacte, elle vous a mis à l'abri de tous ces dangers.

Il est vrai, mes Freres, que vous êtes dans un port ; mais cependant il se peut faire, & il n'arrive que trop souvent, que l'on trouve le naufrage dans les rades que l'on croit les plus assurées. Je sçai bien que vous n'êtes pas exposez aux maux dont je viens de vous parler, mais je sçai bien qu'il y en a de semblables qui ne sont pas moins à craindre, & dont vous étes menacez. Les Congregations exactes, je l'avoüe, ont de grands avantages, mais c'est pour ceux qui en gardent toute l'exactitude, qui se font une religion d'observer toutes les choses qui y sont établies, qui en considerent tous les reglemens comme leur venant de la part de Dieu, & comme si c'étoit son doigt qui les eût tracées, qui se conduisent par son Esprit, & qui l'expriment dans toutes leurs œuvres, mais pour ceux qui se dispensent de cette fidelité, & qui en demeurant dans une observation materielle du gros des Regles, s'imaginent qu'ils en font assez, qui ne se mettent pas en peine de cette ponctualité, de cette précision, de laquelle un veritable Religieux ne s'exemptera jamais, & qui, pour le dire ainsi, trouvent le secret de se faire une voie large dans la voie étroite : ils se verront sans y penser dans le milieu de la tempête, leur barque y sera submergée sans qu'ils s'en apperçoivent, ils sont sourds & muets comme les autres, & ils n'ont non plus qu'eux, ni d'oreilles ni de langues pour entendre la voix de Dieu & pour luy répondre.

Je m'addresse à un reformé, à un abstinent, à un Moine vivant dans les jeûnes, dans le silence, dans les veilles, & dans les autres exercices d'une observance disciplinée : je parle, si vous voulez, à quelqu'un d'entre vous, afin que l'application en soit toute faite, & que vous n'ayez pas la peine de la faire : je luy dis qu'il vit avec trop de dissipation, qu'il est moins interieur dans toute sa conduite qu'il ne le devroit être, & que son état veut qu'en tout temps il soit occupé de Dieu : il ne m'écoute que pour me dire en luy-même, que je porte la chose trop loin, je luy dis qu'il fait moins de cas qu'il ne devroit des distractions qui luy arrivent dans la célebration de l'Office, & qu'encore qu'elles puissent être innocentes, lorsqu'elles ne sont pas volontaires, neanmoins quand elles sont les suites d'une negligence précedente, elles nous seront imputées, qu'il faut en gemir, qu'il faut s'affliger devant Dieu, de ce qu'on est assez malheureux pour le perdre dans ces momens si précieux, sans être touchez de cette parole du saint Esprit, qui frappe de malediction celuy qui s'acquitte negligemment de l'œuvre

Y iij

de Dieu, *maledictus, qui facit opus Domini negligenter*. Il croit que j'exagere, & que je luy debite des scrupules, au lieu de luy proposer des veritez solides. Je luy dis qu'il n'est ni assez religieux, ni assez delicat dans l'obeissance, qu'il raisonne, qu'il examine, & que ses reflexions vont toûjours au devant de ce qu'on luy commande, ce qui rend sa soûmission défectueuse & imparfaite ; il se persuade que je luy impose un joug trop dur, que je luy demande une obeissance judaïque. Je luy dis qu'il manque à la charité qu'il doit à ses freres, qu'il forme aisément des jugemens & des soupçons qu'il n'est pas prompt à faire dans les rencontres ce qu'il connoît qu'ils desirent de luy, il se figure au lieu d'entrer dans ma pensée que j'étends cette vertu au delà de ses limites ; je luy dis qu'il ne s'addonne pas assez à l'oraison, il se justifie dans son cœur sur ce que la Regle déclare que l'oraison commune doit être courte, & ne veut pas voir que la vie d'un Moine doit être une perpetuelle priere ; je luy dis qu'il ne fait pas ses lectures d'une maniere qui luy puisse être utile, qu'il se dissipe & se dessêche

Ierem 48. 10.

dans la multitude des livres, qu'il lit ou pour satisfaire sa vanité ou sa curiosité, & cependant que la lecture ne luy est ordonnée que pour le rendre meilleur, il ne laisse pas d'aller à son ordinaire, comme si on luy contoit des imaginations; je luy dis qu'il ne fait pas autant de cas qu'il doit des exercices & des observances qui luy semblent petites, sans qu'il en devienne ni plus soigneux ni plus regulier ni plus diligent. Enfin il ne m'entend non plus sur toutes ces obligations differentes, que s'il n'y avoit aucun interêt, il persiste dans ses manieres accoûtumées, il est toûjours luy-même; peut-on voir une surdité pareille? Dans le fond ce n'est point moy, c'est Dieu qui luy parle : c'est à l'égard de Dieu qu'il est sourd & muet, je ne suis que son interprete : car s'il y a rencontre où le Superieur doive être consideré, comme agissant au nom & en la place de Jesus-Christ, *vices Christi agere creditur in Monasterio*, c'est particulierement quand il parle à ses freres de leurs devoirs, quand il les exhorte, qu'il les avertit, qu'il les reprend, & qu'il fait ce qu'il peut pour les élever à la perfection

Reg. S. Bened. cap. 2.

à laquelle Dieu les appelle.

Celuy qui fera coupable de ce defordre ne manquera pas pour se cacher la misere de son état, & pour ne pas s'appercevoir qu'il se creuse un abîme par une telle conduite, de se dire & de penser que toutes ces fautes sont légeres, peu importantes, & que la matiere n'est pas assez considerable pour avoir des suites si fâcheuses : mais il est aisé de le desabuser, de luy ouvrir les yeux, pourvû qu'il soit encore capable de voir la lumiere, & de luy faire toucher au doigt qu'il se bâtit une seureté dans le milieu du peril, & qu'il s'y imagine qu'il n'a rien à craindre, lorsqu'il est prêt de tout perdre.

Premierement, il ne peut douter que Dieu ne veüille qu'il tende à la perfection : son état l'y porte, sa profession l'y engage, il faut donc qu'il le desire & qu'il le veüille : or il ne peut le desirer ni le vouloir, qu'il ne veüille en même temps s'affranchir & se délivrer de toutes les imperfections & de tous les defauts qui l'en empêchent, puisque la perfection d'elle-même les exclut tous, qu'elle n'en souffre & n'en tolere aucun : cependant

pendant il n'a garde d'être dans cette disposition, puisque non seulement il conserve ses foiblesses, ses miseres, ses infidelitez, mais même qu'il ne veut pas qu'on luy en parle, & qu'il est sourd à tout ce qu'on luy en peut dire, de sorte que sa volonté se trouve directement opposée à celle de Dieu. Dieu veut qu'il tende à la perfection, & il ne le veut pas. Quel état, mes Freres, le serviteur tient ferme & resiste à la volonté de son Maître, il bouche les oreilles lorsqu'elle luy est annoncée, & neanmoins il est écrit, c'est JESUS-CHRIST qui nous l'apprend, *que le serviteur qui ne fait pas la volonté de son maître parce qu'il l'ignore, sera puni, que celuy qui la sçait, & qui ne l'a fait pas, le sera avec plus de severité*, & que dirons-nous de celuy qui ne la fait pas, & qui ne la veut pas connoître : sinon que Dieu luy prépare des châtimens & des peines toutes particulieres, & qu'il ne sera pas traitté avec moins de rigueur que les deux autres ? *Si quis ignorat, ignorabitur.* Luc: 42. 47. 48.

1. Cor. 14. 38.

Secondement, de quel œil, croïez-vous que Dieu regarde ce frere qui est attaché à son propre sens & à ses propres foiblesses, JESUS-CHRIST ne luy demande rien, sinon qu'il ait pour luy une application plus assiduë, une soûmission plus entiere, une conduite plus cordiale & plus pure, il veut que sa Religion soit plus dégagée, qu'elle convienne davantage à ses promesses & à l'engagement qu'il a pris à son service; enfin il veut qu'il merite tout le bien qu'il a resolu de luy faire, & qu'il se rende plus digne de son amour; & au lieu d'écouter avec joie & avec reconnoissance tous les avis & toutes les instructions qu'on luy donne de sa part, il les rejette avec indifference, avec mépris, ou plûtôt avec une résistance incomprehensible. Croiriez-vous que Dieu pût souffrir un traittement si dur, & qui luy est si injurieux sans en être irrité? vous imagineriez-vous que sa Majesté n'en fût point offensée? n'en doutez point, mes Freres, cet insensé (je le nomme ainsi, n'a point d'oreilles pour écouter la parole de Dieu, Dieu n'en aura point pour l'entendre, lorsqu'il s'adressera à luy dans ses necessitez & dans ses besoins; il entre à son égard dans cette disposition marquée par les paroles du Prophete, *vocavi vos &*

non respondistis, & projiciam vos à ‎ *Ierem.* ‎ *facie mea :* je vous ay parlé, je vous ‎ 13. 15. ‎ ay expliqué mes volontez, j'ay voulu vous faire connoître ce que je desirois de vous, vous n'avez daigné ni m'entendre, ni me répondre, je vous rejetterai pour jamais de devant ma face ; vous n'avez eu que de l'opposition pour les connoissances que j'ay voulu vous donner ; je vous traitterai de la maniere dont vous m'avez traitté : *quia tu scientiam repulisti, repel-* ‎ *Ose.* 4. ‎ *lam 1e.*

Troisiémement, nous avons appris de JESUS-CHRIST, que celuy qui est de Dieu écoute sa parole, c'est à dire, qu'il l'exécute, & qu'il fait ce qu'il luy ordonne, & qu'au contraire ce qui est cause que cet autre ne se met point en peine de l'entendre, c'est qu'il ne luy appartient point, c'est qu'il n'est point du nombre ni de ses enfans ni de ses serviteurs, *qui* ‎ *Ioan.* 8. ‎ *ex Deo est, verba Dei audit, propterea* ‎ 47. ‎ *vos non auditis, quia ex Deo non estis.* C'est un arrest que JESUS-CHRIST a prononcé contre tous ceux qui n'ont ni respect, ni docilité, ni amour pour les ordres de Dieu son Pere, & qui negligent de les entendre & de les sui-

Z ij

vre, au lieu de se tenir heureux quand il les aime assez pour les instruire, de recevoir sa parole & d'embrasser les occasions & les moyens qu'il leur presente, de luy donner des marques de leur gratitude & de leur soûmission.

Voila quelle est la situation où se trouve ce libertin qui veut vivre à sa mode : qu'il dise ce qu'il voudra pour se cacher son état, il faut qu'il avoüe malgré luy que Dieu luy parle par la bouche de ses Superieurs ; puisque tous les avis qu'ils luy donnent sont dans sa profession, & le portent à la perfection à laquelle il est obligé de tendre ; il faut qu'il avoüe qu'il les rejette, qu'ils luy sont insupportables, qu'il ne peut se resoudre à les suivre ; & par consequent qu'il demeure d'accord qu'il est de ceux contre lesquels Jesus-Christ s'est expliqué d'une maniere si terrible : *propterea non auditis, quia ex Deo non estis*, vous ne m'entendez point, parce que vous n'êtes point de Dieu.

Ibid.

Vous voyez, mes Freres, qu'il y a des sourds & des muets dans les solitudes consacrées au service de Dieu, & qu'on y trouve cette surdité malheureuse qui fait que sa voix n'y est point entenduë, & qu'on s'y met aussi bien qu'ailleurs comme dans une impuissance volontaire de luy répondre: il suffit pour cela, comme je viens de vous le montrer, que l'on manque d'y vivre dans l'exactitude préscrite, qu'on se tire de cet ordre exact, que Dieu veut qu'on y observe, qu'on se lasse de l'assujettissement & de la severité de la discipline, soit à l'égard de la pénitence commune, soit par rapport à l'obeïssance que l'on doit à ses Superieurs, à la defference que l'on est obligé d'avoir pour ses Freres, ou bien que l'on s'affoiblisse dans cette pieté interieure, sans laquelle un Religieux ne sçauroit ni plaire à Dieu, ni le servir; & enfin qu'on neglige par une paresse affectée, ou par une volonté déterminée les avertissemens & les préceptes de ceux qui sont établis de Dieu pour reprendre, pour exciter, & pour instruire.

Voila, mes Freres, des inconveniens que vous devez eviter, & dont les suites doivent vous remplir d'horreur & de crainte, & l'unique moyen que vous puissiez prendre pour vous y emploïer avec succés & benediction, c'est de marcher avec soin en la présence de Dieu, de vous soûtenir avec fermeté dans les pratiques que vous avez embrassées, d'être toûjours disposez à redresser vos voies, au cas qu'il vous arrive de vous écarter du chemin que vous devez suivre, & d'entendre avec plaisir & avec consolation tout ce qui vous parle de Dieu, & qui vous remet devant les yeux vos devoirs & ses volontez. Dites-luy dans une disposition ardente & sincere : Parlez-moy, Seigneur, je suis tout prêt de vous écouter & de recevoir vos divines instructions : *loquere, Domine, quia audit servus tuus* : dites-luy comme son Prophete : Ouvrez-moy l'entendement, & donnez-moy l'intelligence, afin que vos intentions me soient connuës, & que je les accomplisse : *da mihi intellectum, & discam mandata tua.* Enfin criez à JESUS-CHRIST, & dites-luy qu'il use à vôtre égard de cette parole puissante dont il se servit pour rendre à cet homme sourd & muet l'usage de l'ouïe & de la parole ; & si vous voulez sortir de cette lethargie, qui n'est que trop ordinaire aux personnes de vôtre profession, ou plûtôt vous empêcher d'y tomber ; souvenez-vous de ces paroles

Lib. 1. Reg. c. v. 10.

Ps. 118. 73.

du Saint Esprit, qui déclare que l'homme qui méprise avec opiniâtreté celuy qui le reprend, c'est à dire, qui luy parle & qui l'instruit, se trouvera tout d'un coup dans une ruine mortelle, de laquelle il ne se relevera jamais: *Viro qui corripientem durâ cervice contemnit, repentinus ei superveniet interitus, & cum sanitas non sequetur.* Prov. 29: 1.

CONFÉRENCE
POUR
LE XII. DIMANCHE
APRÈS LA PENTECOSTE.
A LA PROFESSION D'UN RELIGIEUX.

Virgo cogitat quæ Domini sunt, ut sit sancta corpore & spiritu.
1. Cor. 7. 34.

Une Vierge ne pense qu'aux choses de Dieu, afin qu'elle soit sainte de corps & d'esprit.

Nous avons-lû, mes Freres, dans l'Office de ce jour ces paroles, qui nous expriment ce que c'est que l'état que vous voulez embrasser, & quels en sont les devoirs & les avantages, *Virgo cogitat quæ Domini sunt, ut sit sancta corpore & spiritu.* Une Vierge, dit saint Paul, ne s'occupe que des choses de Dieu, afin de purifier son corps & son esprit; c'est à dire,

1. Cor. 7. 34.

qu'un Religieux & un Solitaire qui s'est consacré à Dieu par les vœux de la Religion, ne doit plus avoir ni de pensées, ni d'affaires, ni d'occupations, que celle de sanctifier toute sa personne, & de conserver & ses sens & son cœur dans une pureté parfaite, *qui sine uxore est, sollicitus est quæ Domini sunt, quomodo placeat Deo:* celuy qui n'a point de femme est uniquement appliqué à Dieu, & ne s'étudie qu'à luy plaire : ce qui fait aujourd'hui, mes Freres, que l'on remarque si peu de pieté dans les Cloîtres, & que le desordre & le déreglement y si est commun, c'est que cette verité, toute importante qu'elle est, y est si negligée, que bien loin de se separer du monde, afin de ne s'occuper que de Dieu, & de n'avoir plus de soin que celuy de luy plaire, on se persuade que l'on doit entretenir des commerces avec les hommes, comme si l'on étoit encore parmi eux, & qu'on pût sans aucun danger entrer dans tous leurs interêts & toutes leurs affaires ; & ce qui arrive de ce faux principe, c'est que l'on se conforme à ses maximes, que l'on en retient & les mœurs & les inclinations, & que sou-

Ibid. 32.

vent aprés avoir passé toute sa vie dans une ignorance grossiere de tous ses principaux devoirs, on la finit privée de tous les sentimens, de toutes les dispositions & de toutes les graces que Dieu ne manque jamais de donner à ceux qui l'ont servi en demeurant dans les Regles & dans la verité de leur profession.

C'est un malheur que vous éviterez, mon Frere, si vous êtes soigneux de metre en pratique cet enseignement de l'Apôtre, *virgo cogitat quæ Domini sunt*; & si vous vous proposez JESUS-CHRIST comme l'unique fin de tous vos desseins & de tous vos desirs: si vous luy faites un sacrifice entier de ces deux parties de vous-même, qui composent l'homme tout entier je veux dire, vôtre corps & vôtre esprit.

Pour ce qui regarde le premier, j'entends vôtre corps, vous vous acquitterez de cette obligation, si vous employez tous vos soins pour le preserver de tout ce qui peut attaquer sa pureté, si vous le tirez de toutes les occasions dans lesquelles elle pourroit être exposée, si vous allez au devant de ce qui seroit capable de luy nuire, si vous l'exercez dans les jeunes, dans l'abstinence, dans les veilles, dans les travaux, & en un mot dans toutes les pratiques de penitence & de mortification qui sont préscrites dans vôtre Regle. Ce sera par tous ces moyens que vous le contiendrez dans un assujettissement exact, & que vous reprimerez la malignité de tous ces vices & de toutes ces passions qui luy font une guerre si opiniâtre & si cruelle.

Pour ce qui est de l'ésprit, comme il n'a pas des bornes si étroites : & que son activité est d'une plus grande étenduë, il ne faut pas douter que ses obligations n'aillent beaucoup plus loin, mais quèlques grandes & quelques nombreuses qu'elles puissent être elles se reduisent à un seul point, je veux dire à la charité, *finis autem præcepti est charitas de corde puro.* Cette vertu est si excellente, sa valeur & sa dignité est si grande, qu'elle renferme tous les devoirs de la Religion, & il se peut dire qu'il ne manque rien à celuy auquel Dieu l'a donnée; tous les Saints n'ont sur cela qu'un même sentiment, ils l'ont puisé dans la même source qui est la parole éternelle; & S. Augustin qui s'est appliqué avec plus d'exactitude que personne à exa-

1. Tim. 1. 5.

miner & à mediter tous les effets, & toutes les qualitez de cette vertu, dit hardiment, aimez & faites tout ce qu'il vous plaira ; *dilige & fac quod vis*, nous voulant apprendre que celuy qui a la charité, & qui en suit les mouvemens, ne sçauroit rien faire de mal, & que rien ne peut plaire à Dieu que ce qui part de cette source & de ce principe. C'est le precepte de JESUS-CHRIST, c'est ce feu qu'il declare, qu'il est venu allumer sur la terre, & tout fruit qui ne procede pas de cette tige toute divine, n'a que de l'âpreté, de la rudesse, & de l'amertume, & sera rejetté comme un fruit sauvage, *non est fructus bonus qui de charitatis radice non surgit*, vous jeuneriez autant qu'un saint Macaire, vos veilles surpasseroient celles de saint Pacôme, vous vous acableriez de tous ces travaux & de toutes ces austeritez si rigoureuses, qui ont été pratiquées par les Peres des deserts, à moins que toutes ces actions ne soient animées par l'ardeur de vôtre charité, elles ne vous seront point comptées, vous paroîtrez au jugement de JESUS-CHRIST les mains vuides, & vous n'aurez vécu dans sa maison que com-

In Epist. Ioan. trac. 7.

Aug. Ser. Dom. in monte.

me un serviteur ou inutile ou infidelle.

Pour vous expliquer ma pensée d'une maniere plus évidente & plus précise, je vous diray, mes Freres, qu'il faut que vous sçachiez que cet amour que je vous recommande a quatre objets différens à l'égard desquels vous devez l'exercer; le premier est Dieu, le second est vôtre Regle, le troisiéme vôtre Superieur, le quatriéme vos Freres.

Vous vous acquiterez du premier de ces devoirs en aimant Dieu de la maniere dont S. Bernard dit qu'il faut l'aimer, c'est à dire sans regle & sans mesure, comme je vous l'ay déja fait remarquer, *modus diligendi Deum est diligere sine modo*: comme il n'y a rien que nous ne tenions de sa bonté souveraine, qui veille sans cesse à la conservation de l'être qu'il nous a donné, & qu'il n'y a point de moment dans lequel nous ne recevions des marques de cette tendresse infinie, qu'il a pour tous les hommes, mais particulierement pour ceux qui le servent, il en exige aussi des reconnoissances continuelles & nous devons comme épuiser ce que nous avons de

tract. de diligendo Deo. c. xj

force, de vertus & de puissance, pour répondre par le sentiment de nôtre cœur, & par la fidelité de nos œuvres & de nos actions, à ses largesses & à ses liberalitez immenses; & nôtre amour ne doit avoir ni limites ni bornes, que celles que luy peut prescrire nôtre impuissance. Il se peut dire que c'est ainsi que nous accomplirons le commandement qu'il nous a fait de l'aimer de tout nôtre cœur, de toute nôtre ame & de tout nôtre esprit. *Diliges Dominum Deum tuum ex toto corde tuo, & ex tota anima tua, & ex tota fortitudine tua.*

Deuter. 6. 5.

Ce precepte qui oblige tous les Chrêtiens, & sans l'observation duquel il n'y a point de salut, regarde encore plus particulierement les Moines & les Solitaires; parce que Dieu leur donne pour s'en acquitter des moyens, qu'il ne donne point aux gens qui demeurent dans les embarras du siécle. Dites à un homme du monde qu'il faut qu'il aime Dieu de tout son cœur, comment le puis-je faire, vous repondra-t-il, il faut que j'aime ma femme, mes enfans; j'ay une infinité d'affaires qui me partagent, & il n'y a rien qui soit moins en mon pouvoir que de satisfaire à ce que vous me demandez : Pour vous, mon Frere, vôtre condition est bien meilleure & plus assurée, Dieu vous retire du milieu de ceux, qui trouvent à ce qu'ils disent des difficultez insurmontables pour accomplir ce devoir, & non seulement il n'y a rien dans vôtre état qui s'y oppose, mais tout vous inspire l'amour de celuy que vous devez aimer, pourveû que vous soyez fidelle à luy préter l'oreille de vôtre cœur ; car y a-t-il rien qui soit plus capable de l'échauffer & de l'embraser d'une ardeur toute divine, que cette voix d'une douceur infinie, qu'il promet de faire entendre aux ames qu'il conduit dans la solitude, *ducam eam in solitudinem, & loquar ad cor ejus.* Osée c. 2. 14.

Il faut donc, mon Frere, que vôtre conversation soit desormais toute dans le Ciel, que vôtre commerce ordinaire soit avec Dieu, & avec ses S. Anges, & qu'il n'y ait rien en vous que Dieu n'occupe, & ne remplisse. Vous lisez dans les histoires anciennes de l'Eglise que de jeunes filles qui s'étoient consacrées à Jesus-Christ, luy ont été si fidelles, qu'étant tombées entre les mains des ennemis de la foy, & les persecuteurs leur demandant qu'elle étoit leur condition, leur nom, leur pays, leur naissance, elles ne répondoient rien autre chose que ces paroles, *Christiana sum*, quelle est vôtre famille ? je suis Chrétienne : quels sont vos parens ? je suis Chrétienne : demandez moy ce que vous voudrez, je n'ay point d'autre réponse à vous faire, je suis Chrétienne : & je ne suis que cela ; que vouloient dire ces saintes vierges par ces paroles ? c'est, mon Frere, que dés le moment qu'elles s'étoient données à JESUS-CHRIST par le Baptême, elles s'étoient tellement separées de toutes les creatures, & avoient tellement renoncé à tout ce que le monde renferme de vanitez, de grandeurs, de biens, de pompes & de plaisirs, qu'elles n'avoient que JESUS-CHRIST devant les yeux, & ne vivoient plus que pour luy. Telle étoit cette grande sainte, dont nous faisons aujourd'huy la Fête, je parle de Sainte Cecile. La rage & la fureur des bourreaux ne fut pas capable d'ébranler sa constance, & son amour & son attachement à JESUS-CHRIST triompha de la cruauté de ces barbares.

Voila

Voila un modele que la divine Providence vous montre & vous met devant les yeux, afin que vous l'imitiez & que vous appreniez de quelle maniere JESUS-CHRIST veut étre aimé d'une ame qui luy est uniquement consacrée.

Pour ce qui touche l'obligation que vous avez d'aimer vôtre Regle, je vous diray qu'elle est un effet, une suite necessaire de vôtre amour envers Dieu, car celuy qui l'aime, comme nous l'apprenons de JESUS-CHRIST observe ses commandemens; *si diligitis me, mandata mea servate*, or comme vôtre regle ne contient rien que ses volontez & ses preceptes, il est certain que si vous l'aimez veritablement, vous serez un observateur exact & fidelle de tout ce qu'elle enseigne, vous en ferez cas, vous estimerez toutes les instructions qu'elle renferme, vous la considererez comme la grace la plus precieuse & la plus estimable qu'il vous ait peu faire, aprés celle de vôtre Baptéme; & vous vous ferez une Religion d'en garder tous les articles, & tous les points.

Ioan. 14. 15.

L'avis que j'ay à vous donner sur ce sujet, mon Frere, est que l'on péche contre sa Regle en deux manieres, ou en s'élevant au dessus, ou en s'abbaissant au dessous d'elle : les uns s'imaginent que les obligations en sont trop relevées, que la pratique surpasse leurs forces, la molesse qui leur est naturelle, & l'inclination qu'ils ont à éviter tout ce qui peut les assujettir & les contraindre, fait qu'ils y trouvent des difficultez qui leur paroissent insurmontables ; & comme ils ne consultent que leur amour propre, & leur cupidité, ils rejettent un joug qui leur paroît trop rigoureux : ces sortes de gens s'écrient ; pourquoy tant de jeûnes, tant de veilles, tant de travaux, tant de silence, tant d'humiliations & tant d'austeritez ? Enfin ils sont de ceux dont parle le Prophete, *qui fingunt laborem in præcepto*, qui se figurent que la Loy a des peines qui la rend impraticable, mais s'ils aimoient JESUS-CHRIST plus qu'ils ne font pas, & qu'ils missent en luy leur confiance, ils trouveroient dans sa protection des secours, des facilitez & des ressources, qu'ils ne rencontrent point dans leur foiblesse, & cette Regle dont ils ne sçauroient seulement supporter la veuë, n'auroit pour eux que

Ps. 9. 30.

de la douceur & de la consolation. C'est un malheur dans lequel vous ne tomberez pas, si vous vous souvenez de la parole du Fils de Dieu, par laquelle il declare que celuy, qui aprés avoir mis la main à l'œuvre tourne la tête en arriere, n'est pas propre pour son Royaume, *nemo mittens manum suam ad aratrum & respiciens retro, aptus est regno Dei.* Luc. 9: 62.

Pour ceux qui veulent s'élever au dessus de leur Regle, qui veulent jeuner, veiller, prier, lire, travailler plus qu'elle ne l'ordonne, c'est un excez auquel ils sont presque toûjours poussez par un mouvement d'orgüeïl, ils veulent se distinguer du reste de leurs Freres, par des actions extérieures, au lieu de le faire par leur humilité & par leur vertu, ils blâment les pratiques du Monastere, lorsqu'elles ne quadrent pas à leur humeur; ils trouvent leur regle deffectueuse en bien des points, ils s'en prennent même à celuy qui l'a instituée, comme s'il avoit manqué de connoissances & de lumieres, & qu'il n'eût pas établi les choses necessaires pour porter à la perfection ceux qui l'embrassent.

Je me souviens qu'on me demanda une fois mon avis sur le sujet d'un jeune Religieux, lequel vivant dans une Communauté exacte, penitente & disciplinée, s'acquittoit de tous ses devoirs exterieurs dans une ponctualité à laquelle il ne manquoit rien : son exactitude étoit telle pour les exercices exterieurs, qu'il y étoit irreprehensible. comme il ne se contentoit pas des manieres communes, il eût voulu, au moins à ce qu'il témoignoit, qu'on eût augmenté toutes les austeritez & les actions de penitence ; & cette disposition alloit si loin, que s'il voyoit que quelqu'un de ses Freres, usât de quelques soulagemens, qui ne luy étoient accordez qu'à cause de ses infirmitez, il le soupçonnoit aussitôt & le taxoit d'immortification, & d'impenitence, & ne craignoit pas de dire à son Superieur que ce Religieux étoit propre pour introduire le relâchement dans la Maison : cette conduite toute litterale, étoit seiche, aride, & n'avoit point d'onction. Le Superieur jugeoit avantageusement de l'état de ce Frere & s'imaginoit qu'il agissoit par un principe de pieté & de Religion. Pour moy j'en eus une pensée toute contraire, & je manday à ce Supeieur, que je croyois que son Religieux étoit trompé par le Demon, & que ce qu'il attribuoit à son zele n'étoit qu'un mouvement de son humeur, & de sa presomption; & en effet ce Religieux peu de temps aprés devint malade, il tomba dans tous les relâchemens dont il avoit soupçonné ses Freres, & desira avec empressement toutes sortes d'adoucissemens, & de remedes, perdant toute memoire de ses premiers sentimens, & de cette penitence dont il avoit fait une profession si publique.

Voila, mes Freres, à quoy aboutissent toutes ces ferveurs indiscretes, & toutes ces envies mal reglées : comme ceux qui les conçoivent mettent toute la vertu dans les pratiques exterieures, où elle n'est point ; ils ne sont pas long-temps sans faire connoître que leur conduite n'est pas sincere, & comme quoy ils travaillent uniquement à paroître aux yeux des hommes ce qu'ils ne sont point aux yeux de Dieu ; la pieté est toute interieure : il n'y a que Dieu à proprement parler, qui la connoisse, & c'est en cela que l'on peut sans aucun mécompte s'étudier à surpasser ses Freres: je vous avoüe que j'ay souvent apprehendé qu'il n'y eût dans ce Monastere trop d'austeritez & de penitence, non pas que je voulusse qu'il y eût moins de veilles, moins de jeunes, moins de travaux, de retraite & de silence, Dieu sçait que j'augmenterois toutes ces pratiques avec plaisir, si je croyois que ce fut sa volonté, mais ma crainte est que nous appuyant trop sur ces choses sensibles, nous n'ayons pas toute l'application que nous devons à regler le fond des mœurs, & que nous n'ayons pas autant de soin de nous distinguer du reste des hommes, par la pureté de nos ames, que par nôtre conduite extérieure, ce qui seroit purement rechercher de plaire aux hommes & s'attirer la colere de Dieu, qui menace de reduire en poussiere ceux qui en rechercheront les applaudissemens & les loüanges, *dissipavit ossa eorum qui hominibus placent.*

Ps. 5. 29.

Pensez sur cela tout ce qu'il vous plaira, mes Freres, Dieu sonde les cœurs & les reins, il penetre les replis les plus secrets de nos consciences, & vous ne pouvez luy imposer par toutes vos justices apparentes ; l'unique moyen que vous ayez, mon Frere, d'éviter ce malheur, c'est de vous rendre fidelle à ce que vôtre Regle vous prescrit, d'en observer tous les points avec toute la Religion possible, sans former des projets qui en excedent les bornes, d'animer toutes vos actions, de les faire d'une maniere vive & fervente, de vous mettre, par le sentiment que vous aurez de vous même, au dessous de tous ceux avec lesquels vous vivez, & de ne donner aucunes limites au desir que vous devez avoir de servir Jesus-Christ & de luy plaire.

Touchant ce qui regarde vôtre Superieur, rien ne vous fait mieux comprendre ce que vous luy devez de respect & de charité, & ne vous portera plus puissamment à vous acquitter de ce devoir, que d'être persuadé, comme vôtre Regle vous l'apprend, que c'est Jesus-Christ qui vous conduit en sa personne ; car si vous aimez Jesus-Christ il ne se peut que vous n'aimiez celuy qui vous tient sa place, & qui vous parle de sa part & en son nom, ainsi ses ordres, ses volontez, ses instructions, sont beaucoup moins les siennes que celles de JESUS-CHRIST qui s'explique par sa bouche. Ceux qui sont envoyez de la part des Roys & des Princes de la terre, ont tellement leur caractere qu'on ne sçauroit leur faire le moindre tort, & la moindre injure, quelle ne retombe sur les personnes qu'ils representent; de même vous ne sçauriez resister à vos Superieurs, vous opposer à leurs commandemens, sans vous élever contre JESUS-CHRIST, dont ils sont les images vivantes & animées ; aussi vôtre Regle vous met tellement dans leur main, que vous ne devez agir que par leur application & par le mouvement qu'ils vous donnent ; & bien loin, mes Freres de vous faire une idée fâcheuse de cette obeïssance si étenduë, sçachez que plus elle l'est, plus elle vous rend heureux & plus vôtre condition devient digne d'envie ; en effet qu'y a-t-il qui puisse plus contribuer à ce repos sacré qu'un Religieux s'est proposé quand il a quitté le monde, ni qu'il puisse desirer davantage dans sa retraite, que de vivre exempt de tout soin pour sa subsistance, pour l'employ

de

de son temps, pour toutes ses actions, pour tous ses exercices de quelque qualité & de quelque nature qu'ils puissent être, pour ses devotions même, & pour ses prieres, de vivre dans une dépendance parfaite, & ainsi d'être separé de tout ce qui pourroit luy causer la moindre inquietude; enfin, pour tout dire, se reposer sur un autre de la plus importante affaire qu'il ait en ce monde, qui est celle de son éternité, & d'être assuré qu'elle ne se fait jamais avec plus de certitude & de succez, que quand il demeure dans la dépendance, & qu'il s'abandonne dans une sincerité toute entiere à sa conduite. C'est ainsi, mon Frere, que vous donnerez à vôtre Superieur des marques de la charité que vous luy devez, & que vous accomplirez ce precepte de vôtre Regle, *Abbatem suum since-* *ra & humili charitate diligant.* Reg S. Ben. c. 7ʒ.

Pour ce qui est de ce qui regarde vos Freres, vôtre Regle vous exprime d'une maniere si claire, de quelle sorte vous devez vous conduire envers eux, que vous n'avez qu'à l'ouvrir, pour être parfaitement instruit de vos obligations. Car, en un mot, à quoy ne sont point obligez ceux qui doivent avoir entre eux une charité si ardente, qu'ils se previennent les uns les autres, par toutes sortes de temoignage d'obeïssance, de déference & de service ; qu'ils supportent toutes leurs infirmitez, soit de l'esprit, soit du corps, avec une patience invincible, & qu'ils preferent en toutes choses la satisfaction de leur frere à leur propre utilité ; *hunc ergo zelum ferventissimo amore exerceant monachi, id est ut honore se invicem præveniant, infirmitates suas, sive corporum, sive morum patientissimè tolerent. &c.* vous voyez de quelle sorte cette disposition si sainte bannit des Monasteres les contradictions, les disputes, les animositez, les querelles, les contentions, les impatiences, les plaintes, les murmures, & comme quoy elle y établit cette paix, cette union toute divine qui s'y remarquoit autrefois, & qui en faisoit tout le bonheur, la benediction & l'avantage.

Ecclef. 30. 24.

Cette charité dont je vous parle, mon Frere, a un cinquiéme objet, & cet objet c'est vous même, car vous ne devez pas douter que Dieu qui vous a donné l'être, pour vous rendre eternellement heureux, ne veuille que vous vous desiriez le bien infini, pour lequel il vous a destiné, or aimer n'est rien que vouloir & souhaiter du bien à l'objet que l'on se propose.

Si vous me demandez ce que vous devez faire pour vous acquitter de ce devoir, je ne puis mieux vous répondre que par ces paroles de l'Ecriture, *mi-serere animæ tuæ, placens Deo*: aimez-vous, ayez compassion de vous-même, en vous attachant au service de Dieu, & en faisant tout ce que vous croyez capable de luy plaire : qui voudroit entrer dans le fond de cette obligation le detail en seroit infini, je me reduis donc à vous dire, que le seul moyen que vous puissiez avoir, pour plaire à Dieu, est d'exécuter ses volontez, & d'obeïr avec une fidelité inviolable à tout ce que vous connoissez qu'il demande de vous; & comme la Regle de laquelle vous étes tout prêt de faire profession, ne contient que ses ordres, ses instructions, ses preceptes, comme nous vous l'avons déja dit, vous devez être dans une resolution constante de pratiquer jusqu'à la mort, tout ce qu'elle vous enseigne, soit pour ce qui regarde le corps, soit pour ce qui regarde l'esprit : ce sera par-là que

Eccles. 30. 24.

B b ij

vous assujettirez vos sens, que vous les reduirez en servitude, & que vous les empécherez de se revolter contre l'esprit, & en même temps vous mettrez l'esprit dans la main de Dieu, vous ferez qu'il sera soûmis à sa grace, qu'il en suivra les mouvemens & les impressions, ainsi vôtre homme tout entier sera à son égard, dans une dépendance si parfaite, qu'il n'aura ny sentiment, ny mouvement, ny action qui ne luy plaise, & vôtre disposition sera telle, que quoy qu'il vous arrive de peines dans le corps, ou d'afflictions dans l'esprit, vous les recevrez comme venant de sa part, & quelques rigoureuses qu'elles vous paroissent, vous les souffrirez avec plaisir pour l'amour de luy, & vous luy direz de tout le sentiment de vôtre cœur, ces paroles du plus patient, comme du plus persecuté de tous les hommes, *non contradicam sermonibus sancti.*

Iob. 6. 10.

Voila, mon Frere, ce que j'ay à vous dire touchant l'état, & la condition dans laquelle vous étes sur le point de vous engager, vous voyez les obligations qu'elle vous impose, c'est à vous à vous examiner, &

voir si vous êtes dans ces dispositions que je vous ay représentées : il faut compter présentement avec vous-même, il ne sera plus temps de le faire après que vous serez engagé, *prius* *computandi sunt sumptus qui necessarii sunt* ; c'est icy le moment où vous devez sonder le fond de vôtre cœur, *tacta cordis vena*, que si vous ne le trouvez pas preparé à tout ce que je viens de vous dire, je vous conseille de n'aller pas plus avant, & vous ne seriez pas le premier qui ayant poussé son dessein jusqu'au terme, où vous vous trouvez, & ayant entendu de quelles obligations il étoit prét de se charger, se seroit arrêté tout court, & auroit mieux aimé retourner dans le monde & y demeurer avec les engagemens ordinaires des Chrêtiens, que de se soûmettre à un joug qui luy paroissoit trop pesant, & qu'il ne s'estimoit pas capable de porter.

Luc. 14. 28.

August.

Pour ce qui est de moy, si je ne vous croyois pas tel, que je vous viens de dire que vous devez être, je n'aurois garde de vous donner la main, & je puis vous assurer que je n'ay reçû personne à la profession, en qui je n'aye crû voir toutes ces dispositions que je vous ay expliquées, ou du moins une volonté sincere d'y entrer: je sçay bien qu'on n'arrive pas tout d'un coup à un état si parfait & si sublime, il a ses commencemens & ses progrez, mais ce que l'on demande de vous, mon Frere, est que vous soyez dans une determination entiere d'y tendre de tous vos soins, de tous vos efforts, de vous y abandonner sans reserve, & d'employer pour cela tous les moyens differens que Dieu vous met entre les mains: si vous vous sentez dans cette resolution, dans cette ardeur & cette plenitude que vous connoissez qui vous est necessaire, vous n'avez qu'à prononcer avec confiance les paroles de vôtre engagement: car comme ce n'est ny la chair ny le sang qui vous l'inspire, il faut esperer que Dieu qui vous l'a donnée, la conservera & la fortifiera dans la suite par ses graces & ses benedictions & qu'il prendra plaisir à consommer son ouvrage; enfin, mon Frere, il ne vous faut que de l'amour, & si le vôtre est tel que je viens de vous dire qu'il doit être, s'il est vif, s'il est fidelle, s'il est ardent & qu'il se porte à ces cinq differens objets

que je vous ay marquez, je puis vous
dire ces paroles de S. Augustin, *dilige*   Aug. in
& *fac quod vis*, aimez & faites   Ep. Ioan.
ce que vous voudrez, car puisque   tract. 7.
la charité est la perfection de la Loy,
c'est la voye veritable par laquelle
vous remplirez vos devoirs & vous
vous acquitterez de tout ce qui vous
est prescrit par vôtre Regle.

CONFERENCE
POUR
LE XIII. DIMANCHE
APRE'S LA PENTECOSTE.

A LA DEMANDE D'UN NOVICE le jour de sa Profession.

Holocaustum tuum pingue fiat.
Psal. 19. 4.

Que vôtre holocauste soit parfait.

RÉFLÉCHISSEZ, mon Frere, sur ces paroles du Prophete que je vous dis, ou plûtôt que Dieu, au nom & en la place duquel je vous parle, vous dit luy-même: *Holocaustum tuum pingue fiat.* On ne sçauroit assurément vous donner d'avis & de conseil plus utile & plus salutaire, qu'en vous exhortant à employer tous vos soins, & à travailler par vos prieres & par vos œuvres, pour faire que l'holocauste que vous devez offrir dans ce jour, qui est celuy de vôtre engagement au service de Jesus-Christ, ait toute l'integrité & toute la plenitude qu'il doit avoir. Vous l'offrez à un Dieu qui est jaloux de son honneur & de sa gloire, qui ne veut point d'hosties imparfaites & defectueuses; & si la victime que vous luy sacrifierez n'étoit telle qu'elle doit être, au lieu de vous concilier sa misericorde, comme vous le pretendez, vous vous attireriez son indignation & sa colere: car il est écrit qu'il hait les retranchemens que l'on fait dans les holocaustes qu'on luy sacrifi, *Odio* Isa. 61. 8. *habens rapinam in holocausto.*

On préparoit autrefois les animaux, les victimes qu'on destinoit pour les sacrifices; on se servoit de nourritures particulieres & propres pour les engraisser, afin qu'elles eussent toute la beauté, la bonté & la perfection convenable à un usage si grand & si saint; on prenoit extrêmement garde qu'elles ne fussent ni sales, ni maigres, ni desséchées. Vous êtes aujourd'hui la victime, mon Frere, c'est vous qui devez être sacrifié: il faut de même que vous ayez cette préparation, cette dignité, cet en-bon-point spirituel? je veux dire, cette pureté, cette religion, cette sainteté, ce dégagement de toutes les choses passageres & corruptibles, sans lequel vous ne pouvez vous montrer ni paroître devant Dieu sans l'offenser & sans luy déplaire. Il faut donc pour vous mettre dans l'état que demande de vous cette action si sainte, que vous vous nourrissiez d'une viande qui vous soit propre & qui vous convienne, qui ait la vertu & la puissance de vous donner cette beauté interieure qui vous est si necessaire.

Sans doute, mon Frere, vous êtes en peine de sçavoir quelle est cette nourriture dont vous devez vous servir, & qui peut operer en vous cette grace & cette benediction dont je vous parle. Mais de qui pouvons-nous l'apprendre que de JESUS-CHRIST, qui est la regle que vous devez suivre, & le modele que vous devez imiter? Il est la premiere victime qui ait été offerte à la Majesté de Dieu son Pere: c'est cet agneau qui a été immolé dés l'origine du monde, *agnus qui occisus* *Apoc. 3. est ab origine mundi*. Son sacrifice est non seulement *le modele, la forme &*

l'original de celuy que vous devez offrir: mais il en est comme la source & le principe; & c'est de luy que le vôtre recevra son prix, sa valeur & son merite. Disons davantage, JESUS-CHRIST est le Chef du corps dont vous avez le bonheur d'être membre & partie; & comme le rapport, la liaison & la correspondance qui se rencontre entre les parties & les membres d'un même corps est étroite & intime, ce qui convient au Chef, convient aux membres: ainsi il se peut dire que la nourriture dont JESUS-CHRIST s'est servi pendant tout le cours de sa vie mortelle, pour se préparer à ce grand sacrifice qu'il devoit offrir sur le Calvaire, est celle-là même dont vous devez user, & de laquelle vous recevrez cette disposition principale qui doit faire tout l'agréement du vôtre.

Pour ne vous tenir pas plus long-temps en suspens: je vous dirai que cette viande est toute céleste, selon la declaration que JESUS-CHRIST luy-même en a faite: c'est la parole, le Commandement de Dieu; c'est ce qu'il nous apprend; lorsqu'aprés ce jeûne de quarante jours, le Démon s'appercevant qu'il avoit faim, & luy proposant de changer des pierres en pain, par un prodige tout nouveau, il luy répondit: Que l'homme ne vit pas seulement de pain, mais de toute parole qui procede de la bouche de Dieu: *non in solo pane vivit homo, sed in omni verbo quod procedit de ore Dei.* Ce qu'il explique encore plus clairement lorsqu'il dit, que sa nourriture est l'observation de la volonté de son Pere, *meus cibus est ut faciam voluntatem ejus qui misit me.* C'est ce qu'il a confirmé par une suite d'actions innombrables, ou pour mieux dire, par toute la conduite de sa vie, qui n'a rien été qu'une dépendance parfaite de la volonté de son Pere.

Comme cette nourriture doit être la vôtre aussi-bien que la sienne, il ne vous reste qu'à connoître la volonté de Dieu: car quel moyen de la suivre & de l'executer si elle ne vous est connuë? *Quomodo credent ei quem non audierunt?* Pour la connoître sans vous méprendre, il faut vous considerer dans deux états differens. Le premier est cette situation de liberté où vous vous trouvez encore, qui précede l'engagement que vous allez

Math. 4. 4.

Joan. 4. 4.

Rom. 10. 14.

prendre : l'autre est la disposition où vous serez après la prononciation de vos vœux.

Dans le premier état il est évident, & vous devez croire, que ce que Dieu demande de vous est, que vous suiviez l'inspiration qu'il vous a donnée : il vous a parlé au cœur dans le milieu du monde ; il a plus fait, il vous a touché, vous avez écouté sa voix ; & aprés des deliberations profondes, vous avez fait des pas pour executer ce qu'elle vous disoit ; vous vous êtes persuadé des raisons qui vous obligeoient de la suivre ; vous avez changé d'habit, vous luy avez offert des prieres, vous avez passé par toutes les épreuves qui pouvoient vous donner de veritables lumieres ; vous avez pris l'avis & le sentiment de ceux qui avoient inspection sur vôtre conduite, & qui étoient établis par l'ordre de Dieu pour juger de vôtre vocation ; vous avez fait ce qu'ordonne l'Apôtre par ces paroles : *probate spiritus si ex Deo sint* : éprouvez les esprits pour reconnoître s'ils sont de Dieu. Enfin vous n'avez rien oublié de ce qui pourroit vous assurer de ses desseins ; on vous dit qu'il vous appelle,

1. Ioann. 4. 1.

vous le croïez & vôtre conscience, lorsque vous l'avez interrogée ne vous a dit autre chose; tout est préparé pour le sacrifice; la victime, pour ainsi dire, est sur l'autel; qu'est-ce que Dieu peut vouloir davantage, sinon que l'on y applique le couteau, qu'on y mette le feu, & qu'elle soit embrazée, *quid volo, nisi ut accenda-* Luc. 12. *tur?* Sa volonté est toute claire, & 49. vous ne pouvez l'ignorer.

Il ne vous reste donc qu'à commencer le sacrifice: car il ne faut pas vous imaginer que la protestation publique que vous êtes prêt de faire en soit la consommation, il durera autant que vôtre vie, pendant que vous serez en état d'avancer dans les voies de Dieu, & de vous élever à la perfection que vous vous proposez, tandis que vous aurez à détruire & à combattre, vous ne cesserez d'offrir & d'immoler : enfin jusqu'à ce que vous ayez atteint l'état de cet homme parfait, & que vous soïez parvenu à la mesure de l'âge & de la plenitude, selon laquelle JESUS-CHRIST doit Ephes. 4. être formé dans vôtre cœur, *in virum* 13. *perfectum, in mensuram ætatis plenitu-dinis Christi.*

Je vous ay dit qu'il falloit commencer le sacrifice, mais afin que vous le fassiez d'une maniere qui convienne à la perfection à laquelle vous devez tendre : il faut en un mot que vous regardiez vôtre état dans sa verité, & que selon les idées que vous vous en serez formé, vous abandonniez pour jamais toutes les choses sensibles & passageres, que vous renonciez à tout ce qui n'est point immortel, qui n'a point une durée permanente, & qui ne peut contribuer à vous rendre éternellement heureux, que vous embrassiez par l'étenduë de vos desirs toute l'excellence & la grandeur de vôtre profession, & que vôtre volonté ne se donne ni bornes ni limites qui soient au dessous de vos devoirs, c'est ainsi que l'ordre de Dieu, qui n'est rien que sa parole, sera vôtre nourriture, & que vous travaillerez à rendre la victime digne de luy être immolée.

Pour ce qui est de la volonté de Dieu, lorsque vôtre bouche aura prononcé les paroles de vôtre engagement, & que par une consecration particuliere vous vous serez attaché à son service, elle n'est autre, sinon que vous vous acquittiez avec une fidelité & une religion toute entiere des promesses que vous luy aurez faites; car il n'y a rien de plus juste que de satisfaire à l'obligation que vous aurez contractée; & afin que vous n'ayez sur cela ni doute ni difficulté, je vous dirai que vous avez promis à Dieu de reformer vôtre vie, & de vous appliquer à la conversion de vos mœurs conformément à la Regle de saint Benoist: *Conversionem morum meorum, & obedientiam secundùm Regulam sancti Benedicti*: Or comme tous ceux qui tombent dans le peché quittent Dieu pour s'attacher aux creatures, & que le principe de cette infidelité est l'orgueil: il faut aussi que ceux qui veulent sortir de leurs desordres, & se tirer de l'iniquité, dans laquelle ils sont tombez, s'éloignent des creatures & retournent à Dieu par le sentiment d'une humilité sincere: car la reconciliation d'un pecheur consiste à laisser les creatures, & à recourir à la misericorde de Dieu: *Aversio à creatura est conversio ad Deum.*

L'orgueil a porté le premier Ange à se revolter contre Dieu: l'orgueil a causé une rebellion toute semblable

ble dans le premier homme, *in superbia enim initium sumpsit omnis perditio*; & la malignité de ce peché a été si grande & si contagieuse, que toute sa posterité en a été infectée, & il se peut dire que l'homme ne peche & n'offense la Majesté de Dieu, que parce qu'il ne veut pas se tenir dans sa main & vivre dans sa dépendance, que l'assujettissement dans lequel il doit être à l'égard de toutes ses volontez le peine & l'embarrasse : de sorte qu'il va chercher une liberté fausse parmi les creatures ; & quand Dieu luy ouvre les yeux, & luy inspire le desir de se tirer de l'erreur pour rentrer dans la verité qu'il a abandonnée ; il faut que ce soit par son humilité qu'il repare sa faute ; qu'elle luy rende les bonnes graces de Dieu qu'il a si malheureusement perduës ; qu'elle fasse & qu'elle menage auprés de luy sa reconciliation. L'homme pécheur est toûjours superbe, & l'homme pénitent est toûjours humble.

Vous devez inferer delà, mon Frere, que l'humilité est essentielle à la conversion d'un pecheur, qu'il n'y en

Tob. 14.

a point de veritable dont elle ne soit le fondement, & que lorsque vous aurez promis à Dieu la conversion de vos mœurs selon la Regle de saint Benoist, il faut que vous vous soïez engagé à pratiquer l'humilité qu'il enseigne dans sa Regle, & de laquelle il donne des leçons si instructives & si saintes. Pensez, mes Freres, à ce que je dis à ce Novice, je vous parle à tous en sa personne, je me suis souvent expliqué sur cette matiere, mais je ne l'ay peutêtre jamais fait d'une maniere si précise. Je vous dis encore, vous avez promis la conversion de vos mœurs selon cette Regle, l'humilité est si essentielle à la conversion, que sans elle il n'y en a point qui soit sincere ; ce n'est point une humilité selon vôtre fantaisie, selon vôtre sens, ni selon l'idée que vous pourriez vous en faire ; mais c'est positivement celle que saint Benoist a enseignée, puisque vous avez protesté par des vœux solemnels que vous travailleriez à la conversion de vos mœurs selon les instructions de la Regle que vous avez embrassée ; il faut donc que vous toubiez dans l'infidelité ou dans le parjure, ou que vous travailliez à mettre en pratique cette humilité selon les degrez & les conditions dans lesquelles elle vous est proposée ; mais parce qu'il seroit trop long d'entrer dans le détail, je me reduis à quatre articles principaux, & je vous prie de faire reflexion dans le moment que je vous parle, si le sentiment de vôtre conscience vous dicte que vous vous en soyiez acquittez avec la fidelité que vous devez.

Le troisiéme degré de cette vertu exprimé dans la Regle, vous ordonne de vous soûmettre par le mouvement de l'amour que vous avez pour Dieu, & avec une humilité qui soit entiere & sans reserve à ceux qui ont autorité sur vous, *ut quis pro Dei amore omni obedientiâ se subdat majori*, en imitant Jesus-Christ qui a été obéissant jusqu'à la mort : *factus est obediens usque ad mortem.* Reg. S. Bened. c. 7. grad. 3.
Philipp. 1. 8.

Le quatriéme, (écoutez, mon Frere,) veut que dans toutes les contrarietez, les traittemens les plus durs & les plus injurieux qui pourront vous arriver de quelque côté qu'ils vous viennent, vous conferviez une patience & une paix conftante; *quibuſlibet irrogatis injuriis, tacitâ conſcientiâ patientiam amplectatur.*

<small>Ibid. grad. 4.</small>

Le ſixiéme ne vous impoſe pas une moindre obligation, puiſqu'il vous déclare qu'en quelque extrémité & quelque rabaiſſement qu'un Religieux puiſſe ſe trouver, il faut qu'il ſoit content & ſatisfait de ſon état, & qu'il ſe regarde comme un méchant ouvrier indigne qu'on ſe ſerve de luy, & qu'on l'applique à aucun ouvrage.

<small>Ibid. grad. 6.</small>

Le ſeptiéme, demande de luy une diſpoſition toute ſemblable, puiſqu'il veut qu'il s'eſtime, non point de bouche & de parole ſeulement, mais du fonds de ſon cœur, le plus vil & le plus mépriſable de tous les hommes. Voilà, mes Freres, ce que les gens du monde ne comprendront jamais; voilà ce que les Moines pour la plûpart ne ſçauroient comprendre non plus qu'eux: car où eſt-ce que ces pratiques, quelques neceſſaires qu'elles ſoient, ſont en uſage, ou plûtôt, où eſt-ce qu'elles ne ſont point ignorées? & Dieu veüille qu'elles ayent fait

<small>Ibid. grad. 7.</small>

sur vos cœurs des impressions vives & profondes, puisqu'étant essentielles à la conversion de vos ames, & renfermées dans les vœux que vous avez prononcez, il n'y a point de salut pour ceux qui ne les auront point religieusement observées, ou au moins employé tous leurs efforts pour les acquerir. C'est une chose surprenante, tout ce qu'il y a eu & qu'il y a encore de personnes qui professent la Regle de saint Benoist sont dans la même obligation: toutes les Congregations qui se sont formées sous cette Regle y sont soûmises, les unes comme les autres; & quoique l'Eglise comme une mere charitable, par la condescendance qu'elle a euë pour ses enfans, puisse ne pas exiger d'eux les mêmes austeritez, & qu'elle ait changé quelque chose dans les jeûnes, dans l'abstinence, dans les veilles & dans quelques autres exercices de pénitence exterieure: cependant elle n'a rien changé & ne changera jamais rien dans les pratiques de la pieté & dans les dispositions interieures, qui contribuënt à la conversion des cœurs & à la sanctification des ames; & tous les Religieux, soit dans les mitigations, soit dans les observances reformées, qui vivent sous cette Regle, ont une obligation égale d'embrasser l'humilité en la maniere qu'elle nous l'expose, & de la pratiquer dans toute son étenduë selon les occasions qui s'en présentent; & je ne puis comprendre que ceux qui sont dans l'oubli, dans l'ignorance & dans l'inobservation d'un devoir si essentiel, puissent avoir un moment d'un veritable repos.

Si vous entrez, mon Frere, dans toutes ces veritez, autant que j'ay sujet de le croire, vôtre sacrifice aura la perfection qu'il doit avoir, & vous verrez en vous l'accomplissement du souhait du Prophete, *holocaustum tuum* (Ps. 19. 4.) *pingue fiat* : que vôtre holocauste soit parfait, Dieu conservera une memoire éternelle de l'oblation que vous luy presentez, & confirmera toutes les esperances que vous avez conçûës, & les resolutions que vous avez prises, *memor sit omnis sacrificii tui, & om-* (Ibid. 4. & 5.) *ne consilium tuum confirmet* : c'est dans cette confiance & dans l'assurance que vous me donnez de la détermination & de la fermeté de vôtre cœur, que je donne les mains avec joie à la demande que vous nous avez faite, ne doutant point que Dieu, qui depuis si long-temps vous regarde des yeux de sa misericorde, ne reçoive vôtre engagement, & qu'il ne ratifie dans le Ciel l'action que vous êtes tout prêt de faire sur la terre.

CONFERENCE
POUR
LE XIV. DIMANCHE
APRE'S LA PENTECOSTE.

Nolite solliciti esse dicentes : Quid manducabimus, aut quid bibemus, aut quo operiemur ? *Matth. 6. 31.*

Ne vous mettez point en peine, & ne dites point ; Où trouverons-nous dequoy manger, & dequoy boire, ou dequoy nous vêtir.

IL n'y a, mes Freres, aucun point de la Regle, qui ne porte avec soy son instruction : mais celuy dont on nous vient de faire la lecture a beaucoup de rapport à l'Evangile de ce jour : *Ubi autem necessitas exposcit, nec supra scripta mensura inveniri possit, sed multò minus, aut ex toto nihil, benedicant Deum, qui ibi habitant,*

Reg. S. Bened. c. 40.

& non murmurent. Que si le Monastere étoit si pauvre, ou que l'on fût dans un païs où le vin fût si rare, que non seulement on ne pût pas fournir cette mesure que nous avons reglée, mais qu'il fallût se passer à beaucoup moins, ou même qu'il n'y en eût point du tout, il faut que ceux qui se trouvent en cet état en loüent Dieu, & qu'ils demeurent en paix, au lieu de murmurer & de s'en plaindre : saint Benoist declare, que si l'on ne peut donner aux Freres la mesure de vin qu'il leur a reglée, que l'on soit contraint de la diminuër notablement, ou même que l'on soit dans l'impuissance d'en trouver, il faut qu'ils benissent Dieu qui est au milieu d'eux, & qui ne peut ignorer leurs besoins, & qu'ils se preservent de tout murmure, *benedicant Deum qui ibi habitant, & non murmurent.*

Vous jugez bien, mes Freres, que ce que saint Benoist nous a dit sur le sujet du vin, il l'a pensé sur toutes les autres necessitez dans lesquelles ses Disciples peuvent se rencontrer, & que son intention a été de leur faire connoître qu'ils doivent en toutes choses accepter les ordres de sa divine Providence, & qu'il ne faut pas en quelque necessité qu'ils se trouvent, ou qu'il échappe rien à leur bouche ni à leur cœur, qui s'éloigne le moins du monde de cette parfaite soûmission qui luy est düe.

La situation presente d'un grand nombre de Communautez Religieuses est bien contraire à ce précepte; & si l'on entroit dans le détail de ce qui s'y passe aujourd'hui, on n'y verroit non plus des traces ni des vestiges, que si les Religieux avoient droit d'exiger de Dieu les choses qui leur manquent, & qu'il fût obligé de les leur donner. On n'y apperçoit dans les moindres besoins, qu'impatiences, que plaintes, que murmures : il se peut dire que ces lieux saints où toutes les volontez de Dieu devroient être adorées, où l'on en devroit observer jusqu'aux moindres mouvemens, sont ceux où elles sont moins reconnuës, & il arrive que des Moines qui ne devroient plus vivre que pour Dieu, par son Esprit, & dans la dependance, sont presque toûjours sur le point de s'élever contre luy & de s'en plaindre, lorsqu'ils n'ont pas les choses dans le temps, dans la qualité & dans l'abondance qu'ils le desirent. Enfin le Cloître qui étoit autrefois le Temple de la paix & la demeure de Dieu, est presentement le sejour du chagrin, du mécontentement & du murmure; & les Superieurs par tous leurs soins, & par toute leur application, ne peuvent ni prevenir l'immortification, ni contenter la mauvaise humeur de leurs freres.

Mais afin que vous ayez tout l'éloignement necessaire de cet état de mort, & que vous soyez incapables d'y tomber jamais, il faut que vous sçachiez, mes Freres, qu'il n'y a rien de plus contraire que ce dereglement, à la soûmission que vous devez à la parole de Jesus-Christ & à l'exemple qu'il vous a donné, aussi bien qu'à la Regle que vous avez professée.

Premierement, pouvez-vous témoigner une resistance plus ouverte au commandement que Jesus-Christ vous a fait par ces paroles, *nolite solliciti esse dicentes: quid manducabimus, aut quid bibemus, aut quo operiemur, hæc enim omnia gentes inquirunt; scit enim pater vester quia his omnibus indigetis.* Jesus-Christ deffend à ses disciples, & à vous plus

Matth. 6. 31. & 32

particulierement qu'aux autres, comme étant obligez par vôtre profession de vivre dans un plus grand abandonnement de vous-mêmes, de se mettre en peine du boire & du manger, & non seulement vous auriez de l'inquietude, mais vous vous laisseriez emporter au murmure, c'est à dire vous vous revolteriez contre sa Providence, & vous formeriez des plaintes contre cette sagesse infinie, lorsque vous manqueriez des choses qui vous paroîtroient necessaires; puisque vous ne sçauriez douter que la necessité dans laquelle vous étes ne luy soit connuë, car JESUS-CHRIST vous

Ibid. 32. dit *scit enim pater vester quia his omnibus indigetis*, vôtre pere voit vos besoins, il luy donne le nom de pere à vôtre égard, afin de vous avertir de la confiance que vous devez avoir en sa bonté; il ajoute pour exciter cette confiance, qu'il a soin des oiseaux du Ciel, qui ne luy sont ni si chers, ni si

Ibid. 26. precieux que vous luy pouvez être *Pater vester celestis pascit illa.*

Seroit-ce, dis-je, une chose suportable (aprés toutes ces declarations que JESUS-CHRIST n'a faites que pour arrêter les dereglemens de vôtre cœur, & pour empêcher que vôtre passion ne vous aveuglât) que vous ne voulussiez pas vous appercevoir des raisons qui vous portent à luy abandonner le soin de tout ce qui vous touche?

Dieu n'ignore pas vos besoins, mais s'il ne luy plaît pas d'y remedier, pouvez-vous sans une veritable rebellion vous plaindre de luy, ou de ceux qui vous tiennent sa place; il veut que vous enduriez le froid, la faim, & la soif, pour vous punir de quantité d'excez que vous avez commis, par vôtre sensualité, vôtre mollesse & vôtre intemperance; il veut que vous ressentiez ces incommoditez, il vous les impose comme une penitence salutaire, pour l'expiation de tant de pechez dont vous êtes redevables à sa justice. pour en prevenir d'autres, que vous n'éviteriez peut-être pas, s'il permettoit que vous eussiez cette abondance, ce rafraichissement, ou ces commoditez que vous desirez avec tant d'ardeur; & au lieu d'adorer sa conduite, de vous y soûmettre, & de respecter cette ordonnance de Jesus-Christ si expresse & si positive, *nolite solliciti* Matth. 6. *esse*, vous cedez à la passion qui vous 31.

presse, au prejudice de l'obeïssance que vous luy devez.

Ne sçavez vous pas, mes Freres, que ces necessitez exterieures ne sont rien, qu'elles ne meritent pas la peine qu'elles vous causent ; ne sçavez vous pas que le pain n'est pas la seule nourriture de celuy qui appartient à Dieu, mais que c'est sa parole, sa verité, sa loy sainte qui le nourrit, qui le soûtient & qui luy conserve la vie. Jesus-Christ vous l'apprend quand il vous dit ; *non in solo pane vivit homo, sed in omni verbo quod procedit de ore Dei*, & comme si sa parole étoit une fable, vous murmurez s'il arrive que ce pain vous manque, j'entends par ce terme de pain, tous vos besoins exterieurs.

Matth. 4. 4.

Je demande à ce Religieux ce qu'il pretend par une disposition si injuste & si temeraire ; s'il croit que ces paroles soient sorties de la verité éternelle, pourquoy ne s'y soûmet-il pas, & où est son obeïssance ? s'il ne le croit pas où est sa Religion & il faut que cet insensé se persuade que Jesus-Christ luy dira un jour, lorsqu'il jugera sa desobeïssance, ce que nous lisons dans le Prophete, un fils honore son pere, & le serviteur son maître, que si je vous ay tenu lieu de Pere, où est le respect que vous avez dû me rendre, que si vous m'avez consideré comme vôtre Seigneur & vôtre maître, où est cette crainte que vous avez eu de m'offenser, & de me deplaire? *Filius honorat Patrem, & servus Dominum suum, si ergo Pater ego sum, ubi est honor meus? & si dominus ego sum, ubi est timor meus?* Enfin, mes Freres, il faut que le Religieux qui tombe dans le murmure demeure d'accord qu'il manque de faire ce qui luy est ordonné par la parole de JESUS-CHRIST, qu'il la méprise, & qu'il témoigne par sa conduite qu'il n'en fait aucun cas.

Malach. 1.6.

Il est évident qu'il ne combat pas moins l'exemple de JESUS-CHRIST que ses instructions, & qu'il n'est pas plus touché de ses actions que de sa parole, car que remarquons nous davantage dans l'exemple de cet homme-Dieu, si non qu'il s'abandonne en toutes choses, en tout temps, & sans reserve dans la main de son Pere & qu'il luy laisse entierement la disposition de tout ce qui le regarde?

Avant de commencer ce grand œuvre, qui a été le sujet de sa mission sur la terre, il entre dans le desert, y étant emporté par l'esprit saint, il y passe quarante jours dans une abstinence incomprehensible, destitué des choses dont on auroit crû qu'il n'auroit pû se passer sans mourir : ce delaissement si extréme, fait que le Démon a la hardiesse de le tenter, mais bien loin que cet état fit sur cette ame toute sainte, nulle impression fâcheuse, il témoigne au contraire dans quels sentimens il accepte cette extremité, par cette réponse si admirable, & si instructive, *non in solo pane vivit homo, sed in omni verbo quod procedit de ore Dei*: par laquelle il nous apprend que c'est sa parole qui est le principe de la vie d'un Chrétien, confirmant ce qu'il avoit dit autrefois par la bouche du Sage, *quoniam non nativitatis fructus pascunt homines, sed sermo tuus hos qui in te crediderint, conservat.* Ce ne sont pas les fruits de la terre, Seigneur, qui nourrissent les hommes, mais c'est vôtre parole qui conserve ceux qui mettent en vous leur confiance; c'est à dire qu'il n'y a pas de rencontre où nous ne devions avoir sa volonté devant les yeux, & que c'est en elle que nous trouvons

Matth. 4. 6.

Sap. 16. 26.

toute nôtre force & toute nôtre consolation.

Jesus-Christ se voir dans la solitude chargé de cinq mille personnes qui l'y avoient suivi, n'ayant rien de quoy les secourir en suite d'un jeûne de trois journées, voyez-vous, mes Freres, qu'il s'inquiete de la necessité qui le presse ? voyez-vous en luy ny impatience, ny agitation, ny mouvement extraordinaire ? il demeure dans la paix, il se contente de lever les yeux, & les mains vers le Ciel *respexit in cœlum, & benedixit illis*, il fait voir dans cette action qu'il n'a que Dieu en vûë, & que c'est en luy seul qu'il a établi toute son esperance. *Luc. 16.*

On sçait, aprés le témoignage qu'il en a rendu luy-même, dans quelle privation, & dans quelle indigence il a vécu, & il ne pouvoit pas nous donner une plus grande idée de la pauvreté qu'il avoit pratiquée, qu'en nous disant que la divine Providence luy avoit refusé les assistances, qu'elle accorde aux oyseaux du Ciel & aux bêtes de la terre, *vulpes foveas habent, & volucres Cœli nidos, Filius autem hominis non habet ubi caput reclinet.* *Luc. 9. 58.*

Cependant qui est-ce qui a jamais ouy

sortir de sa bouche une parole, je ne dis pas de plainte, de murmure, ou d'impatience, mais qui n'ait été une marque évidente de la soûmission avec laquelle il recevoit tous ses ordres, qu'il les adoroit, & qu'il les regardoit comme l'unique regle de toute sa conduite: voila ce que Jesus-Christ vous a enseigné par son exemple, voila l'instruction qu'il vous a donnée; jugez, mes Freres, s'il y a rien par où un Religieux puisse s'en éloigner davantage, se la rendre plus inutile, & se priver avec plus de certitude & plus de malediction tout ensemble, du fruit & des effets qu'il en devroit retirer.

Je vous ay dit en troisiéme lieu, mes Freres, que le murmure étoit contraire à l'obligation que vous avez contractée par vos vœux, & c'est de quoi il ne vous est pas possible de douter; car outre que vôtre Regle vous deffend le murmure en tant d'endroits & principalement dans le Chapitre 34. *ante omnia ne murmurationis malum pro qualicumque causa, in aliquo qualicumque verbo, vel significatione appareat*; elle vous ordonne de renoncer à toutes vos volontez, elle ne vous laisse aucune authorité, sur vôtre personne, ny pour vôtre corps, ny pour vôtre ame, *quibus nec corpora sua, nec voluntates licet habere in propria potestate.* Enfin elle veut, dans les commandemens même impossibles, que vous conserviez la charité & la soûmission; ainsi, quelle raison pourriez-vous avoir de vous plaindre, si vous n'étes plus à vous même ? quelle injustice peut-on vous faire, que peut-il vous arriver dont vous ayez un sujet legitime de concevoir du chagrin ou de former le moindre murmure ? vous vous étes donnez, vous vous étes mis sur l'Autel comme une hostie, par le vœu de vôtre profession, vous vous étes offert à Dieu en sacrifice, toutes les disgraces, les afflictions, les souffrances, & les maux sont comme le feu & le brasier par lequel la victime doit être consommée, & lorsque vous vous plaignez de ces sortes d'évenemens, n'est-ce pas retracter l'action que vous avez faite, reprendre à Dieu ce que vous luy avez abandonné ? n'est-ce pas retirer l'offrande que vous luy avez consacrée ? vous avez commencé vôtre sacrifice au moment de vôtre engagement, par ce

Reg. S. Bened. 64. 33.

Reg. S. Bened. c. 68.

renoncement si solemnel que vous avez fait de tous les biens de la terre, par cette privation si generalle, dans laquelle vous étes entrez par une disposition toute libre, & toute volontaire, & ce sacrifice s'acheve, & se consomme par toutes les contradictions, les travaux les peines, & les difficultez differentes, qui peuvent se rencontrer dans le reste de vôtre course; & c'est commettre un crime digne des châtimens les plus rigoureux, que de les recevoir malgré soy, avec chagrin & avec murmure, au lieu de les supporter avec paix & avec patience.

Enfin, mes Freres, par combien de raisons saintes & solides, devez-vous recevoir avec benediction, tout ce qui vous peut arriver de sensible & de plus rude dans l'état où vous étes ? vous voyez l'obligation que vous avez de conserver la paix ; dans quelque extremité que vous puissiez vous trouver, vôtre sort & vôtre partage est d'imiter Jesus-Christ, qui n'a jamais ouvert la bouche pour se plaindre dans les traitemens si injurieux, & si cruels que la fureur de ses

Esai. 53. 7. ennemis luy a fait endurer *quasi agnus coram tondente se, obmutescet, & non*

aperiet os suum, vous étes Chrêtiens; disons davantage vous étes Moines, & vous auriez assez d'infidelité, pour regarder avec murmure, & avec opposition, ces maux si legers, par lesquels Dieu veut exercer vôtre foy. Vous ne seriez ni l'un, ni l'autre; un Chrêtien execute les ordres de Jesus-Christ comme son disciple, un Moine retrace ses souffrances comme son Martyr; & cependant vous ne voudriez ni obeïr, ni souffrir; ainsi au lieu de vous rendre dignes des recompenses qu'il a destinées à ceux qui s'acquittent saintement de cette double vocation, vous vous attireriez les peines & les punitions qu'il a préparées pour ceux qui en violent les loix & les engagemens.

CONFERENCE POUR LE XV. DIMANCHE APRE'S LA PENTECOSTE, A LA VESTURE D'UN CONVERS, SUR SA DEMANDE.

Vir obediens loquetur victorias. Prov. 21. 29.

L'Homme obeïssant ne parlera que de victoires.

MON Frere, ce que vous demandez à Dieu, sous ce terme de misericorde, & que vous pretendez en recevoir par nôtre ministere, est précisément ce que l'état Monastique a de plus excellent, de plus parfait & de plus saint: vos pretentions sont grandes & elles vont loin, & je doute que vous vous les soyez imaginées telles qu'elles sont; je ne vous dis pourtant rien qui ne soit veritable, car puisque l'obeïssance fait toute la valeur, toute la dignité, & tout le merite de cette profession si sainte, & que l'engagement & le vœu d'un Convers, n'est rien que de se soûmettre & d'obeïr; il est constant que la condition de laquelle vous voulez que nous vous ouvrions les portes, est au pied de la lettre la perfection de la vie religieuse.

Mais afin de vous faire toucher au doigt cette verité & de vous la rendre toute claire, & toute évidente, je vous diray, mon Frere, que les vertus qui se pratiquent dans cet état, les differens exercices de pieté & de penitence qui s'y observent, ne trouvent d'agréement devant Dieu que celuy que l'obeïssance leur donne, & non seulement toutes ces actions, quelques bonnes qu'elles paroissent à nos yeux, n'en seroient pas reçûës; mais il est vray de dire qu'elles luy déplairoient, qu'elles en seroient rejettées, & qu'il les regarderoit comme des marques de presomption, & comme des effets d'un mauvais zele: car tout ce que fait un Religieux, tout ce qu'il entreprend sans la permission de celuy qui a l'authorité de Dieu, sera consideré comme une action temeraire, & presomptueuse, *quod sine permissione patris spiritalis fit, præsumptioni deputabitur & vanæ gloriæ, non mercedi.*

Reg. S. Bened. c. 69.

Il faut en effet, mon Frere, que le merite de l'obeïssance soit grand, puisque le S. Esprit nous declare par le Sage, que l'homme obeïssant ne fera que gagner des batailles & remporter des victoires, *vir obediens loquetur victorias*; toute sa vie à le bien prendre n'est qu'un triomphe continuel, & le fidelle obeïssant terrasse ses ennemis tout d'un coup, & les abbat sous ses pieds.

Prov. 21. 29.

Il n'est pas dit, l'homme chaste sera toûjours victorieux, parce que souvent il surmonte le vice contraire à la continence, & qu'il ne laisse pas d'être vaincu par un autre, comme vous le voyez dans ces vierges payennes, nommées Vestales, qui reprimoient les voluptez impudiques, & qui cependant étoient esclaves de la vanité & de la gloire du monde, il n'est point dit de l'homme pauvre, prenant précisément la pauvreté, pour le mépris de de l'or & de l'argent, *qu'il ne parlera que de victoires*, parce qu'il peut s'être affranchi de l'avarice & de l'amour des richesses, & neanmoins il sera possedé par une autre passion, semblable à Diogene, qui ayant foulé aux pieds tous les biens de la terre, & ne regardant la pourpre des Empereurs que comme les haillons, avoit le cœur tout rempli d'orgüeil, & du desir de se faire dans le monde une reputation éclatante: il n'est pas dit d'un homme abstinent, que sa vie ne sera qu'un continuel triomphe, parce qu'il se peut faire, qu'il se privera du plaisir qu'il y a dans le boire & dans le manger, & qu'il y en aura d'autres ausquels il sera livré, comme on le remarque dans ce philosophe si fameux, & dans tous ses sectateurs, qui ne vivoient que d'herbes & de legumes, & qui cependant faisoient servir cette vie si austere à leur vanité, & brûloient d'envie d'être estimées des hommes, & de s'acquerir un nom & une memoire immortelle.

Il n'y a donc que l'obeïssance qui soit toûjours victorieuse, *vir obediens loquetur victorias*, c'est un privilege, ou plûtôt une puissance attachée à cette vertu toute Divine, elle rend invincibles ceux qui l'ont acquise, & qui la conservent; & le veritable obeïssant peut dire dans une parfaite confiance, comme le Prophete, quand je serois attaqué par des armées entieres mon ame n'en sera point ébranlée, *si consistant adversum me castra, non timebit cor meum.*

Pf. 26. 3.

Je m'assure, mes Freres, que vous avez envie de sçavoir ce qui fait que l'obeïssance a cet avantage au dessus des autres vertus; & pour vous satisfaire je vous diray, qu'il n'y a rien qui puisse nous nuire, qu'il n'y a point de passions qui puissent nous faire le moindre mal, si nôtre volonté n'est d'intelligence avec elle, & tout l'enfer conspireroit inutilement contre nous si nôtre volonté n'entre dans la conspiration : je parle à vous tous tant que vous étes qui m'écoutez, *non habet unde tibi noceat*, dit S. Augustin, *nisi ex te*; ainsi le moyen d'empêcher que nos ennemis ne nous attaquent avec avantage, & avec succez, c'est de faire en sorte que nôtre volonté ne soit pas de la partie, & qu'elle ne consente pas à leurs desseins; or c'est un bien que l'obeïssance nous donne, c'est un secours que nous recevons d'elle, & que nous ne pouvons attendre des autres vertus, parce qu'elle assujettit nôtre volonté propre, parce qu'elle la détruit, & qu'ôtant ainsi à nos passions, à nos cupiditez, aux Démons, enfin à tous les ennemis differens qui nous font la guerre, ce secours, sans lequel ils ne sçauroient nous faire la moindre blesseure, elle les desarme, à proprement parler, elle nous établit dans une sureté constante, & fait qu'ils ne nous attaquent jamais que pour nôtre gloire, comme à leur honte & à leur confusion ; ainsi il est vray dans ce sens que l'obeïssant chante incessamment des victoires. *Vir obediens loquetur victorias.*

Un homme chaste resiste à une tentation, un temperant tout de même, un homme paisible, un homme juste, un homme courageux, mais sa volonté subsiste toûjours, & il se peut faire qu'elle les porte les uns & les autres, par une inclination naturelle, à ces actions de vertu, & qu'ils ayent des motifs & des raisons toutes humaines, pour ne se point laisser aller à des excez qui ont d'eux-mêmes une laideur & une difformité rebutante, & s'ils agissent en cela par l'impulsion de leur volonté propre, elle se fortifie par l'action & par l'exercice, ils font ce qu'ils veulent, & ce qui leur plaît, & leur volonté est toûjours la maîtresse.

Il n'en est pas de même d'un homme obeïssant, il immole sa volonté par l'obéïssance, il la sacrifie, il l'aneantit, elle n'est plus à luy, depuis qu'il est obeïssant ; il est en toutes choses dans une disposition passive, comme un instrument dans la main de l'artisan, qui l'applique, qui le remuë, & qui en fait tout ce qu'il veut, il s'est arraché, pour ainsi dire, à luy-même, & se mettant dans la dépendance de celuy qui est établi de Dieu pour le conduire, il a égorgé tout à la fois toutes les passions, & il n'y en a point desormais, quelque cruelle, quelqu'opiniâtre qu'elle soit, qu'il ne surmonte, ainsi tous ces ennemis n'ont plus de prise sur luy, & toute sa vie n'est qu'une suite de triomphes, & de victoires, *vir obediens loquetur victorias.*

Cette violence, cette destruction volontaire éleve un Religieux à un si haut degré de perfection, & elle le rend tellement superieur à tout ce qui pourroit être capable de luy nuire qu'il peut dire avec Jesus-Christ, si le Prince du monde venoit pour m'attaquer, armé de tous ses efforts & de tous ses artifices, il ne trouvera rien en moy qui puisse luy donner le moindre avantage? *venit enim Principes mundi hujus, & in me non habet quidquam*, parce que je n'ay plus de volonté, il n'y a plus rien en moy qui soit à moy, ni qui m'appartienne, je l'ay donnée toute entiere à Jesus-Christ, c'est luy qui me remplit & me possede, c'est luy qui est chargé de me proteger, de me soûtenir & de me deffendre.

Ioan. 14. 30.

Ne pensez donc pas, mes Freres, que vous plaisiez à Dieu, parce que vous êtes continens; Abraham avoit une femme, & n'a pas laissé d'entrer dans ses secrets, & de meriter sa confiance: ne pensez pas que ce soit par vôtre pauvreté, Job étoit le plus riche de tous les Princes d'Orient, cependant il a marché devant Dieu, d'une maniere irreprehensible: ne pensez pas que ce soit par ce silence que vous observez avec tant de rigueur,

Moyse vivoit dans le commerce du monde, & neanmoins c'est celuy que Dieu a le plus favorisé & le plus cheri de tous ses serviteurs: ne vous figurez pas que ce soit par cette exacte solitude dans laquelle vous passez vos jours, les Prophétes ont été remplis de l'Esprit de Dieu, quoy qu'ils ayent conversé parmi les hommes. Il est vray que toutes ces pratiques sont trés-saintes & trés-necessaires, elles sont commandées, elles sont essentielles à nôtre état, & vous ne pouvez vous en dispenser sans prevarication, sans parjure, & sans encourir pour jamais l'indignation de Dieu; cependant elles ne vous sçauroient être utiles, & vous n'en tirerez aucun avantage, si elles ne sont apuiées sur l'obeïssance, comme sur leur fondement; c'est elle, je vous le repete encore, qui en est l'ame, l'esprit, & la vie.

Vous étes disciples de JESUS-CHRIST, mes Freres, ses voyes doivent être les vôtres; c'est à vous à qui il crie, *ego sum via*, il marche devant vous en qualité de maître & de guide, il vous trace le chemin afin que vous le suiviez: & comme il

Ioan. 14. 6.

a sanctifié son corps mortel, & qu'il la placé à la droite de son Pere par son obeïssance, *factus obediens usque ad mortem, mortem autem crucis, propter quod & Deus exaltavit illum*, il faut aussi que ce soit vôtre obeïssance, qui vous rende participans du bonheur qu'il vous prepare, & il faut que ce soit par le sacrifice de vôtre volonté, que vous meritiez que sa gloire vous soit communiquée.

Philip. 2; 9.

Si les Moines entroient dans ce sentiment autant qu'ils le doivent, si leur cœur en étoit penetré, s'ils se proposoient, comme ils y sont obligez, d'exprimer cette grande verité dans la conduite de leur vie, ils regarderoient leur propre volonté comme le plus cruel de leurs ennemis, ils éviteroient toutes les occasions de la faire, comme des pieges & des appas de mort, & toute leur joye seroit de renoncer à eux-mêmes, de se soûmettre à l'envi les uns aux autres, les jeunes aux anciens, les anciens aux jeunes, & tous à celuy qui est à leur tête pour les diriger & pour les conduire; comme ils feroient sa volonté, & qu'il n'y auroit plus de principe de division, ils feroient un en toutes choses, ils n'auroient qu'un esprit, qu'un cœur, qu'un desir; la volonté de JESUS-CHRIST, à laquelle ils seroient parfaitement attachez, les uniroit par les liens d'une charité inviolable, & ils joüiroient tous ensemble d'un repos & d'une paix qui ne seroit jamais interrompuë; cela s'appelle trouver sur la terre la sainteté, & la beatitude du Ciel: car ceux qui sont dans le Ciel, ne sont & saints & heureux, que parce que c'est la volonté de Dieu toute seule qui y regne.

Enfin, mon Frere, je reviens à vous; en voila trop pour vous donner le desir d'obeir toute votre vie, & pour faire que vous regardiez l'obeïssance comme un bonheur dont vous n'êtes pas digne; mais il faut que vous sçachiez de quelle maniere vous devez pratiquer cette obeïssance, c'est ce que je vous diray en peu de paroles, & que je reduiray en trois points fort courts, & précis.

Le premier, c'est de regarder les ordres de vôtre Superieur comme ceux de JESUS-CHRIST, & d'executer tout ce qui vous sera commandé de sa part, comme si ce divin maître vous

vous le commandoit luy-même, *ac si divinitus imperetur*; c'est ce que S. Benoist vous exprime à la lettre par ces paroles.

Reg. S. Bened. ca 5.

Le Second, c'est d'avoir pour tous vos Freres une deference semblable, & d'embrasser avec empressement tout ce qui vous paroîtra qu'ils desirent de vous: c'est ce que S. Benoist veut & ordonne, lorsqu'il dit que ce n'est point seulement à l'Abbé, qu'on doit rendre l'obeissance, mais que tous les Freres doivent s'obeir les uns aux autres, sçachant que c'est cette voye qui les conduira dans le Royaume: *sciant per hanc viam ad Deum ituros.*

Reg. S. Bened. ca 71.

Le troisiéme, est de ne pas vous proposer moins pour le prix de vôtre obeissance, que la possession de Dieu même; & d'agir en tout dans cette vûë & dans cet amour: cela veut dire, mon Frere, qu'il faut obeir avec simplicité, sans raisonnement & sans discussion, puisque vôtre Regle veut que vous obeissiez à vôtre Superieur comme à Dieu même, & que vous n'auriez pas la temerité d'examiner un commandement qui sortiroit de sa bouche. Je puis ajoûter à cela, mon

Frere, que vous n'aurez jamais ni sujet, ni occasion legitime de contester contre vos Freres, si vous étes fidelle observateur de vôtre Regle, puisqu'elle vous ordonne d'avoir pour eux une deference constante, & qu'elle vous declare pour vous y obliger, que cette conduite vous rendra éternellement heureux. En un mot tout cela vous apprend que c'est l'amour de Dieu qui doit être le seul & veritable motif de l'obeissance ; *Obedientia est virtus qua homo homini subditur propter Deum.* Que c'est luy que l'on doit avoir incessamment devant les yeux, que c'est pour luy, pour le meriter, & pour le posseder, que l'on se depoüille de sa liberté par un assujettissement volontaire, & qu'on prefere à toutes choses la gloire de se soûmettre, & d'obeir.

S. Thomas

II. CONFERENCE POUR LE XV. DIMANCHE APRE'S LA PENTECOSTE.

A LA VESTURE D'UN NOVICE.

Beatus homo qui semper est pavidus. Prov. 28. 14.

Heureux l'homme qui est toûjours dans la crainte.

MON Frere, c'est beaucoup de quitter le monde, & de choisir pour vôtre retraite un lieu dans lequel vous trouvez les moyens de servir Dieu & de vous sanctifier; mais ce n'est pas tout, il faut craindre & travailler tout ensemble: je dis qu'il faut craindre, parce que pendant que l'on vit ici bas, on y est environné d'ennemis, & que dans quelque situation que l'on puisse se mettre, on y rencontre des perils sans nombre & sans fin; *Beatus homo qui semper est pavidus*: je dis qu'il faut travailler, parce qu'à moins de se rendre superieur à tous ces obstacles, & de surmonter ces difficultez, on fait naufrage dans le port comme en pleine mer, & que le lieu que l'on avoit pris & consideré comme un refuge asseuré, c'est celuy-là même dans lequel l'on trouve son malheur & sa perte.

Ce qui fait que l'on est si souvent trompé dans ces esperances, & qu'un Religieux rencontre dans la solitude quelque chose de si contraire à ce qu'il s'y étoit proposé, c'est qu'il ne garde pas à Dieu la fidelité qui luy est dûë, c'est qu'il se tire de son Ordre & de sa main, & qu'il manque à s'acquitter des obligations qu'il a contractées : ainsi ne croïez pas, mon Frere, que pour être à la Trappe couvert d'un sac & d'un habit de penitence, vous ayez tout fait, & qu'il n'en faille pas davantage pour vous rendre éternellement heureux.

L'Ange rebelle est tombé dans la gloire du Ciel & dans la splendeur des Saints, soit que son malheur luy vint de ce qu'il ne put souffrir le rehaussement de la nature humaine par l'Incarnation du Fils de Dieu, & que l'envie qu'il en conçut l'emportat dans la revolte & dans le murmure : soit que se voïant élevé au dessus des autres Anges par les dons de grace & de nature qu'il avoit reçûs de la bonté de son Createur, il voulut audacieusement usurper sur eux un empire & une domination qui ne luy appartenoit pas. L'homme dans le Paradis terrestre en la presence de Dieu, rempli de l'Esprit saint, fit cette chûte si funeste, dont nous sentons dans tous les momens les suites malheureuses. Judas dans la compagnie de JESUS-CHRIST & de ses saints Apôtres devint un traître & un apostat, & commit la plus noire & la plus énorme de toutes les perfidies, succombant à son avarice, quoique JESUS-CHRIST l'enseignât rien davantage que la pauvreté & le mépris de tous les biens de la terre par sa parole & par toute sa conduite ; & pour nous servir d'un exemple que nous pouvons appeller domestique, vous sçavez que dans Clairvaux, cette Maison si sainte & si aimée de Dieu, un Religieux dépositaire des secrets de saint Bernard & de ses sentimens, par la plume de qui passoient tant d'instructions divines, fut tellement infidele à son Superieur, à son Pere & à son Maître, j'entens saint Bernard, qu'il décria sa personne, déchira sa reputation par des calomnies & des suppositions atroces, & finit ses jours dans une apostasie malheureuse, n'ayant tiré aucun avantage du bonheur qu'il avoit eu d'être dans la confiance de ce grand Saint.

Cela vous fait voir, mon Frere, qu'il n'y a point de vertu qui subsiste, point de fermeté qui soit constante, point de pénitence qui nous sanctifie, point de chasteté qui nous met à couvert, si nous ne nous attachons à Dieu, si nous ne nous rendons dignes d'en recevoir la protection, qui nous est si necessaire : si nous ne nous tenons, pour ainsi dire, auprés de la source pour y boire, & pour nous remplir de ces eaux vives qui donnent & qui conservent la santé, la force & la vie : *Fons aquæ salientis in vitam æternam.*

Joan. 4. 14.

Aprés tous ces exemples si déplorables, mon Frere, pourriez-vous

vous promettre quelque assurance dans cette Maison ? pourriez-vous vous imaginer que ce fût assez d'y être, & de vous trouver parmi des gens qui font profession de servir Dieu, pour être à l'abri de tous les maux differens que vous avez prétendu éviter en renonçant au monde ? pourriez-vous croire que ce fût assez d'avoir quantité de Reglemens, de loix & de Constitutions ? ce seroit vous tromper, si vous en demeuriez-là : ce qui est arrivé à tant d'autres vous regarde : vous étes menacé des mêmes malheurs, vous en portez dans vous-même le fond, la racine & le principe : ainsi j'ay raison de vous avertir de faire vôtre salut dans le tremblement & dans la crainte selon la parole du saint Esprit, *cum metu & tremore salutem vestram operamini*, & de travailler en sorte que vôtre vocation ait tout le succés & toute la benediction que vous en avez esperée. Quelle infortune & quel malheur, mes Freres, je vous parle à tous, de faire inutilement de si grands pas, de quitter la terre sans trouver le Ciel, & de perdre & le monde & Dieu tout ensemble.

Philip. 2. 11.

II. CONFERENCE

Vous attendez sans doute que je vous dise, mon Frere, ce qu'il faut que vous fassiez pour ne pas vous mécompter dans vôtre dessein, & pour ne pas prendre des mesures fausses dans une matiere si importante, ce ne sera pas moy, ce sera saint Benoist qui vous l'apprendra luy-même.

Aprés vous avoir exhorté ou plûtôt vous avoir ordonné de la part de Dieu, à vous & à tous ceux qui ont embrassé, & qui embrasseront sa Regle, d'accomplir les préceptes & les instructions qu'elle contient : *Aus-* *culta, ô Fili, præcepta magistri, & admonitiones pii Patris libenter excipe & efficaciter comple :* il vous declare quelles sont ces instructions par ces paroles suivantes : *ut ad eum per obedientiæ laborem redeas, à quo per inobedientiæ desidiam recesseras,* il vous commande de revenir à Dieu par les combats & les travaux de l'obeïssance, aprés vous en être separé par la lâcheté de la desobeïssance : voila en abregé à quoi se reduisent toutes les loix & les Ordonnances qu'il vous a préscrites.

Sçachez, mon Frere, que toutes les volontez de Dieu, ne vont qu'à mettre

Proleg.
Reg. S.
Bened.

Ibid.

la nôtre dans l'assujettissement & dans la dépendance: Dieu n'a desiré qu'une chose de l'homme juste, afin qu'il pût se maintenir dans l'innocence, il n'en demande qu'une à l'homme pecheur s'il veut recouvrer la sainteté qu'il a perduë, c'est d'obeir & de se soûmettre. L'homme, dit saint Augustin, pendant qu'il a eu la santé n'a pas écouté l'ordre de son medecin, qui l'eût empéché de tomber s'il l'eût executé: qu'il l'écoute donc au moins à present qu'il est malade pour recouvrer la santé qu'il a perduë: *Non audivit sanus medici præceptum ut non caderet, audiat vel ægrotus ut surgat.* C'est cela même qui forme tout l'état que vous voulez embrasser, & c'est en cela que consistent toutes les obligations & les devoirs d'une profession si sainte; & afin que vous puissiez vous en acquiter avec plus de facilité & de perfection, Dieu vous separe des hommes, de crainte que la contagion du commerce que vous auriez avec eux, ne corrompe la pureté de vôtre cœur, que leur mauvais exemple ne vous empéche de devenir un parfait obeissant; & afin que nulle raison, nulle consideration, nul motif ne vous re-

Aug. in Ps. 40.

tire de cette soûmiſſion, vous rompez par vôtre vœu & par vôtre engagement avec toutes les choſes ſenſibles & periſſables, & cette liberté que vous acquerez vous met en état de diſpoſer de vous-même, & de vous attacher uniquement à luy : comme vous étes ſans liens & ſans affections, il n'y a rien qui luy puiſſe diſputer dans vôtre ame la place qu'il y doit avoir, il s'en rend le maître abſolu, il l'inſpire, il la meut, il la dirige, elle ne fait rien qu'obeir & ſe laiſſer conduire ; & c'eſt par ce moyen qu'elle reprend ſa premiere juſtice, ſon premier rang & ſa premiere excellence : c'eſt ce que fait l'obeiſſance, c'eſt ce qu'elle produit, c'eſt ce qu'elle opere : ce retour eſt purement d'elle, il n'y a point d'égarement quelque grand qu'il ſoit, dont on ne revienne auprés de Dieu, pourvû que l'on prenne la voie de l'obeiſſance : donc comme vous n'avez point d'autre obligation que celle d'obeir, que c'eſt à quoy aboutiſſent tous vos travaux, vos exercices, & vos regularitez, il eſt important que vous en connoiſſiez l'étenduë. Car comment vous acquitteriez-vous d'un devoir que vous ignoreriez ? cette obeïssance si prescrite & si necessaire se rend à Dieu, qui en est l'objet, le principe & la fin : mais elle a trois branches principales, selon la distribution que saint Benoist nous en a faite, sçavoir vôtre Regle, vôtre Superieur & vos Freres.

Vous obeïssez à Dieu en obeïssant à vôtre Regle, parce que vôtre Regle ne renferme que ses préceptes & ses conseils ; elle ne vous oblige à rien qu'à pratiquer les veritez qu'il a prêchées & qu'il a pratiquées luy-même, qu'à imiter toutes les actions qu'il a faites & qu'il nous a proposées pour la conduite & la direction de nos mœurs ; qu'à être pauvre comme luy, chaste comme luy, obeïssant comme luy, souffrant comme luy ; c'est ce que vous verrez dans le Chapitre de l'obeïssance, & dans ces différens degrez de l'humilité, qui ne sont rien que des retracemens & des expressions fidéles de cet aneantissement profond, dans lequel il a voulu passer & finir le cours de sa vie.

Vous obeïrez à Dieu en obeïssant à vôtre Superieur, parce qu'il vous tient sa place, qu'il vous conduit en son nom, & qu'il n'est établi sur vos têtes, selon ces paroles du Saint Esprit : *Imposuisti homines super capita nostra*, qu'afin de vous contenir dans les bornes qu'il vous a préscrites, dans l'observation des loix qui doivent vous sanctifier ; & qu'à proprement parler, c'est Dieu luy-même qui vous dirige par le ministere visible de celuy qu'il vous a donné pour Superieur ; c'est Dieu que vous écoutez quand vous l'écoutez ; & c'est suivre la voix de Dieu que de suivre la sienne.

Ps. 65. 12.

Vous obeissez à Dieu quand vous obeissez à vos freres, parce que Dieu se met en leur place, & qu'il prend sur luy tous les offices que vous leur rendez, & toutes les marques que vous leur donnez de vôtre charité; vous tendez la main à Jesus-Christ, quand vous la tendez à vôtre frere; vous soûtenez Jesus-Christ, quand vous soûtenez vôtre frere ; vous supportez Jesus-Christ, quand vous supportez vôtre frere. Enfin Jesus-Christ participe à toutes les complaisances charitables que vous avez pour eux; & vous ne pouvez point douter d'une verité si constan-

POUR LE XV. D. APRE'S LA PENT. 349
te, puisqu'il vous a dit & vous a declaré luy-même, qu'autant de fois que vous avez manqué de rendre ces assistances au moindre des hommes, vous avez manqué de les luy rendre à luy-même : *Quandiu non fecistis uni de minoribus his, nec mihi fecistis.* Matth. 25. 45.

Observez donc vôtre Regle, mon Frere, selon l'ordre que saint Benoist vous en donne, *Omnes in omnibus magistram sequantur Regulam*, & proposez-vous d'en garder tous les points avec une exactitude rigoureuse en la maniere établie dans ce Monastere; obeissez à vôtre Superieur avec la même religion; puisque selon la déclaration que le même Saint vous en fait, le veritable obeissant se soûmet à celuy qui luy est superieur comme à Dieu même, pour l'amour de celuy qui s'est rendu obeissant jusqu'à la mort : *Ut quis pro Dei amore omni obedientiâ se subdat majori, imitans Dominum, de quo dicit Apostolus, factus est obediens usque ad mortem.* Reg. S. Bened. c. 3.

Ibid. c. 7. grad. humilit. 3.

Enfin n'ayez pas moins de pieté pour donner à vos freres des témoignages de vôtre amour, de vôtre charité & de vôtre soûmission, puisque c'est la voie la plus courte & la plus assurée que vous puissiez prendre pour vous rendre éternellement heureux : *Sibi invicem obediant Fratres, scientes se per hanc obedientiæ viam ituros ad Deum.*

Ibid. cap. VI.

Le principal avis que je puisse vous donner, c'est de ne permettre jamais à vôtre raison de préceder vôtre obeïssance ; c'est de ne vous donner jamais la liberté de faire la discussion de ce que vôtre Regle vous ordonne, non plus que de ce qui vous est commandé par vos Superieurs : car si vous faisiez ce qui vous est préscrit, parce qu'il convient au jugement que vous en portez, vous suivriez vôtre discernement, ce seroit vôtre propre esprit qui seroit vôtre guide & vôtre conducteur.

Dés-là qu'un Religieux se dit à luy-même, cela est bon, cecy ne l'est pas : quel bien trouve-t-on dans cette pratique ? quelle utilité en peut-on tirer ? l'intention de la Regle n'est pas telle, cela étoit bon dans ces temps, dans ces pays, cela convenoit à certaines personnes, à certains temperamens à certaines complexions : cet usage étoit utile autrefois, mais il ne l'est plus dans nos jours : le Superieur a ses défauts, il est homme comme un autre; il peut agir par humeur & par imagination; il ne sçait pas tout, il ne sçait pas mes intentions, mes forces, mes dispositions, mes incommoditez; la Regle n'est pas opposée à la charité; elle est faite au contraire pour l'établir & pour la conserver: dés-là, dis-je qu'un Religieux se donne une telle liberté, & qu'il s'établit le Juge de sa conduite; il n'y a plus d'obeïssance: toutes ces pensées & quantité d'autres semblables sont interdites à un veritable obeïssant, ou à celuy qui a envie de l'être: ce sont de fausses reflexions, ce sont des murmures que l'amour propre inspire aux hommes qui ne veulent pas s'assujettir; c'est la ruine de la pieté des Cloîtres, puisque c'est par là que la propre volonté se nourrit, se fortifie & se conserve: au lieu que l'on s'enferme dans les Monasteres précisément pour la soûmettre & pour la détruire.

Souvenez-vous, mon Frere, que ce qui fait qu'un Religieux s'égare & qu'il évite la voie qu'il doit suivre, c'est qu'il se croit luy-même, & qu'il s'attache à son sens: sa volonté, dit un grand Saint, est un mur d'airain qui le separe de Dieu, qui l'empêche de parvenir jusqu'à luy, & de joüir de sa presence : elle l'accable d'inquietude, de passions & de tentations differentes ; elle ne luy permet point de trouver aucun repos dans son état ; enfin elle renverse tout l'ordre de sa vie ; elle le prive de l'effet de toutes ses esperances, & fait qu'il ne retire de sa religion aucun fruit, ni aucun avantage : en un mot, soyez persuadé, mon Frere, que l'obeïssance se rend à l'autorité de celuy qui commande, qu'elle part de la soûmission du cœur, & qu'à proprement parler, celuy qui obeit aprés avoir beaucoup raisonné & examiné, ne sçait ce que c'est que d'obeir.

Ecoutez, mes Freres, si vous demeuriez dans un lieu où il y eût une bête farouche, & que vous fussiez exposez à sa fureur, pour peu que vous luy desserrassiez ses chaînes, & que vous luy donnassiez de nourriture & de liberté, n'est-il pas vrai que bien loin de la mettre dans cet état où vous auriez tout à craindre, vous la chargeriez de fers, vous l'accableriez de nouveaux liens, & que vous luy ôteriez ses forces autant qu'il vous seroit possible,

possible, en luy faisant souffrir la faim & la soif? vôtre volonté est ce tygre, c'est ce lion, si vous la nourrissez en luy donnant ce qu'elle vous demande, elle prendra des forces, elle s'élevera contre vous, & quand elle sera devenue la maîtresse, elle ne manquera pas de vous dominer, de vous mettre dans la servitude, & de vous donner la mort: ainsi vous êtes dans l'obligation, si vous voulez être en assurance, de luy refuser ce que vous ne pouvez luy accorder sans vous nuire, de la tenir dans la privation, de luy dénier les choses petites aussi bien que les grandes, de peur qu'elle n'acquiere sur vous, d'une maniere insensible, & sans que vous vous en apperceviez, cette puissance & cette autorité qu'elle ne peut avoir, sans qu'il vous en coûte la liberté & la vie.

Gravez, mes Freres, dans le fond de vos cœurs ces paroles de saint Bernard, mais avec des caracteres ineffaçables: & faites qu'elles soient le sujet le plus ordinaire de vos entretiens & de vos meditations: *Spoliat cœlum* (il parle de la volonté) *ditat infernum, mundum subjicit diabolo, Sanguinem Christi reddit vacuum*: elle dépouille

II. CONFERENCE

& dépeuple le Ciel, elle rend les enfans de Dieu enfans du Démon; elle forme l'enfer, elle l'enrichit, elle soûmet le monde à l'empire de satan; elle rend inutile ce Sang adorable que JESUS-CHRIST a répandu pour le salut des hommes, *Sanguinem Christi reddit vacuum* : ou selon les termes de l'Apôtre, elle traitte ce précieux Sang comme une chose profane, *Sanguinem Testamenti pollutum duxerit*. Seroit-il possible, mes Freres, que connoissant que la volonté propre est la source de tous ces desordres & de ces excés nous fussions assez insensez pour l'écouter en quelque chose, & pour la suivre ? pourrions-nous entrer en quelque intelligence, & être de quelque concert avec cette ennemie de JESUS-CHRIST si déclarée & si irreconciliable, qui s'éleve contre luy par tout où elle se trouve, & qui ne manque jamais de l'attaquer par mille revoltes & mille rebellions injurieuses ? est-ce aimer JESUS-CHRIST que d'aimer & de vouloir conserver ce qui l'offense ?

Vous me direz peut-être qu'il y a de la peine à combattre, & à passer sa vie dans une guerre continuelle;

Heb. 10. *23.*

je l'avoüe : mais ne sçavez-vous pas que la vie Chrêtienne, & particulierement celle d'un Moine & d'un Solitaire est un perpetuel combat : *militia est vita hominis super terram*, Job. 7. 14 qu'il est engagé dans une carriere qui l'oblige à avoir incessamment les armes à la main, & que les couronnes ne sont destinées que pour ceux qui se seront conduits dans cette guerre avec toute la valeur & la fidelité necessaire : *Nam & qui certat in agone, non coronatur, ni si legitimè certaverit*; & seroit-il juste de pretendre à la recompense sans l'avoir meritée ? 2. Tim. 2. 5.

J'espere, mon Frere, que la misericorde de Dieu que vous implorez, que ces idées si grandes & si terribles que les Saints vous ont données de la propre volonté, vous porteront à en avoir de l'horreur, & à luy déclarer une guerre qui ne finisse jamais jusqu'à ce dernier moment, auquel elle doit être entierement détruite & terrassée. J'espere que sans vous arrêter ni aux difficultez, ni aux travaux qui se rencontreront en vôtre course, vous vous animerez contre elle de ce zele dont le Prophete étoit tout rempli, lorsqu'il disoit : *Persequar inimicos*

Pf. 17. 38.
meos, & comprehendam illos, & non convertar donec deficiant, je poursuivrai mes ennemis, & je ne leur donnerai aucune trêve ni aucun repos, que je ne les aye entierement abbatus; j'espere que vous la regarderez comme vôtre ennemie la plus cruelle, parce que vous n'en avez point qu'elle ne vous suscite, que c'est elle qui leur met les armes dans la main, qu'elle se trouve par tout à leur tête : enfin par-ce qu'elle les rend victorieux, & que sans elle ils n'auroient ni force, ni puissance pour vous nuire.

C'est ainsi que vous trouverez à la Trappe ce que vous y cherchez; que cette solitude vous deviendra un Paradis de délices, *Ponet desertum ejus quasi delicias, & solitudinem ejus quasi hortum Domini*; que vous y joüirez de cette paix qui ne se rencontre que dans les lieux où habite l'Esprit Saint, qui en est le principe & la source, & que ce desert tout sterile qu'il est, sera pour vous une terre de benediction, de joie & d'abondance : *Pinguescent speciosa deserti, & exultatione colles accingentur.*

Isai. 51. 3.

Ps. 64. 13.

Je prie, mon Frere, celuy sans lequel nous ne pouvons rien, qu'il vous fasse la grace d'achever l'œuvre que vous commencez aujourd'hui; & il n'y a rien que vous luy deviez demander davantage, sinon qu'il vous donne toute la fidelité dont vous avez besoin, afin qu'il ne trouve aucun sujet dans vôtre conduite, de vous retirer la main qu'il vous a tenduë: c'est un malheur qui ne vous arrivera pas, si vous êtes exact à vous acquitter de ce précepte, que saint Benoist vous donne, en vous disant, que vous demandiez à Dieu par des prieres tres-instantes, qu'il acheve & qu'il consomme toutes les actions de vertu & de religion que vous aurez commencées: *Inprimis ut quidquid agendum inchoas bonum, ab eo perfici instantissima oratione deposcas.* Proleg. Reg. S. Bened.

CONFERENCE
POUR
LE XVI. DIMANCHE
APRE'S LA PENTECOSTE.

A LA PRISE D'HABIT D'UN Postulant Religieux.

Ibunt de virtute in virtutem. Pf. 83. 7.

Ils iront de vertu en vertu.

JE crois, mon Frere, qu'il n'est pas besoin de vous faire un long discours, ni de vous donner de grandes instructions sur l'état & la condition nouvelle que vous voulez embrasser : comme vous n'en avez formé le dessein qu'aprés y avoir beaucoup pensé devant Dieu, & vous y être préparé pendant plusieurs années ; je ne doute point que vous n'en connoissiez parfaitement toutes les obligations.

Vous sçavez que quittant une Observance qui fait profession de vivre selon la Regle de saint Benoist, & même avec exactitude, vous devez trouver dans celle ci plus de regularité, de discipline, de pénitence & de mortification; & vôtre vûë doit être de pratiquer tout ce qui s'y rencontrera de plus rude, de plus pénible & de plus laborieux: autrement vôtre translation ne seroit pas legitime, puisqu'il n'est pas permis, selon les Regles de l'Eglise, de quitter une premiere Observance, dans laquelle on est engagé par des vœux solemnels, si ce n'est pour en embrasser une plus austere & plus parfaite, en imitant en ce point la conduite des Elûs de Dieu, lesquels, comme nous apprend le Prophete, ne demeurent jamais dans la même situation, mais s'avancent incessamment dans les voies de Dieu, & s'élevent de vertu en vertu, jusqu'à ce qu'enfin ils arrivent à cet état de benediction & de gloire auquel il les appelle: *Ibunt de virtute in virtutem,* Ps. 83. 71. *videbitur Deus deorum in Sion.*

Il ne faut pas, mon Frere, que vous passiez legerement sur l'obligation que vous avez à Dieu dans cette rencontre : mais elle doit faire sur vous de profondes impressions, quand vous considererez que non seulement il vous a inspiré un dessein si avantageux & si capable de vous élever à la perfection que vôtre profession demande de vous, mais qu'il vous a donné en même temps les moyens & les facilitez necessaires pour les accomplir.

Dieu vous a traitté, mon Frere, d'une maniere bien favorable : car aprés vous avoir donné la grace de surmonter toutes les repugnances que la nature pouvoit former à une entreprise si extraordinaire, de vous défaire du mauvais conseil de ceux qui vouloient vous en détourner, il vous a donné le courage & la fermeté, pour resister aux oppositions qui vous sont venuës de la part de vos Superieurs; & à toutes ces épreuves ausquelles ils vous ont mis, pour reconnoître la volonté de Dieu sur vous.

Enfin vous vous voïez dans une liberté entiere d'executer ses ordres, & sur le point de faire le premier pas, en changeant vôtre habit pour en recevoir un nouveau, & subir le joug que JESUS-CHRIST vous impose luy-même,

même, par nos mains & par nôtre ministere; mais sçachez, mon Frere, qu'il ne vous est plus permis de le quitter, que par son ordre & aprés une connoissance toute claire & toute évidente, que sa volonté n'est pas que vous acheviez ce que vous allez commencer; car quoyque l'action que vous allez faire ne soit pas un vœu, & que prendre l'habit ne soit pas promettre, vous ne laissez pas d'être engagé de suivre le mouvement de Dieu & de travailler à le faire reüssir, jusqu'à ce qu'il vous paroisse avec une certitude morale qu'il vous le retire & qu'il ne veut pas que vous alliez plus avant.

Comme le temps me presse je seray court, & je vous donneray en peu de mots un avis fort important contenu dans ces paroles de l'Apôtre, *sic currite ut comprehendatis*, marchez mon Frere, & conduisez-vous avec tant de zele & de fidelité que vous remportiez la couronne, & le prix de la course; mais afin que cette instruction ne vous soit pas inutile, prenez garde sur tout à vous deffendre d'un piege, qui n'est que trop ordinaire aux personnes qui se trouvent dans la cir-

1. Cor. 9. 24.

constance où vous étes, qui est de se dispenser des observances, des regularitez & des points de discipline, dont ils ne connoissent ni l'utilité ni l'importance ; en disant, je suis libre, & je n'ay encore rien promis : quel mal m'arrivera-t-il, de manquer à une exactitude, à laquelle je ne me suis pas encore engagé ?

C'est un principe, mon Frere, qui est tout plein de dangers, il n'y en a point de plus propre pour ruiner le succez de vôtre dessein & pour empêcher que la semence divine que Jesus-Christ a jettée dans vôtre cœur n'y produise le fruit que vous en esperez ; & si quelque chose peut l'obliger de retirer la main qu'il vous a tenduë, c'est de voir que vous n'ayez pas toute la fidelité que vous devez, pour répondre à la grandeur de la grace qu'il vous a faite ; Dieu rejette les ingrats, & il ne peut regarder que dans sa colere les ames méconnoissantes ; ce qui est le plus capable de vous preserver de ce malheur, c'est de considerer dans l'Evangile que ce serviteur qui a manqué de faire profiter le talent, est traité avec autant de rigueur que s'il l'avoit dissipé ; il est chassé pour jamais de la présence de son maître, il est dépoüillé de tout ce qu'il en avoit reçû & livré aux châtimens que sa negligence luy avoit meritée, *Inutilem servum ejicite in tenebras exteriores.* Matth. 25. 30.

Vous ne pouvez douter que vôtre vocation ne soit un talent, je dis, d'un prix & d'une valeur infinie, puisque le bonheur qu'il vous a procuré n'a point de bornes, ainsi vous ne devez point douter que Dieu en vous le donnant, ne vous ait chargé de l'obligation de le faire valoir, & d'en tirer toutes les utilitez & tous les avantages qu'il renferme; il faut pour cela user des moyens que vous avez dans les mains & que vôtre nouvelle profession vous fournit; ces moyens sont les regularitez, les actions, les exercices, & les pratiques interieures, ou exterieures qui luy sont particulieres; & comme ce qui luy est de plus propre, & ce qui la distingue des autres, c'est l'assujettissement & la destruction de l'esprit & de la volonté; il n'y a rien à quoy vous deviez vous appliquer davantage, qu'à ce qui peut vous mettre dans une disposition si sainte & si necessaire; s'il y a rien qui puisse vous la donner, c'est la ponctualité & l'exactitude, avec laquelle vous vous acquitterez des moindres choses qui vous seront prescrites lorsque vous le ferez par le pur motif de la soûmission & de l'obeissance.

Mais si au lieu de vous abandonner en ce point si essentiel sans discernement, vous pretendiez porter les vûës de vôtre esprit sur les ordres que vous recevrez de vos Superieurs, ou sur les reglemens que vous trouverez établis dans ce Monastere, & dire en vous méme, celuy-cy est utile, celuy-la ne l'est pas, quel mal m'arrivera-t-il quand je l'auray negligé? quel bien en tireray-je quand je l'auray pratiqué? & que selon le jugement que vous en formerez vous ayez de l'exactitude ou que vous n'en ayez pas, ce seroit vous conduire par vos lumieres, ce seroit vous diriger vous-même, ce seroit fortifier vôtre volonté, au lieu de la détruire, ce seroit exposer vôtre vocation, en empêcher tout l'effet, & vous rendre coupable de la dissipation du talent, faute d'avoir usé, comme vous auriez dû, des moyens que

Dieu vous auroit donnez pour le faire valoir ; je ne vous dis pas, mon Frere, que vous ne puissiez commettre des fautes, il est impossible qu'il n'en échappe, nôtre fragilité étant telle qu'elle est, *in multis enim offendimus omnes*, nôtre vigilance ne sçauroit être continuelle, nôtre attention a ses deffaillances, nôtre lumiere a ses éclipses, & quelque soin que nous prenions de rendre nos voyes droites, on met quelquefois le pied à faux ; comme c'est un sujet de douleur & de gemissement pour ceux qui aiment la verité, & qui voudroient ne s'en separer jamais, dans les choses petites aussi bien que dans les grandes, c'en est un aussi, sur lequel Dieu ne manque point d'exercer ses bontez & ses misericordes, il connoît nos foiblesses, il les excuse il les pardonne, il n'y a que la negligence grossiere, ou la malignité, qu'il haïsse & qu'il condamne, *ipse cognovit figmentum nostrum, recordatus est quoniam pulvis sumus.*

Iacob. 3. 2.

Ps. 102. 14.

Je dis, mon Frere, qu'il condamne la negligence grossiere ou la malignité, mais je suis persuadé en même temps, que vous éviterez un aussi grand malheur que celuy de l'obliger de punir en cela vôtre conduite, & que vous ne commettrez point une ingratitude aussi noire, que celle d'oublier tous les bienfaits dont il vous favorise: hé pourriez-vous effacer de vôtre memoire qu'il vous a tiré d'un genre de vie, où vous aviez autant de commerce avec le monde, que si vous en aviez encore été? pour vous mettre dans un état qui vous en separe pour jamais, d'un lieu où vous aviez la liberté de parler, pour vous engager dans une profession qui vous impose un éternel silence? enfin pourriez-vous oublier qu'il vous transfere d'une vie qu'on peut sans comparaison appeller douce, aisée, libre, commode, dans une autre pleine de privation, d'austeritez, de retraite, de mortifications interieures & exterieures, & de tout ce qui peut faire le repos & le véritable bonheur d'un Solitaire?

Comme tous ces avantages sont trés-grands & trés-considerables, le mauvais usage & l'abus que vous en pourriez faire, vous attireroit de la part de Dieu une condamnation trés rigoureuse, & ne seroit-ce pas un mépris tout declaré, ou un refus tout manifeste, des témoignages qu'il vous auroit donné d'une affection, d'un choix & d'une distinction que vous n'avez point meritée? de quelque pretexte peuvent se servir ceux qui en usent de la sorte, qu'ils sçachent que quelques soins qu'ils prennent de justifier leur conduite, ils ne viendront jamais à bout de luy donner une rectitude qu'elle n'a point, & qu'elle ne peut avoir, & il faut qu'ils demeurent d'accord malgré eux, qu'ils contredisent aux desseins de Dieu, au lieu d'y répondre, qu'ils s'appliquent à se soustraire à ses volontez au lieu de les suivre; quoyqu'ils disent, ils ne peuvent se garentir d'en être regardez comme des méconnoissans, & leur esperance bien loin d'avoir les effets & les fruits qu'ils prétendent, se dissipera comme la glace que l'on voit fondre aux rayons du soleil, *ingrati enim spes tanquam hybernalis glacies tabescet, & disperiet tanquam aqua supervacua*; ils pourront se tromper eux-mêmes & se persuader que ces deffauts que l'on peut remarquer dans leur conduite, n'ont rien de considerable, que c'est à tort qu'on leur donne le nom d'infidelitez,

Sap. 16. 29.

mais Dieu qui juge autrement des pensées des hommes qu'ils ne font eux-mêmes, soufflera sur leurs fausses raisons, & cette iniquité qu'ils ne veulent pas connoître, ne laissera pas d'être punie, comme étant la deduction d'une ignorance affectée.

Je m'assure, mon Frere, je vous le repete encore, que vous avez bien d'autres sentimens, & d'autres pensées, que vous vous ferez une consolation de vôtre exactitude, que vous ne trouverez point trop de moyens pour contenter le desir que vous avez de vous avancer dans la perfection, & de reparer ce qu'il peut jusqu'à cette heure y avoir de defectueux dans vôtre conduite. Car quoyque vous ayez essayé de vivre avec plus de fidelité que beaucoup d'autres, cependant vous devez être persuadé que vôtre vie n'a rien moins eu que la regularité qu'elle doit avoir à l'avenir, & que cette protestation que vous y avez faite de convertir vos mœurs selon la Regle de S. Benoist, n'a pas été executée comme elle le doit être.

Le Fils de Dieu nous assure que lorsqu'il sera élevé au dessus de la terre, & qu'il sera monté dans le Ciel, il attirera toutes choses aprés luy, *& ego si exaltatus fuero à terra omnia traham ad me ipsum*, ces paroles, comme dit S. Gregoire, ne sont pas generales, & elles ne doivent pas être indifferemment entenduës de toutes sortes de personnes, mais de ses élus, de ceux qui sont à Dieu & qui le servent; ceux par exemple qui vivent de l'esprit du monde, & qui se conduisent par le mouvement de leurs desirs & de leurs cupiditez, n'y ont point de part, & ce seroit inutilement qu'ils pretendroient à une grace qui n'est point pour eux, car l'iniquité n'a rien de commun avec luy, & ne sçauroit approcher ny de sa personne ny de son trône, *non accedet ad te malum*, dit le Prophete, *& flagellum non appropinquabit tabernaculo tuo*; vous devez être, mon Frere, du nombre de ceux qui pretendent à ce bonheur, & tous les soins que Dieu a pris de vous jusqu'à present, vous doivent persuader qu'il vous y a destiné & qu'il vous y appelle.

Vous sçavez sans doute que les hommes sont partagez en deux classes; les uns dont le nombre est infiniment le plus grand, n'ont point d'autre objet que les creatures, ils leur sont étroitement unis, & les autres au contraire n'ont devant les yeux que le Createur, & font une profession sincere de luy être intimément attachez; les autres par la liaison qu'ils ont avec des objets grossiers & materiels, contractent une pesanteur qui les retient à la terre, & qui les met dans l'impuissance de s'élever avec Jesus-Christ & d'être de ceux qui doivent accompagner son triomphe, & leurs ames sont devenües si terrestres, que ses attraits, ses charmes, ses perfections toutes infinies qu'elles sont, ne sont point capables de penetrer leurs cœurs, & de les detacher de l'amour des choses passageres & sensibles, elles n'ont ni action ni mouvement pour celles du Ciel, & il se peut dire qu'ils sont semblables à ces hommes blessez, qui selon le langage du Prophete, dorment ensevelis dans leurs sepulchres, qu'ils n'ont plus de part à ses benedictions, & qu'ils sont pour jamais effacez de son esprit & de sa memoire, *sicut vulnerati dormientes in sepulcris, quorum non es memor amplius.* C'est le sort des gens du monde, qui ne vivent & qui ne respirent que pour la terre ; toutes leurs occupations ne sont que les effets de leurs cupiditez, leur convoitise est le mobile de toute leur conduite ; ils n'ont jamais en vûë que leurs interêts, ou leurs plaisirs, & comme ils sont accablez des soins de cette vie mortelle, *gravati curis hujus vitæ*, ils languissent malheureusement dans les tenebres & dans l'obscurité de cette region de mort. *In tenebris & in umbra mortis sedent.*

Luc. 21. 34.

Luc. x. 79.

Pour ceux dont l'unique affaire est de détacher leurs cœurs d'icy bas, pour les attacher à ce bien unique qu'ils desirent incessamment, qu'ils regardent comme la fin de toute leur conduite, qui ne se proposent rien que de l'acquerir & de le posseder, & qui ne peuvent ni se lasser ni se rassasier de considerer ses beautez infinies, ce sont eux que JESUS-CHRIST separe de la terre, & qu'il enleve par l'attrait & par la puissance de sa grace, comme ils sont les membres vivans de ce corps glorieux dont il est le chef, il faut qu'ils le suivent par tout, qu'ils ayent part à son bonheur, & à son exaltation, & c'est principalement en eux que l'on voit l'accomplissement de ces paroles, *omnia traham ad me ipsum.*

Jah. 12. 32.

Comme l'observance nouvelle que vous embrassez, si vous vous rendez fidelle à en accomplir les devoirs, n'est rien autre chose qu'un état & un engagement dont le but est de vous approcher de Dieu d'une maniere plus intime, & de vous eloigner de ce qui mettoit entre luy & vous, des milieux qui empêchoient que cette union ne fût aussi étroite que vous la souhaitiez, & que la demarche que vous faites aujourd'huy n'a point d'autre principe que le mouvement de son S. Esprit qui vous inspire & qui porte toutes vos affections du côté des choses du Ciel; on peut dire que vous êtes precisément dans la disposition où vous devez être pour meriter d'être élevé avec JESUS-CHRIST, de participer aux graces & aux benedictions qu'il est prêt de repandre sur vous, & que l'avantage qu'il promet à ceux qui seront dans le degagement & dans la liberté dans laquelle il faut être pour le suivre, vous regarde d'une maniere toute particuliere.

Prenez garde, mon Frere, à n'obmettre aucun des moyens que vôtre profession vous presente pour vous unir à Jesus-Christ & pour ménager tous les secours que la divine Providence vous offre & vous offrira dans la suite, sans qu'il puisse se rencontrer d'obstacle ou de difficulté capable de vous rebuter dans une entreprise si grande & si sainte : pour des peines, comptez que vous en trouverez dans vôtre chemin, car toutes les voyes étroites sont penibles & laborieuses, mais quoy qu'il vous arrive, deffendez-vous sur tout de ces murmures, ou de ces mécontentemens secrets qui se forment dans les ames, qui ne sont pas assez mortifiées, & qui ne voulant pas comprendre l'utilité des reglemens, desquels l'observation leur est si religieusement prescrite, les regardent comme des objets de leur censure ; pourquoy, disent-elles tant de pratiques ? à quoy bon tant d'assujettissement ? est-ce que l'on ne peut faire son salut que dans les lieux où il semble que l'on prenne plaisir à multiplier les ordonnances ? pourquoy se mettre dans une servitude si genante ? Jesus-Christ n'est-il pas par tout ? est-ce qu'il ne se trouve pas dans toutes les autres congregations? & pourquoy n'y ferions-nous pas aussi bien nôtre salut que dans celle-cy? c'est ce que disent les personnes qui commencent à refuser à Dieu la reconnoissance qu'elles luy doivent, qui se lassent de se soûmettre à ses volontez, & qui cherchent de mauvaises raisons pour se tirer de sa main, ou plûtôt pour se revolter contre les ordres de sa Providence.

Je conviens avec eux, mon Frere, que Dieu est par tout, qu'il est possible de le rencontrer, & de faire son salut dans les autres Congregations; mais j'y mets une condition qui est, comme dit S. Bernard, qu'on s'y conduise avec pieté, temperance & justice: que l'on soit exact à garder fidellement les regles, & à vivre selon la verité des constitutions, quoyque toute l'austerité primitive n'y soit pas observée; mais il faut demeurer d'accord que quand Dieu favorise une ame jusqu'au point de la conduire en des lieux où l'on vit dans une discipline plus severe, & où l'on garde avec plus d'exactitude les instructions que l'on a reçûës des Saints, c'est une marque qu'elle luy est chere,

& qu'il veille avec une application toute particuliere sur son salut.

Seroit-ce donc reconnoître, comme elle y est obligée, une grace si grande & si extraordinaire, que de trouver dur & de regarder comme insupportable, ce qui devroit faire toute sa joye & toute sa consolation ? quoy! un avare n'a jamais trop de moyens pour amasser des richesses ; un ambitieux ne rencontre jamais assez d'occasions pour acquerir de l'honneur, des dignitez & de la gloire ; un homme du monde n'a jamais trop de voyes & trop de secours pour s'y bâtir des fortunes & s'y faire des établissemens; à quelles peines & quels dangers ne s'expose point un impudique pour contenter la brutalité de sa passion, & un Chrêtien, un disciple de Jesus-Christ pourroit se plaindre d'avoir trop de moyens pour suivre, & pour imiter son maître, pour s'unir à luy, & pour se conformer à ses sentimens & à ses maximes ; & pourroit-il tomber dans un tel piege, sans perdre toute memoire des graces qu'il en auroit reçûes, & sans commettre la plus noire de toutes les ingratitudes?

Laissons ces sentimens aux ames

lâches & méconnoissantes, je suis persuadé, mon Frere, que Dieu vous en a donné de plus nobles & de plus élevez, & c'est dans cette pensée que je ne fais point de difficulté de vous accorder la grace que vous desirez, & que vous me demandez avec tant d'instances, c'est dans l'esperance que j'ay, que Dieu qui vous a inspiré, fortifiera vôtre cœur contre les tentations dont il pourroit être attaqué, qu'il achevera luy-même un ouvrage, qui est beaucoup plus de luy que de vous, & que ce changement de Congregation qui n'est rien qu'un accomplissement de ses volontez éternelles sur vôtre personne, sera pour vous une source de joye, & de consolation dans le temps, & de bonheur & de gloire dans l'éternité.

CONFERENCE
POUR
LE XVII. DIMANCHE
APRE'S LA PENTECOSTE.

Diliges proximum tuum sicut teipsum.
Matth. 22. 39.

Vous aimerez vôtre prochain comme vous-même.

Il n'y a rien, mes Freres, dont je vous parle plus souvent, que de l'obligation que vous avez de regler non seulement les mouvemens de vôtre cœur, mais encore toutes les dispositions de l'homme exterieur & visible ; je veux dire, que vous devez vivre, de sorte qu'on n'apperçoive rien dans vôtre conduite qui ne soit digne de vôtre état, de la place que JESUS-CHRIST vous a donnée dans son Eglise, & de l'édification que l'on en attend : il vous a mis ensemble pour vivre dans l'exercice d'une charité parfaite, & pour ne pas perdre une seule occasion de marquer que vous aimez vôtre prochain comme vous-même : *diliges proximum tuum sicut te ipsum.*

Tous les Chrêtiens sont chargez du même devoir : & le bonheur qu'ils ont d'appartenir à Jesus-Christ comme les membres & les parties d'un corps, dont il est le Chef, *membra de membro*, les engage à se donner reciproquement des témoignages de cet amour, en se donnant la main les uns aux autres, & en se rendant toutes les assistances que peut exiger une union si étroite, un amour si parfait ; mais vous devez croire que cette obligation vous regarde plus que les autres.

1. Cor. 12. 27.

Premierement, vous devez vous acquitter d'une maniere excellente des devoirs qui vous sont communs avec le reste des hommes ; & la mediocrité qui peut être supportable dans leur conduite, ne le seroit pas dans la vôtre : vous devez tendre à la perfection, comme vous le sçavez, Dieu vous y appelle, vôtre profession le veut indispensablement, & vous ne pouvez manquer de le faire, sans manquer à ce que Dieu & vôtre profession vous demandent ; & il faut que vous soïez persuadez, mes Freres, que la charité convient tellement à vôtre état, qu'elle en est le fondement & l'essence, & que c'est en violer la sainteté, que de n'en pas observer toutes les regles avec une religion & une pieté superieure à celle des personnes qui vivent dans la dissipation du siecle.

Secondement, comme les gens qui passent leurs vies dans les engagemens du monde, sont incessamment divisez par leurs interêts, que leurs propres besoins les emportent & les empêchent de s'occcuper de ceux de leur prochain, & que leurs yeux sont pour l'ordinaire uniquement ouverts sur leurs affaires & sur leurs propres utilitez ; Dieu qui a voulu que cette obligation subsistât, & que l'exercice s'en conservât dans le monde, a suscité les Solitaires dans son Eglise pour pratiquer dans le fond de leur retraitte & dans un desinteressement entier de toutes les choses de la terre, ce qui n'étoit presque plus connu parmi les hommes ; c'est donc un devoir qui vous touche plus particulierement, puisque outre le titre & le caractere de Chrétiens qui vous y oblige, vous l'êtes encore par celuy de Religieux, & que la confecration des vœux ajoûte à l'obligation que vous avez contractée par le Baptême : en un mot que les Moines disent ce qu'il leur plaira, qu'ils cherchent des raisons pour se cacher une verité qui les incommode & qui les blesse, Dieu veut qu'ils fassent ce que les autres hommes ne peuvent ou ne veulent plus faire, il ne les a instituez que pour remplir dans son Eglise ce vuide effroïable, que la cupidité & le peu de foy des Chrétiens y a creusé : *Mandavit illic unicuique de proximo suo.* Il n'y a personne qui ne soit chargé par l'ordre de Dieu de prendre soin de son prochain, c'est un précepte universel de l'aimer & de luy rendre tous les offices possibles, selon la connoissance que l'on a de ses necessitez spirituelles ou corporelles; mais pour vous il vous est si particulier, qu'il n'y a ni endroit, ni circonstances, ni moment dans vôtre vie, auquel vous ne puissiez & ne deviez travailler à l'accomplir.

S'il vous venoit dans la pensée qu'étant pauvres & Solitaires comme vous êtes, vous manquez d'occasion

Eccli. 17.

de faire connoître à vôtre prochain l'amour que vous avez pour luy. Il seroit aisé de vous faire voir que vous avez pour cela des avantages & des facilitez que vous ne connoissez point. Il est vray qu'étant obligez par vôtre profession de garder en tous temps un rigoureux silence, vous ne pouvez rompre le pain de la parole, & le donner à ceux, ausquels il est necessaire ; il est vrai que demeurant dans une Clôture exacte, il ne vous est ni possible ni permis d'aller consoler ceux qui sont dans l'affliction : il est vrai que n'ayant plus rien dont vous puissiez disposer, il n'est pas dans vôtre pouvoir de secourir le pauvre dans son indigence : j'en demeure d'accord; mais il est vrai aussi que vous avez d'autres moyens qui vous sont propres, & qui vous tiennent lieu de ceux dont vôtre condition vous interdit l'usage.

Vous êtes sans doute dans l'impatience d'apprendre quels sont ces expediens : mais afin de vous en tirer, je vous dirai que saint Bernard (parlant à ses Freres sur le même sujet) leur dit : il y en a peut-être quelqu'un entre vous qui pense en luy-même

Bernard Serm. 3. de Adventu Domini.

Quod ergo consilium dabo fratri, cui nec unum quidem verbum dicere fas est sine licentia? Comment puis-je donner le moindre conseil à mes Freres, moy qui ne peux pas leur dire la moindre parole sans permission ? quelle assistance puis-je leur donner, moy qui ne peux pas faire une seule action sans un ordre exprés : *Quod ei auxilium impendere est, cui nec minimum agere licet sine licentia ?* A quoy le même Saint répond : vous ne manquerez pas de moyens ni d'occasions, pourvû que la charité fraternelle ne vous manque point ; & pour moy je ne crois pas que vous puissiez donner un meilleur conseil à vos Freres, que de travailler à leur apprendre par vôtre exemple ce qu'ils doivent faire, & ce qu'ils doivent éviter, & de les exciter sans cesse à une vie plus parfaite, non point par l'usage de la langue, mais par des œuvres, par des effets & par des actions. *Ad quod ego : non deerit certè quod facias, tantummodò charitas fraterna non desit ; nullum ego consilium melius arbitror, quàm si exemplo tuo fratrem docere studeas, quæ oporteat, quæ non oporteat fieri, provocans eum ad me-*

liora, & *confulens ei non verbo & lingua, sed opere & veritate.*

En effet, mes Freres, qu'y a-t'-il de plus puissant & de plus capable de persuader que l'exemple ? qu'est-ce qui peut faire de plus profondes impressions que cette instruction vivante & animée ? vôtre Frere s'est laissé surprendre par la paresse, vôtre ferveur l'excite & l'en délivre ? il s'est laissé aller à la dissipation, vôtre modestie le retire de son égarement & le rend interieur ; il est lâche dans le travail, vôtre vigueur le r'anime ; il est tombé dans le decouragement, vôtre pieté le releve, & luy donne l'esperance qu'il avoit comme perduë ; il est rêveur à l'Office & distrait par la vanité de ses pensées ; la vivacité sainte par laquelle vous vous acquittez de ce saint exercice, luy fait retrouver l'attention qu'il n'avoit plus ; il cache ses fautes, & ne peut souffrir qu'on les connoisse ; la sincerité avec laquelle vous vous accusez dans les Chapitres, le confond dans sa fausse gloire, & luy fait connoître le desordre de son cœur ; il est avide dans le manger, vôtre temperance reprime son avidité & luy met devant les yeux la Regle qu'il doit suivre ; il manque d'exactitude à secourir ses Freres, quand les occasions s'en presentent, l'empressement avec lequel vous vous acquittez de ce devoir, le rend plus soigneux & plus charitable ; enfin toute vôtre vie luy parle, l'instruit, l'excite & le presse ; & vous luy procurez par là plus de biens & plus d'avantages que vous ne pourriez faire par de longues & de continuelles instructions.

Mais afin de connoître d'une maniere plus claire & plus précise l'obligation de ce devoir, faites attention sur les desordres que produit un méchant exemple, & comme quoy des pratiques contraires à celles que nous venons de vous exprimer, produisent dans ceux qui les voyent des déreglemens & des dispositions toutes semblables. Un mauvais Religieux détruit par sa conversation la pieté de ses Freres lorsqu'ils en ont, & les empêche de l'acquerir s'ils n'en ont point ; il imprime dans leurs ames des inclinations semblables aux siennes ; il répand dans leurs cœurs le poison dont le sien est rempli ; il corrompt ceux avec qui il communique ; sa vûë est mortelle comme celle du Basilic ; &
pour

POUR LE XVII. D. APRE'S LA PENT. 585
pour l'ordinaire il tuë ceux qui le regardent. Enfin c'est une brebis malade capable d'infecter la bergerie toute entiere. Jugez aprés cela, si l'on a raison de vous dire, que vous devez regler toutes vos actions & toutes vos démarches, que vous devez vous observer jusques dans les moindres occasions ; qu'il faut que les Freres soient comme le modele les uns des autres, & que chacun remarque dans son Frere la regle de sa propre conduite. Ne vous avisez point de me dire : *Num custos fratris mei sum ego ?* Gen. 4. Suis-je le gardien de mon frere ? car 9. je vous répondrois qu'ouy, que vous l'êtes. Vous êtes son guide, son medecin, sa lumiere, son Directeur même, si vous voulez, & il faut qu'il trouve en vous ce qui luy est necessaire pour le secourir dans ses besoins : en un mot, je vous dirai ces paroles de saint Gregoire, *non pavisti, occidisti* : si vous luy avez refusé cette nourriture sainte que vous pouviez luy donner, & qui l'auroit soûtenu dans sa maladie spirituelle ou dans sa langueur, vous luy avez donné le coup de la mort.

C'est dans cette vûë que saint Ba-

Tome III. K x

file determine toutes les postures & les contenances qu'un Solitaire doit garder dans sa conversation: c'est dans le même esprit que saint Benoist entre dans le détail de toutes ses actions, & qu'il regle avec une application incroïable jusqu'aux moindres mouvemens de la langue, des yeux, des mains, des pieds, qu'il veut qu'il se conduise comme étant incessamment en la présence de Dieu & de ses saints Anges, & qu'il luy ordonne qu'en tout temps & en quelque lieu qu'il se trouve, soit dans le travail, soit dans l'Eglise, dans le Monastere, dans le jardin, à la campagne, en voyage, soit qu'il soit assis, qu'il marche, ou qu'il s'arrête, il fasse voir des marques de l'humilité qu'il conserve dans le fond de son cœur: *Non*

Cap. 7. *solùm corde Monachus, sed etiam corpore, humilitatem videntibus se semper indicet, id est, in opere, in oratorio, in Monasterio, in horto, in via, in agro, vel ubicumque sedens, ambulans, vel stans, &c.*

Qu'on me dise aprés cela qu'on est trop exact à reprendre les fautes que les Religieux commettent, qu'on est trop appliqué à remarquer les défauts des Freres; que les corrections sont trop frequentes, que c'est vouloir qu'ils soient irreprehensibles que de les avertir sans cesse des choses qui leur échappent; que c'est vouloir que des hommes soient des Anges, & ne pas compatir autant que l'on doit à la fragilité humaine. N'ay-je pas sujet de répondre qu'il faut ignorer, pour parler de la sorte, ce que Dieu demande d'un Solitaire : à quoy il le destine, quel a été son dessein, lorsqu'il l'a comme formé par les mains de celuy qui luy a préscrit les regles de sa conduite, c'est ne pas sçavoir qu'il est le modele, ou plûtôt, comme dit saint Jean Clymaque, le flambeau qui doit éclairer les gens du monde.

Vous êtes faits, mes Freres, pour retracer, comme je vous l'ay déja dit bien des fois, les actions de JESUS-CHRIST les plus parfaites : il faut que ceux avec lesquels vous vivez, & qui vous observent, l'apperçoivent par tout dans vos actions, qu'ils ne remarquent rien en vous qui ne soit digne de luy; & par dessus tout, vous devez vous servir les uns aux autres de lumiere & d'instruction pour vous encourager, pour vous exhorter, pour vous redreſſer, lorſqu'il vous arrive de vous écarter de la voie que vous devez ſuivre. Je ſuis établi de Dieu pour vous maintenir dans l'obſervation de ſes ordonnances, pour empêcher qu'aucun ne s'en ſepare, voudriez-vous que je manquaſſe de reprendre ce qui doit être repris, & que je fermaſſe les yeux ſur les fautes de ceux qui doivent travailler inceſſamment à n'en point commettre. Et n'auriez-vous pas un jour ſujet de vous plaindre de moy, & de me dire que je n'aurois pas été fidele à vous rendre des témoignages de la charité que je vous dois.

Enfin, mes Freres, on ne me perſuadera pas de me relâcher en ce point de ma vigilance accoûtumée, tant que j'aurai devant les yeux ce que Jesus-Christ a declaré contre ceux qui ſcandaliſent le moindre de leurs Freres: la crainte que vous ne tombiez dans les malheurs dont il les menace, m'empêchera d'oublier ce que je vous dois, & ce que je me dois à moy-même; & je ne ceſſerai point, ſelon l'ordre que m'en donne le ſaint Apôtre, d'uſer à vôtre égard de prieres, d'avertissemens, de reprehensions à temps & à contre temps: *Prædica verbum, insta opportunè importunè, argue, obsecra, increpa in omni patientia & doctrina*, & de me servir de toutes sortes de moyens pour vous porter à vivre de maniere que vous puissiez être l'exemple & l'édification: en un mot le salut les uns des autres. Ce sont là les marques de charité les plus importantes & les plus heureuses que vous puissiez vous donner, dans l'état auquel il a plû à la divine Providence de vous mettre.

2. Tim. 4. 2.

CONFERENCE
POUR
LE XVIII. DIMANCHE
APRE'S LA PENTECOSTE.
A LA DEMANDE D'UN NOVICE.

Quibus nec corpora sua, nec voluntates licet habere in propria potestate. Regul. cap. 33.

Un Religieux n'a ni son corps ni sa volonté dans sa puissance.

IL n'y a rien, mon Frere, de plus important à ceux qui sont dans l'état auquel vous vous trouvez, que d'apprendre ce que c'est que la profession qu'ils desirent d'embrasser, & de sçavoir lorsqu'ils l'auront appris, par quels moyens ils pourront en accomplir les devoirs. Ce qui fait, mes Freres, qu'on voit aujourd'hui si peu de pieté & de regularité dans la plûpart des Cloîtres, & que les Moines ne sont pas ce qu'ils devroient être en effet, c'est qu'ils s'engagent d'ordinaire sans connoître ni ce qu'ils font, ni ce que c'est que la profession qu'ils embrassent; ou que s'ils s'en rencontrent quelques-uns qui ayent plus de lumieres en ce point, ils ne se servent pas des moyens propres & necessaires pour s'acquiter de leurs obligations, & parvenir à la fin qu'ils se sont proposée.

Or afin, mon Frere, que vous ne tombiez pas dans ce malheur, qui n'est que trop commun dans nos temps, je vous dirai en peu de mots que l'état que vous prétendez embrasser, est celuy d'une mortification parfaite pour l'esprit comme pour les sens, & que vous devez le considerer comme un crucifiement veritable: si vous avez autre chose devant les yeux, & que vous vous proposiez quelqu'autre fin, que celle de tendre par toutes vos actions à imiter autant qu'il vous sera possible, & à retracer dans vôtre personne, l'état auquel étoit le Fils de Dieu sur la Croix, vous vous trompez, & vous n'avez point de vôtre profession ni l'idée ni le sentiment que vous en devez avoir.

Vous me demandez sans doute en vous-même, d'où je puis avoir tiré un sentiment si extraordinaire & si peu conforme aux conduites presentes, & moy je vous réponds que ce n'est point le mien, mais celuy de tous les saints Peres qui ont parlé sur ce sujet, & qui ont eu une connoissance parfaite de l'état & de la vie religieuse : mais parce qu'il seroit trop long de vous rapporter en détail ce qu'ils en ont pensé, & ce qu'ils en ont écrit, il me suffira de vous exposer les instructions que saint Benoist a eu dessein de nous donner par ces paroles, *Quibus nec corpora sua, nec voluntates licet habere in propria potestate.* Il veut par cette expression que le renoncement de celuy qui s'engage à la vie religieuse soit si grand, son immolation si entiere, son sacrifice si parfait, qu'il comprenne l'homme tout entier, c'est à dire, qu'il ne luy soit plus permis de disposer par luy-même ni de son corps ni de sa volonté, que tout soit détruit en luy par sa profession, & qu'il ne luy reste plus aucun droit sur sa personne.

Reg. S. Ben. c. 33.

Que si vous voulez sçavoir, mon Frere, sur quoy saint Benoist appuye ce sentiment, ou plûtôt ce précepte, je vous dirai que c'est sur l'exemple de Jesus-Christ même, lequel sçachant que c'est par le sacrifice que l'on doit honorer la majesté de son Pere, est descendu sur la terre pour luy rendre luy-même cet hommage, & luy procurer par là un honneur qui fût digne de luy, & il ne cessera de s'immoler jusqu'à la consommation des siecles. Il faut que vous sçachiez, mon Frere, que ce sacrifice est double, qu'il a offert son Corps & sa Chair sur le Calvaire lorsqu'il s'est abandonné à l'injustice & à la fureur de ses persecuteurs, & qu'il a voulu souffrir cette mort si honteuse & si cruelle pour la redemption & la delivrance des hommes, & qu'il a offert son esprit & sa volonté d'une maniere ni moins réelle ni moins effective par l'obeissance dans laquelle il a passé sa vie, par le soin qu'il a eu de renoncer à sa volonté propre, comme il le dit luy-même : *Descendi de Cælo, non* Ioan. 6. *ut faciam voluntatem meam, sed vo-* 38. *luntatem ejus qui misit me :* par l'humilité profonde dans laquelle il a vécu, par les mépris, les opprobres, les calomnies & les contradictions injurieuses qu'il a endurées de la part des pecheurs qui se sont élevez contre luy. *Qui talem sustinuit à peccatoribus adversùm semetipsum contradictionem.*

Heb. 12. 3.

Or comme il a voulu perpetuer dans son Eglise le premier Sacrifice de son Corps & de son Sang, par l'institution de ce Mystere adorable, qui se passe tous les jours à nos yeux sur nos Autels, dans lequel il s'offre à Dieu son Pere avec autant de verité qu'il le fit dans le lieu de son supplice, & dans le temps de sa Passion, quoi qu'avec des circonstances differentes: de même il a voulu que le second Sacrifice, je veux dire, celuy de son cœur & de sa volonté, se continuât dans la suite des temps, & faire dans ses membres & dans les parties qui composent le Corps dont il est le Chef, c'est à dire, dans tous ses Disciples, & dans tous ceux qui ont la gloire de porter son nom, ce qu'il n'est plus en état de faire par luy même.

C'est par cette raison & par ce motif, qu'il n'a rien tant ordonné à ses Disciples que de le suivre dans un renoncement & dans une abnegation parfaite : il leur dit qu'il est leur exemple & leur modele : *Exemplum* Ioan. 13. *dedi vobis.* Il veut qu'ils soient expo- 15. sez, comme il l'a été, à toutes sortes de persécutions & d'injustices : il declare que celuy qui ne porte pas sa croix, & ne fait pas son capital de l'imiter dans ses souffrances, ne sçauroit être du nombre de ses Disciples : les Apôtres ont suivi cette voie si ordonnée & si prescrite, les Martyrs les ont imitez avec une constance & une fermeté inébranlable ; & c'est tellement le partage de tous les Chrétiens, qu'il n'y en a pas un seul qui ne doive marcher sur ces pas, & s'attacher inviolablement à cette obligation si indispensable & si sainte, puisque c'est par là seulement qu'ils peuvent se rendre dignes du nom qu'ils portent, & de la gloire que JESUS-CHRIST leur a meritée : *Si tamen com-* Rom. 8. *patimur, ut & conglorificemur.* 17.

Les Chrétiens se sont acquittez fidelement de ce devoir, pendant que le Sang de JESUS-CHRIST bouillonnoit encore, & qu'ils avoient devant les yeux les marques sanglantes de son Martyre, ils sont entrez dans cette conduite & y ont marché avec un zele & une ardeur invariable : mais comme leur ferveur a diminué dans la suite, que leur pieté s'est affoiblie, que toutes ces privations leur sont devenuës insupportables, que la tiedeur & la negligence s'est emparée de leur cœur: Jesus-Christ qui étoit jaloux de sa propre gloire, ou plûtôt de celle de son Pere, ne voulant point que ses destinations fussent sans effet, & que son ouvrage demeurât imparfait, a choisi dans le milieu du monde des hommes qui luy gardassent la fidelité que les autres luy avoient refusée: il les a chargé de ce soin auquel les autres avoient renoncé, & les a engagé par état, par profession, & par les liens des vœux, à retracer ses renoncemens, sa pauvreté, ses ignominies, ses souffrances, ses humiliations, ses opprobres, afin de perpetuer & de rendre parfait son Sacrifice: en sorte qu'ils pussent dire avec l'Apôtre, *Ad-impleo ea quæ desunt passionum Christi in carne mea.* J'accomplis dans ma chair ce qui reste à souffrir à Jesus-Christ.

Coloss. 1. 24.

Voilà, mon Frere, à quoy sont destinez les Moines: il faut qu'ils achevent par leurs travaux, par leurs pénitences, & par toutes les mortifications exterieures & interieures qu'ils sont capables d'endurer, ce qui manque encore au Sacrifice de Jesus-Christ, & qu'ils souffrent dans leurs propres personnes, ce que la gloire dont il joüit presentement l'empêche de souffrir presentement dans la sienne, c'est à dire, qu'ils sont destinez pour accomplir le plus grand ouvrage que le Ciel ait jamais operé sur la terre : ainsi on ne doit pas s'étonner, si se tenant dans les bornes de leur profession, s'acquittant des devoirs qu'elle leur impose, ils se sont élevez à une perfection si rare & si excellente, qu'on a pû dire d'eux avec beaucoup de justice & de fondement, ce que l'Apôtre a dit des Anciens Prophetes, *Quibus dignus non erat mundus*, que la terre n'étoit pas digne de porter de si grands hommes. Heb. 11: 38.

Voilà, mon Frere, le fondement sur lequel les Saints n'ont pas apprehendé d'en dire trop, ni de commettre aucun excés, quand ils ont dit que la profession & la vie d'un Moine étoit l'état d'une souveraine perfection & d'un crucifiement veritable.

Si vous étes en peine de sçavoir par quels moyens vous devez tendre à une perfection si éminente, il est aisé de satisfaire à une demande si necessaire & si juste : je vous dirai donc que ce sera en renonçant entierement à vos propres lumieres, à vos sentimens, à toutes vos volontez, pour vous soûmettre à celle des personnes que Dieu vous a données pour vous diriger & pour vous conduire, en vous chargeant du joug d'une obeïssance exacte, en détruisant en vous tous les desirs qui vont à flatter vos sens, à contenter vôtre amour propre, & à vous faire chercher une vie molle & relâchée dans un état de peine, de croix & de douleur.

Manquer d'user de ces moyens, c'est tourner le dos au but auquel vous devez tendre, & vous barrer le chemin de la perfection à laquelle vous aspirez : tournez-vous de quelle maniere il vous plaira, je parle à ceux qui sont engagez comme à ceux qui ne le sont pas ; mettez-vous sur le côté droit, mettez-vous sur le gauche, *Versa re, reversa*, comme dit saint Augustin, cherchez tant que vous voudrez, tentez toutes sortes de voies & de moyens, mais soyez persuadez que ce sera sans fruit & sans utilité, & que ce ne sera que par ceux que je viens de vous proposer, que vous vous établirez dans le bonheur de vôtre profession, & que vous trouverez cette paix si précieuse qui en fait la consolation & toute la joie. Le monde est plein de gens qui se plaignent, de ce qu'on ne rencontre pas dans la Religion les avantages qu'on s'y étoit figurez. Je me persuadois, dit-on, que je joüirois dans ce Monastere d'un repos & d'une tranquillité constante, que je vivrois dans cette paix qui n'est point connuë dans le siecle, & qu'il n'est point capable de donner, *quam mundus dare non potest pacem*, & cependant mes esperances sont vaines, & je me trouve frustré de mon attente.

Coll. Eccles.

Malheureux insensé que vous êtes! à qui est la faute de ce mécompte, & à qui est-ce que vous devez imputer vôtre malheur? vous cherchez la paix & le repos dans vôtre Cloître, vous avez raison, c'est le lieu où il doit être ; & c'est là en effet où vous le devez chercher : mais prenez-vous les voies necessaires, & vous servez-vous des moiens que vous fournit vôtre profession pour l'acquerir? vôtre état n'est que la pratique d'une mortification souveraine, ce n'est autre chose que de renoncer à soy-même, porter sa croix, se priver sans reserve de tous les plaisirs & de toutes les satisfactions d'icy bas, vivre dans une dépendance exacte, pour toutes les actions de l'esprit comme pour celles du corps: je vous demande si vous vous tenez dans ces voies; si vous êtes fidele à vous servir de tous ces secours pour acquerir ce que vous desirez. Mais bien loin de faire en cela tout ce que vôtre profession exige de vous, vous m'avoüerez, si vous êtes sincere, que vous vous faites des voies particulieres, que vous suivez des routes toutes contraires à celles qui vous sont marquées, & vous pretendez arriver à la paix? vous vous abusez, vous vous trompez vous-même, & vous vous en fermez pour jamais toutes les portes & les entrées; les raisons de ce mécompte, mes Freres, les voicy.

La premiére, c'est qu'il est impossible, selon les principes naturels, qu'une chose soit dans le repos tandis qu'elle est hors du lieu où elle doit être: il y a dans toutes les creatures une inclination si forte pour ce qui

qui s'appelle le centre & le lieu qui leur est propre, & elles y tendent par une pente qui leur est si naturelle, que jusqu'à ce qu'elles y soient, elles sont dans l'inquietude & dans le mouvement; cet homme s'est disloqué un bras ou une jambe, l'os est sorti de sa place, il en ressent une douleur violente & sensible, ce mal ne guerira point, il deviendra incurable, si l'on ne commence par remettre l'os dans son lieu naturel; que l'on y apporte tous les remedes que l'on voudra, ils ne serviront de rien, & n'empêcheront ni la violence ni la continuation de la douleur: d'où vient cela? c'est que cet os est hors de sa place, & qu'il ne peut être en repos, ni en procurer au reste du corps, si l'on ne l'y rétablit.

Il en est de même de ce Religieux, il a beau s'inquieter pour chercher le repos & la tranquillité qui luy manque & qu'il desire avec tant d'ardeur, qu'il s'en propose tant qu'il voudra, soit dans ses lectures, dans ses emplois, dans ses occupations, dans les entretiens, & dans la frequentation des gens du monde, dans les promenades, dans les divertissemens, dans la bonne chere, il n'en aura jamais quoiqu'il fasse; & malgré tous ces efforts & ces mouvemens si irreguliers, le trouble, le chagrin, l'ennui, l'inquietude seront toûjours son partage jusqu'à ce qu'il se soit remis dans son centre, qu'il soit rentré dans son lieu naturel, c'est à dire, dans son devoir, lequel, comme nous avons déja dit, n'est qu'un état de croix, de souffrances, & de renoncement, soit à son propre corps, soit à sa volonté: *Quibus nec corpora sua, nec voluntates licet habere in propria potestate.*

Reg. c. 33.

La seconde raison qui fait que le Religieux qui n'est pas dans son état, comme il y devroit être, ne sçauroit avoir cette paix veritable, c'est qu'elle est purement un don de Dieu, qu'elle vient de luy comme de sa source: les hommes peuvent bien nous tromper en nous la promettant, où nous la faisant esperer: mais cette paix dont ils nous amusent, n'est qu'une fausse paix, c'est une lueur passagere qui éblouït, mais qui n'a ni durée ni consistance. Dieu seul la donne & la produit dans les cœurs qui sont à luy, qui vivent

Jerem. 6. 34.

selon ses loix saintes, & qui ne veulent précisément d'autre situation en ce monde que celle qu'il leur a marquée : c'est pourquoy celuy qui la desire, doit pour se mettre en état de la recevoir & de l'obtenir de sa liberalité, regler en tout sa volonté par la sienne : car quel moyen de meriter un si grand bienfait, un don de Dieu si utile & si considerable, & de se contenter d'un état opposé à ses ordres & à ses desseins ? Quoy JESUS-CHRIST vous a fait l'honneur de vous choisir par une distinction & par une preference toute particuliere, pour contribuer à l'accomplissement de la plus grande de toutes ses œuvres, qui est celle de sa Passion. Il vous a destiné pour offrir avec luy ce Sacrifice continuel, par lequel il ne cesse point d'honorer la majesté de son Pere : il vous demande de suppléer à ses souffrances par les vôtres, & sans vous mettre en peine de luy obeir, de répondre à sa voix, de suivre sa vocation, & d'executer comme un serviteur reconnoissant & fidele ses volontez qu'il vous a declarées, vous suivez les vôtres, & vous pretendez qu'il vous accordera cette paix qui est la recompense de ceux qui préferent à toutes choses le bonheur de luy plaire ? vous n'avez fait aucun cas de ses ordres, vous avez compté pour rien tant de graces qu'il vous a faites, vous avez laissé en arriere, comme dit le Prophete, un commandement qui vous étoit si avantageux, *Projecisti sermones meos retrorsum* ; & vous voulez, à proprement parler, qu'il recompense vôtre infidelité, & qu'il couronne vôtre negligence.

Pf. 49. 28.

C'est une imagination qui ne se peut comprendre, c'est faire injure à sa justice, c'est vouloir qu'il approuve ce qu'il ne doit pas souffrir, & qu'il faut par necessité qu'il condamne. En un mot c'est s'attirer ce reproche sanglant qu'il fait par la bouche de ses Prophetes à ceux qui vous ressemblent : *Existimasti iniquè quod ero tui similis*. Vous vous êtes figuré, injuste que vous étes, que je participerois à vôtre iniquité, que j'aprouverois vos dereglemens, parce que vous les aimez : mais je sçaurai bien prendre, quand il sera temps, les interêts de la verité & de ma gloire, me vanger de

Pf. 49. 22.

l'injure que vous m'avez voulu faire, vous confondre dans la vanité de vos pensées, & faire retourner contre vous les traits de vôtre malice & de vôtre iniquité, *Arguam te, & statuam con-* *Ibid.* *tra faciem tuam.*

Ainsi, mon Frere, si vous n'êtes pas dans le dessein d'entrer dans toutes les dispositions que je vous presente, si vous n'êtes pas resolu de vous dépoüiller entierement de vous-même, si vous avez quelque autre vûë, & si vous vous proposez autre chose que ce crucifiement dont nous vous avons parlé, ce renoncement achevé à toutes vos volontez, quelque objet qu'elles puissent avoir, soit pour le corps, soit pour l'esprit, enfin si vous n'êtes point dans une resolution constante & determinée d'embrasser le joug de benediction que Jesus-Christ impose à ceux qui se consacrent à son service, & qui consiste, comme je vous l'ay dit, dans le retracement & l'imitation de sa vie souffrante : non seulement je ne vous conseille point de vous engager, ni même de continuer pour un moment l'œuvre que vous avez entreprise : mais j'estime que ce seroit le plus grand des malheurs, de se lier dans une profession si sainte, sans avoir les dispositions qui luy sont essentielles, puisqu'il n'y va pas moins que de se mécompter dans l'affaire du monde la plus importante & la plus irreparable qui est celle de son salut.

C'est de quoy je me sens obligé d'avertir ceux qui sont encore libres, & qui sont en état de disposer de leur personne, afin qu'ils connoissent le fond de leurs devoirs, & qu'ils sçachent ce qu'exige d'eux la condition qu'ils veulent embrasser. Que si après ce que nous venons de vous dire, vous persistez dans le dessein que vous nous avez témoigné; continuez de marcher dans la carriere que vous avez commencée; & quand même vous n'auriez pas encore toutes les dispositions que nous vous avons marquées dans toute leur perfection, il faut esperer, pourvû que vous les ayez dans le desir, & que vous soyez dans une determination sincere de travailler à les acquerir, par toutes les voies qui vous seront prescrites: il faut, dis-je, esperer que

JESUS-CHRIST qui seul a pû vous inspirer un tel sentiment, vous donnera toute l'assistance dont vous avez besoin pour le conduire à une fin heureuse, & que l'engagement dans lequel vous entrerez dans la suite, sera pour vous une source abondante de paix & de gloire pour le temps, comme pour l'éternité.

CONFERENCE
POUR
LE XIX. DIMANCHE
APRES LA PENTECOSTE.

Simile factum est Regnum Cœlorum homini Regi, qui fecit nuptias filio suo *Matth.* 22. 2.

Le Royaume des Cieux est semblable à un Roy qui voulut faire les nopces de son fils,

QUE les hommes sont à plaindre, mes Freres, selon la peinture que l'Evangile nous en fait aujourd'huy, & selon l'idée qu'il nous en donne; car qu'y a-t-il de plus digne de compassion que de voir qu'au lieu de se conduire par les loix & par les regles de la raison, ils les foulent aux pieds & témoignent par des actions toutes publiques, ou plûtôt par tout

l'état

l'état de leur vie que ce sont leurs passions, & leurs cupiditez qui les meuvent, qui les inspirent, qui les dirigent & qui les dominent, semblables à ces brutes, qui selon la parole du Prophete, n'ont ni intelligence ni lumiere, *sicut equus & mulus quibus non est intellectus*. Ps. 31. 11. C'est precisément ce que sont la plûpart des gens du monde dans tous les états & toutes les conditions, les riches, les pauvres, les petits, les grands, les simples, les grossiers, comme ceux qui ont, ou qui paroissent avoir de la capacité & de la suffisance.

Je vous demande ce que c'est qu'un fou & un extravagant, sinon un homme qui juge mal, ou qui ayant le jugement, le discernement ou la pensée juste fait & agit comme s'il étoit sans lumiere, sans discernement & sans connoissance: celuy par exemple qui prefereroit une poignée de sable à une poignée de diamans, une pome d'argile à une pomme d'or, un habit de toile à un habit de pourpre ou de brocard; si cela est de la sorte, comme on ne peut pas en douter, il faut demeurer d'accord que rien n'égale l'extravagance de ceux dont JESUS-

CHRIST nous parle aujourd'huy dans son Evangile, lorsqu'il nous dit que le Royaume des Cieux est semblable à un Roy qui voulant faire les noces de son fils, envoya ses serviteurs pour y appeller ceux qui y étoient conviez, mais qui refuserent d'y venir, *simile factum est regnum Cœlorum homini Regi, qui fecit nuptias filio suo, & misit servos suos vocare invitatos ad nuptias, & nolebant venire.*

Math. 22. 2. & 3.

Ce Roy, mes Freres, c'est Dieu même, c'est le Pere éternel qui appelle les hommes ; ce festin qu'il leur prepare c'est son Royaume, c'est l'heritage de son fils, qu'il a destiné à tous ceux qui se rendent dignes d'y être admis, & d'y prendre place, il les invite une fois, deux fois, il les presse de s'y trouver, mais ces conviez au lieu de regarder comme un bonheur infini la grace qui leur est presentée, & de s'avancer à pas de geant, à la possession d'un bien dont ils ne sont pas dignes, alleguent des raisons & des pretextes pour se dispenser de suivre la voix qui les appelle; l'un dit, comme il est rapporté dans S. Luc, qu'il a acheté une maison à la campagne, l'autre qu'il vient de se marier; l'autre qu'il est occupé à faire valoir sa terre *villam emi, uxo-* *rem duxi, juga boum emi quinque, & ideo non possum venire.* Qu'on me dise si la folie des hommes peut aller plus loin: s'il y a rien de pareil à un tel excez, & si à moins que d'avoir perdu la raison, jusqu'à la moindre étincelle, on peut juger des choses d'une maniere si fausse & si injuste? cet homme qui rejette le premier la proposition qui luy est faite, prefere une maison de boüe qu'un coup de tempête renversera dans un moment à ces maisons celestes qui n'ayant point été bâties de la main des hommes mais de celle de Dieu, auront une beauté, une durée, une consistance éternelle; peut-on conserver une ombre de bon sens avec un tel excez?

Luc. 14. 18. 19. & 20.

Le second n'est pas plus équitable qui fait plus de cas de l'attachement qu'il a à une creature vile & mortelle, qui par son infidelité, peut devenir en un instant l'objet de son mépris & de sa haine, & qui luy étant ravie par la necessité de la mort, n'aura pas été deux jours dans le tombeau qu'il ne pourra plus la regarder qu'avec horreur, que de cette union incomprehenfible, de cette alliance inéffable, qui l'attachera pour jamais à fon Createur, & dont la joüiffance le rendra éternellement heureux.

Le troifiéme n'eft pas moins aveugle, d'aimer mieux cultiver un champ qui malgré toutes fes peines & fes travaux, ne laiffera pas de luy produire des épines & des ronces, que d'entrer par la porte qui luy eft ouverte, dans cette terre d'une benediction, d'une abondance & d'une richeffe infinie, fur laquelle le Soleil ne fe couche jamais, qui joüit d'un perpetuel printemps, & qui ne connoît ni la viciffitude, ni l'inconftance, ni le changement des faifons, *villam emi, juga boum emi quinque, uxorem duxi, & ideo non poffum venire*; quels motifs, quelles confiderations, quelles excufes, pour negliger le bonheur qu'on leur prefente? preferer un grain de fable à la poffeffion de tout l'univers, c'eft une folie qui ne fe peut comprendre, mais celle-cy la furpaffe infiniment, puifque l'Univers tout grand qu'il eft a des bornes & des limites, & que le Royaume de Jesus-Christ n'en a point.

Mais ce qui est digne d'être remarqué, mes Freres, c'est que ceux qui tombent dans ces égaremens, ne sont pas seulement les gens d'un sens & d'une raison ordinaire, mais ceux même qui paroissent, & qui sont estimez en avoir davantage, & qui se tirent de la foule, & qui se distinguent par ce qui s'appelle finesse, delicatesse & beauté d'esprit, ce sont ceux, à proprement parler, dont les attachemens sont plus violens, dont l'extravagance est la plus consommée, & qui tiennent plus fortement aux passions folles qui les enchantent, & qui les possedent, ils ont moins d'oreilles que les autres pour entendre le cri de Dieu, qui les invite à sortir de cette voye d'erreur & de mensonge, pour entrer dans celle de la verité ; non seulement ils ne veulent pas écouter cette verité, mais ils s'élevent contre elle avec insolence, & leur raison toute plongée dans les tenebres, & dans les choses de la terre, les mettant comme dans l'impuissance de considerer & de goûter celles du Ciel, ils se livrent comme des insensez à tout ce qui flate leurs sens, qui contente leurs convoitises, & font consister leur beatitude dans la jouissance du present, comme si l'avenir n'étoit rien, parce qu'ils n'en sont plus touchez, & qu'il ne fait plus aucune impression sur leur cœur.

C'est à dire que celuy-cy fait son plaisir de l'amour de la gloire, celuy-là de sa passion brutale, & des delices d'une vie toute sensuelle ; un autre de son ambition ; un autre du desir insatiable d'avoir des richesses ; un autre du plaisir qu'il a dans le boire & dans le manger ; un autre de son oisiveté & de sa mollesse ; enfin ce sont là les sentimens & les affections qui forment, qui remplissent & qui partagent tout l'état de la vie des gens du monde, & ils n'en apperçoivent la tromperie & l'illusion, que quand le bras de Dieu s'appesantit sur leur tête, & que sa justice les contraint malgré eux de condamner leur propre conduite, ils s'écrient pour lors, mais dans une surprise & dans un ressentiment qui leur est entierement inutile : *ergo erravimus à via veritatis, & justitiæ lumen non luxit nobis, & sol intelligentiæ non est ortus nobis :* quoy donc nous avons marché hors de la voye de la verité, nous n'avons pas connu la lumiere de la justice & le soleil

Sap. 5. 6.

de l'intelligence ne nous a point éclairée.

C'est dans ce moment si terrible que leur fausse sagesse se trouve à bout, que leur folie est à decouvert, & ne peut plus se cacher, & que la conviction de leur conscience tire cette confession de leur bouche, *nos insensati* *Ibid. 4: vitam illorum æstimabamus insaniam, & & 5. finem illorum sine honore, ecce quomodo computati sunt inter filios Dei & inter sanctos sors illorum est.* Insensez que nous sommes, nous avons regardé la vie des gens de bien comme une extravagance, nous avons cru qu'il ne pourroit leur en revenir que de la honte & de la confusion, cependant ils sont dans la societé des enfans de Dieu, & *Ibid. 7.* leur sort est celuy de ses Saints ; nous n'avons fait que nous lasser dans la voye de l'iniquité & de la perdition, nous avons marché par des chemins âpres & difficiles, & la voye du Seigneur ne nous a point été connuë, quel avantage tirons-nous de nôtre orgueil ? que nous sert toute cette vaine ostentation que nous avons faite de nos richesses, *quid nobis profuit* *Ibid. 8. superbia, aut divitiarum jactantia quid contulit nobis ?*

Quelle instruction, mes Freres, si on la considere dans toute son étenduë : nous nous sommes vûs naître, & disparoître dans un même instant, nous n'avons fait nulle action, ni donné aucune marque de vertu, & nous avons consumé nos jours dans nôtre iniquité, *talia dixerunt in inferno, hi qui peccaverunt*, voicy de tristes plaintes, elles le sont d'autant plus qu'elles sont infructueuses, car le temps de la penitence est passé, les regrets & les gemissemens de ces malheureux ne sont plus que les effets de leur rage & de leur desespoir, voila la consommation de la folie des gens qui servent le monde.

Je m'apperçois, mes Freres, qu'il vous vient dans l'esprit que vous êtes à couvert de tous ces inconveniens, & qu'ayant renoncé, comme vous avez fait, au monde, à ses biens, à ses fortunes, à ses plaisirs, à ses vanitez & à tous ses amusemens, vous ne pouvez plus avoir de part aux malheurs de ces insensez, que leur destinée est toute pour eux, que les Moines doivent être exempts de tous ces maux. Je vous avoüe que vôtre état est un abry qui vous garantit de ces coups

Ibid. 13.

Ibid. 14.

de tempêtes, auſquels ſe trouvent expoſez ceux qui ſuivent les engagemens du ſiecle, je ſçai bien que les Moines ne ſont pas attaquez des mêmes paſſions, qu'ils n'ont pas les mêmes combats à ſoûtenir, & qu'il n'eſt guere poſſible qu'ils tombent dans ces folies & ces excez, où l'on voit vivre les mondains; mais auſſi vous devez ſçavoir que pour être dans le port, & pour s'être retirez dans la ſolitude, comme dans un ſacré refuge, ils ne doivent pas ſe figurer qu'ils ſoient dans une ſureté toute entiere, puiſque Jesus-Christ nous apprend que parmy ceux qui obeïrent aux ordres de ce Roy qui les avoit conviez aux noces de ſon fils, & qui étoient entrez dans la ſale du feſtin, il s'en trouva un qui en fut chaſſé, & dont le ſort ne fut ni meilleur ni plus heureux que celuy de ceux, qui avoient refuſé de s'y trouver, *vidit ibi hominem non veſtitum veſte nuptiali, & ait illi, amice, quomodo huc intraſti non habens veſtem nuptialem. &c.* Il apperçut, c'eſt de ce Roy dont il eſt parlé, un homme qui n'avoit point la robe nuptiale, & il luy dit, mon ami, comment êtes vous entré icy ſans avoir la robe nuptiale?

Matth. 22. 11. & 12.

C'est là la figure des Moines & des Religieux qui s'engagent dans les Cloîtres, qui sont destinez de Dieu pour être saints & qui ne le sont pas; qui cachent des dispositions mondaines sous un habit qui n'a rien de commun avec le monde, *cor sæculare sub habitu religionis*, & qui se conduisent d'une maniere toute humaine & toute charnelle, dans une profession toute divine & toute sainte.

En un mot, mes Freres, pour vous dire encore quelque chose de plus précis & de plus positif, cette parabole nous apprend que ceux qui sont dans les Monasteres, & qui ne sont pas revétus de la robe nuptiale, n'ont point de part à ce festin preparé; c'est à dire que la recompense que Dieu a promise à ceux qui s'y trouvent avec la dignité necessaire, n'est point pour eux; cette robe nuptiale qui fait la decision de la destinée des uns & des autres, & qui rend leur sort si different, est dans le sentiment de S. Jean Chrysostome, de S. Augustin, de S. Gregoire & de tous les saints, la charité de Dieu, & par consequent ceux qui n'auront pas cette charité si necessaire, & cette ver-

Bern.

tu qui distingue, & qui decide; ce festin lequel, comme nous l'avons dit, est le Royaume de Jesus-Christ, n'est point pour eux, il faut que l'amour de Dieu sanctifie les Monasteres & ceux qui les habitent; enfin il faut aimer Dieu, si on veut profiter des avantages & des benedictions qui y sont renfermées: vous n'aimez point Dieu, vous n'avez point la robe nuptiale, il ne vous servira de rien de vous trouver parmi ceux qui sont invitez au banquet, vous en serez rejettez avec honte, & pour jamais, & la temerité que vous aurez euë de vous y produire, ne fera que vous attirer une punition plus rigoureuse, *ligatis manibus & pedibus ejus, mittite eum in tenebras exteriores, ibi erit fletus & stridor dentium.* Matth. 22. 13. C'est un arrest épouventable, cependant Jesus-Christ l'a prononcé, & le prononce encore tous les jours, contre tous ceux qui vivent dans l'état & dans l'engagement des Cloîtres, sans être revêtus de la robe nuptiale.

Vous attendez, mes Freres, que je vous dise de quelle maniere il faut aimer Dieu, & quelles marques vous pouvez avoir en cela de vôtre fidelité, car comme il n'y a rien qui vous importe davantage, il n'y a rien aussi surquoy vous deviez desirer plus d'instructions & plus de lumiere ; aimer Dieu, c'est executer ses ordres, c'est se soûmettre à ses volontez. *si diligitis me, mandata mea servate, qui habet mandata mea & servat ea, ille est qui diligit me*, si vous m'aimez, dit JESUS-CHRIST, observez mes loix; celuy qui a reçû mes commandemens & qui les garde, c'est celuy la qui m'aime ; ainsi la marque de vôtre amour, c'est vôtre obeïssance, c'est l'observation du precepte, c'est inutilement que l'on se persuade que l'on aime, si on n'agit ; l'amour veritable ne peut demeurer oisif, & vous ne me sçauriez trouver d'amour qui n'agisse pas, *dilectio*, dit S. Augustin, *vacare non potest, da mihi amorem vacantem & nihil operantem*, l'amour quand il est réel & sincere, s'exprime par les œuvres ; je ne dis point par celles qui dependent de l'usage des sens, des pieds, des mains, de la bouche, mais j'entends les actions interieures, les mouvemens du cœur, dont les autres ne sont que les productions & les effets, c'est à dire qu'il faut que

Ioan. 14. 15. 21.

l'obeïssance soit formée dans le fond des ames, qu'elle y naisse, & que dans les occasions elle en sorte, comme de sa source & de son principe.

Une des premieres assurances, mes Freres, que vous puissiez avoir que cette charité est en vous comme elle y doit être (Je parle à vous & à tous ceux qui professent la Regle de S. Benoist.) C'est l'observation de ce precepte, qui vous ordonne de renoncer à vôtre propre volonté, & de vivre dans la pratique d'une obeïssance exacte, *quisquis abrenuncians propriis voluntatibus &c.* il faut donc en consequence de l'obligation que JESUS-CHRIST vous impose par le ministere de ce grand Saint; que vous consideriez cette volonté propre, comme un adversaire redoutable, qui travaille par des efforts continuels à vous tirer de la main de Dieu, & à détruire en vous le Royaume de JESUS-CHRIST pour y établir celuy du Démon; il faut que vous vous donniez tout entier pour en arréter les mouvemens, & en reprimer les saillies, & que s'il ne vous est pas possible d'en arracher jusqu'aux dernieres racines, vous en retranchiez au moins tous les rejet-

Prolog. Reg. S. Bened.

tons avec tant de soin que l'on n'en voïe nulle trace dans toute vôtre conduite; il faut dis-je que vôtre obeïssance se fasse remarquer dans toutes les circonstances de vôtre vie, à l'égard de vos Superieurs, envers vos égaux, que vous l'étendiez jusqu'au moindre de vos Freres, & qu'il paroisse dans toutes vos actions que vous ne craigniez rien tant, que d'agir de vous-mêmes & par vôtre propre esprit; il faut comme je l'ay dit tant de fois, qu'elle soit cordiale, pure, prompte, sincere, & que vous vous souveniez que le serviteur qui fait exterieurement ce qu'on luy commande, qui soûmettant son corps ne soûmet pas son cœur, sera puni de Dieu qui le connoît & qui le jugera selon ses dispositions secrettes, *qui cor intuetur murmurantis*. Enfin il faut que vôtre homme tout entier soit dans la dépendance, il faut que cet état vous plaise & que vous l'aimiez, & que vous puissiez dire selon ces paroles de l'Apôtre, *in ipso vivimus, movemur & sumus*, c'est en luy que nous avons la vie, le mouvement & l'être, voila un grand témoignage de vôtre charité.

Reg. S. Bened. cap. 5.

Actor. 17. 28.

Vous acquerrerez, mes Freres, une pareille certitude, par le moyen de la fidelité avec laquelle vous vous acquitterez de l'humilité dont vôtre Regle vous donne des instructions si particulieres & si saintes: car comme vous ne pouvez douter que ce ne soit Dieu luy même qui vous commande en qualité de Chrêtien, & de Solitaire, de pratiquer cette vertu dans tous les differens degrez qu'elle contient, vous devez aussi regarder la religion avec laquelle vous satisferez à ce precepte comme un effet de l'amour que vous portez à JESUS-CHRIST, puisque selon la declaration qu'il nous en a faite, c'est l'aimer que de luy obeir, *si diligitis me, mandata mea servate.* Joan 14. 15.

Travaillez donc autant qu'il vous sera possible à passer par tous les degrez de cette vertu si étenduë & si necessaire, à entrer dans toutes ces circonstances, dont il se peut dire que l'accomplissement a des utilitez infinies, puisque c'est par cette disposition, plus que par aucune autre, qu'on acquiert cette conformité divine avec luy, laquelle fait la sanctification & le bonheur éternel de ses élûs.

Proposez-vous donc, mes Freres, de souffrir avec une patience ferme & constante, tout ce qui peut vous arriver de plus injurieux & de plus injuste de la part des hommes ; souffrez, dis-je, & non seulement sans resistance, mais avec une paix si entiere qu'on y voye l'accomplissement de ces paroles du Prophete, *propter te mortificamur tota die, æstimati sumus sicut oves occisionis,* on nous égorge tous les jours pour l'amour de vous, & on nous regarde comme des brebis destinées à la mort, ces paroles sont dites des martyrs de JESUS-CHRIST; mais peut-on mieux les appliquer qu'aux Solitaires qui sont ses serviteurs, ses disciples & ses martyrs tout ensemble: dites à Dieu non seulement du mouvement de vos levres, mais de tout le sentiment de vôtre cœur, ce que disoit le même Prophete, Seigneur vous nous avez éprouvez, vous nous avez fait passer par le feu comme l'argent, vous nous avez tendu des pieges, vous nous avez chargez de tribulations; *probasti nos Deus, igne nos examinasti sicut examinatur argentum, induxisti nos in laqueum, posuisti tribulationes in dorso nostro,* & faites que cette instruction

POUR LE XIX. D. APRÉS LA PENT. 425

tion soit effective & réelle, & qu'on voye par toute vôtre conduite qu'elle a fait sur vous toutes les impressions qu'elle y doit faire.

Ne perdez pas d'occasions de vous rabaisser aux yeux des hommes, ouvrez vôtre cœur & decouvrez-en les pensées les plus secrettes aussi bien que les actions mauvaises & criminelles, à celuy que Dieu vous aura donné pour superieur & pour pere, selon le precepte de vôtre Regle qui vous y oblige, *omnes cogitationes malas cordi suo advenientes, &c.* & soyez persuadez, selon le temoignage du S. Esprit, que c'est la voye la plus assurée que vous puissiez prendre pour obtenir de Dieu qu'il efface vos injustices & qu'il vous pardonne vos pechez, *dixi, confitebor adversum me injustitiam meam Domino, & tu remisisti impietatem peccati mei.*

Reg. S. Ben. cap. 7. grad. 6. de hum.

Ps. 31. 5.

Ayez si mauvaise opinion de vousmêmes, & pensez-en si desavantageusement que vous vous regardiez comme mechants serviteurs, & que vous vous croyiez indignes que l'on vous considere, & qu'il n'y ait rien de si vil & de si bas, à quoy vous ne vous soûmettiez de la plenitude de vôtre

Tome III. N n

cœur, semblables pour user des termes du Prophete, à ces bêtes qui reçoivent indifferemment tous les fardeaux dont on les charge, *ut jumentum factus sum apud te.*

Ps. 72. 13.

Croyez, mes Freres, si vous voulez remplir ce devoir, comme vous y êtes obligez, qu'il n'y a personne à qui vous ne soyez inferieurs, mettez-vous par un aneantissement volontaire, sous les pieds de tout le monde; dites de bouche, dites de cœur, dites par toutes vos actions, ce que le S. Prophete a dit dans la vûë de Jesus-Christ; *ego sum vermis & non homo, opprobrium hominum & abjectio plebis.* Je suis un ver & non un homme, je suis l'opprobre des hommes & le mépris du peuple. Pensez que vôtre bonheur & vôtre gloire est de retracer les abbaissemens de Jesus-Christ, & de vouloir bien dans une patience, qui soit une imitation de la sienne, que les hommes vous traittent avec toutes les confusions & les ignominies qu'il leur plaira, c'est à dire qu'un Moine n'a plus de raison de se plaindre, & s'il veut être humble, comme Dieu veut qu'il le soit, il n'y a rien qui luy puisse arriver, soit

Ps. 21. 7.

de la part du monde, soit de la part de ses freres, qu'il ne soit obligé de souffrir, comme les peines de ses pechez, & les punitions qu'il a bien meritées; par où pourriez vous mieux connoître, que par cette fidelité que vous aimez Dieu, que vous avez sa charité, & que vous êtes revêtus de la robe nuptiale?

La charité que vous exercerez à l'égard de vos freres ne sera pas un témoignage moins évident de vôtre amour envers Dieu, puisqu'il vous commande d'aimer vos freres & qu'il vous y oblige comme à un precepte essentiel, *hoc est præceptum meum ut diligatis invicem, sicut dilexi vos*, ce sont les paroles de JESUS-CHRIST, vous devez donc vous aimer, mes Freres, selon le commandement qu'il vous en fait, comme il vous a aimé luy-même, non pas veritablement dans la même étenduë, dans le même degré d'amour, & dans la même perfection, car cela n'est pas possible; mais cependant il faut que vôtre charité soit telle que la sienne en soit le modelle & la regle, & qu'on l'y remarque, c'est à dire qu'il faut qu'elle soit pure, sincere, cordiale, ap-

Ioan. 15.

pliquée, ardente, continuë & que vous ne perdiez aucune occasion d'en donner des marques : que tous les Moines disent ce qu'il leur plaira pour justifier l'éloignement dans lequel ils vivent de cette intelligence qui doit être inviolable entre eux, qu'ils alleguent tout ce que leur peut suggerer leur libertinage, pour s'exempter de l'assujettissement dans lequel il faut qu'ils se contiennent, afin de conserver cette concorde sans qu'elle reçoive la moindre atteinte ; qu'ils se flatent, qu'ils se trompent, la parole de JESUS-CHRIST ne changera point, *hoc est præceptum meum &c.* son commandement subsiste, il dit & declare que c'est le sien, parce qu'il est venu uniquement sur la terre pour reconcilier le monde avec son Pere, selon la parole de l'Apôtre, *quoniam quidem Deus erat in Christo, mundum reconcilians sibi*, & qu'il n'est pas possible que cette reconciliation se fasse que les hommes ne soient reconciliez entre eux ; les Solitaires, dont la Religion doit être de beaucoup superieure à celle du reste des Chrêtiens, ne doivent rien apprehender davantage, sinon de demeurer en arriere & de

2. Cor. 6. v. 9.

n'en pas faire assez pour satisfaire au devoir, dont ils sont incomparablement plus chargez que les autres.

Je vous parle souvent sur ce sujet, mes Freres, parce que celuy qui aime veritablement son prochain, accomplit la loy, *plenitudo legis est dilectio*, & que c'est particulierement contre ceux que Dieu appelle & destine à pratiquer d'une maniere parfaite cette vertu toute divine, que l'envie des démons s'excite, & qu'ils travaillent sans relâche pour empêcher la gloire qui revient à Jesus-Christ, lorsqu'une Congregation sainte, assemblée & formée par son esprit, le sert par le mouvement d'un même cœur, & d'une même volonté. Job craignoit que ses enfans, qui faisoient entre eux tour à tour, des repas de benediction, pour entretenir leur charité & s'en donner des témoignages, n'eussent commis quelque faute ou de pensées, ou de paroles, ou d'actions, qui blessât ce profond respect qu'ils devoient à la majesté de Dieu, & luy offroit pour cela des sacrifices, *consurgens diluculo offerebat holocausta pro singulis*, & je puis dire à l'exemple de ce S. homme, qu'il n'y a rien que

Rom. 13. 10.

Iob. 1. 5.

j'apprehende davantage, sinon que parmi ce continuel commerce, que vous avez les uns avec les autres, parmi cette communication silentieuse dans laquelle vous vivez, il ne vous échappe quelque chose contre cette charité qui doit être entre vous si entiere & si inviolable, & Dieu sçait que c'est la plus grande de mes craintes : le démon qui fait ce qu'il peut, afin que ce desordre arrive dans les Congregations saintes, essaye d'aigrir les uns, d'échauffer les autres, il produit des soupçons, il fait naître des jalousies, il trouble les uns, il les remplit de visions, il les rend deffiants, imaginatifs, il leur persuade qu'ils voyent ce qu'ils ne voyent pas en effet, enfin il se joüe d'eux, & de leur fragilité, & trouve souvent le secret de les diviser pour des bagatelles, pour des raisons de rien, de petits interêts, & d'une maniere aussi irreconciliable, que s'il s'agissoit de partager un Royaume.

Que faut-il donc faire pour éviter un mal qui est si general ? pensez, mes Freres, si vous voulez vous preserver de cette contagion, que vous êtes les membres d'un corps que vous compofez, que vous étes les uns à l'égard des autres, ce que font entre elles les parties qui forment un corps naturel, & que vous devez avoir entre vous une liaifon qui ne foit ni moins étroite ni moins intime; par exemple, s'il arrive que la main gauche foit bleffée, fi elle eft couverte de lepre, d'ulceres, la droite la foulage, la fert, luy rend toute l'affiftance dont elle a befoin; elle la lave, elle la nettoye, elle la traite, & fait tout ce qui dépend d'elle pour fa guerifon; la gauche luy fait des offices tout femblables, à la moindre neceffité qu'elle reffent, l'une & l'autre fe portent à tous les endroits du corps, lorfque fes infirmitez le demandent, la tête fe donne & s'employe toute entiere aux moindres maux & aux moindres accidents qui luy furviennent, il n'y a rien qu'elle dedaigne, il n'y a rien qu'elle neglige, il fuffit qu'elle connoiffe que l'on fouffre, & que fon miniftere foit utile, ou neceffaire: en quelque lieu que ce foit, pour qu'elle s'y applique, il n'y a point de falletez qui l'arrêtent, point de degoût, point d'ordures qui l'en empechent, & s'il arrive que cette partie qui est la plus noble soit exposée à quelque peril, toutes les autres avec precipitation, & promptitude, se mettent au devant d'elle, pour l'en garantir ; enfin l'on voit dans ce tout, une intelligence si entiere & si établie, qu'il n'y a que l'impuissance toute seule, qui soit capable de l'interrompre, ou de la suspendre.

Voila une peinture veritable ou plûtôt une instruction fidele, que l'esprit de Dieu vous donne par la bouche de l'Apôtre, de la conduite que vous devez tenir les uns envers les autres, *ut non sit schisma in corpore, sed idipsum pro invicem sollicita sunt membra, & si quid patitur unum membrum compatiuntur omnia membra*; vous devez entrer sans reserve & sans distinction, dans vos besoins particuliers les uns des autres; en sorte qu'ils vous deviennent communs, & que chacun de vous regarde le mal, l'infirmité, le défaut du moindre de ses Freres, comme le sien propre.

Il faut donc que vous supportiez leurs miseres, leurs imperfections, soit des esprits, soit des corps, que vous soyez toûjours prêts de tendre l'épaule pour recevoir le fardeau, afin de les

les soulager, que vous preveniez leurs besoins, & même leurs desirs par toutes sortes de bons offices: il faut que vous jugiez avantageusement de leur vertu, & que vous vouliez bien être estimez coupables pour les faire paroître innocents; que vous excusiez leurs fautes, s'ils en commettent, par la droiture ou par la pureté de leurs intentions; que vous ne laissiez échapper aucune occasion de leur faire plaisir; enfin que vous fassiez connoître par toute vôtre conduite, que les instructions & les exemples de Jesus-Christ ont sur vous tout le poids & toute l'authorité qu'ils y doivent avoir: & sur tout prenez garde que ce soit le cœur qui s'exprime, que ce soit luy qui agisse, & que toute cette œconomie ne soit pas seulement exterieure & de police, mais qu'elle parte du fond & du sentiment interieur, car sans cela vôtre charité ne seroit point veritable, ce ne seroit point celle que Jesus-Christ vous a commandée.

Vous voyez, mes Freres, sans qu'il soit necessaire de vous le dire, combien cette disposition vous interdit pour jamais ces manieres d'agir, qui ne sont que trop établies dans les Cloîtres aussibien que dans le monde; cette liberté qu'on se donne de se menager à l'égard de ses Freres, de leur refuser cette estime, cet amour, cette consideration qu'on leur doit, sur des imaginations frivoles, ou à proprement parler, sur des soupçons & des jugemens temeraires; je ne veux point de mal à ce Frere, dit un Religieux, mais je ne suis pas obligé de le considerer comme un autre, sa conduite est incommode, elle est desagreable, il n'est pas à mon égard tel qu'il doit être; il me paroît dans les rencontres qu'il cherche à me déplaire, qu'il fait cecy, qu'il fait cela, pour me donner de la peine, qu'il me contredit quand il le peut, qu'il me fait des signes rudes, qu'il me regarde avec suffisance & avec mepris, ainsi je puis le distinguer, & Dieu ne demande pas de moy que je sois pour luy, comme s'il avoit pour moy tout ce que je sçay, & que je vois qu'il n'a pas; il faut que ce Religieux qui agit de la sorte, reconnoisse malgré qu'il en ait qu'il est abusé, que sa passion le trompe, qu'il est dans l'erreur: est-ce aimer comme JESUS-CHRIST a aimé, & comme il veut qu'il aime? est-ce observer ce precepte, *ut diligatis invicem sicut dilexi vos* ; luy qui nous pardonne incessamment toutes nos foiblesses, qui guerit toutes nos maladies, qui se cache à luy même, pour ainsi dire, toutes les infidelitez que nous commettons contre luy, pour nous donner le temps de faire penitence, *dissimulans peccata propter pœnitentiam*, luy qui nous comble de toutes sortes de benedictions & d'effets de sa misericorde, malgré toutes nos injustices ? qu'on ne dise point que j'exagere, & que je parle avec excez, c'est une verité que je soûtiendrois contre les hommes & les Anges tout ensemble, s'ils vouloient établir des maximes & des principes contraires : c'est temerairement qu'on se flatte de l'esperance de son salut, je dis les gens du monde, aussibien que ceux qui vivent dans la retraite, si on n'aime comme JESUS-CHRIST a aimé *sicut dilexi vos*, voila la mesure, voila la Regle.

Ioan. 51. 12.

Sap. 11. 24.

Ioan. 1. 12.

Pour vous, mes Freres, je n'ay que quatre paroles à vous dire, pour vous convaincre en cela de vos obligations, & sans aucune replique, faites attention à ce que je vas vous dire; vous devez sous peine d'être privez de la vûë de Dieu, & de la perdre pour jamais, tendre à la perfection de l'Evangile ; or l'Evangile n'eſt rien que charité, vous devez donc vous élever à une charité qui ſoit parfaite, vous devez travailler à l'acquerir dans un degré eminent, & ſi toutes les circonſtances que je vous ay marquées, ne s'y rencontroient pas elle ſeroit defectueuſe, elle ne ſeroit point complette, ainſi n'étant pas telle que Dieu veut qu'elle ſoit, vous ne ſeriez pas ſoûmis à ſa volonté, vous n'auriez pas ſa charité, puiſqu'elle conſiſte dans l'obſervation de ſes commandemens, *ſi diligitis me, mandata mea ſervate* ; & par conſequent vous trouvant deſtituez de la robe nuptiale, il vous rejetteroit pour jamais de ſa preſence, *mittite eum in tenebras exteriores.*

Ioan. 14. 5.

Matth. 22. 13.

Tout cecy vous prouve, mes Freres, que c'eſt avec beaucoup de fondement, que nous avons dit que les hommes ſont dignes de compaſſion, que leur folie ne ſe peut comprendre, que la neceſſité d'être revêtu de la robe nuptialle pour entrer dans le Royaume de JESUS-CHRIST, en exclud un nombre presque infini de personnes, & que le malheur s'étendoit sur celles qui en devroient être exemptes, je veux dire celles qui vivent dans la retraite des Cloîtres. Vous voyez que cette robe n'étant que la charité, & la charité l'observation de la loy de Dieu, & cette loy comprenant les dispositions saintes de renoncement, d'humilité & d'amour du prochain, que nous avons marquées, on peut assurer que l'heritage des Saints, sera pour moins de gens qu'on ne pense : car comme ces vertus ne sont presque point pratiquées, que peu de personnes se mettent en peine de les annoncer, qu'elles ne seroient pas même écoutées, si quelqu'un s'hasardoit de les proposer dans leur pureté, & que de porter l'obligation de renoncer à soy même, de s'humilier & d'aimer son frere au point, auquel la volonté de Dieu, aussibien que nôtre Regle veut que nous la portions, cela seroit regardé comme une vision, comme une speculation toute creuse : n'est-il pas evident que la plus grande partie des hommes est dans l'aveuglement, dans l'erreur, dans le mensonge, dans les Monasteres aussi bien que dans le monde, & qu'on reconnoît tous les jours l'accomplissement de ces paroles de JESUS-CHRIST, *multi enim sunt vocati, pauci vero electi*, il y a beaucoup d'appellez, mais peu d'élus ? Ce nous doit être un sujet continuel de gemissement & de crainte tout ensemble, si nous avons devant les yeux autant que nous le devons, l'infortune de nos freres, & la disgrace dont nous sommes menacez, ni ayant rien de plus aisé ni de plus ordinaire que d'abuser des bontez de Dieu, de ne pas faire un saint usage des connoissances & des lumieres qu'on reçoit de sa misericorde, & de se rendre coupable par des infidelitez honteuses & de noires ingratitudes, de la dissipation de ses dons & de ses graces

Matth. 22. 14.

FIN.

TABLE DES MATIERES DU TROISIE'ME TOME.

A

AMour de Dieu, la premiere de nos obligations est d'aimer Dieu tout autant que nous sommes capables de l'aimer. pag. 44. l'amour s'exprime par les œuvres, 420. Aimer Dieu, c'est observer ses commandemens, 420. Oeuvres inutiles si elles ne sont faites par principe de charité, 276. C'est par l'amour que l'on va à Dieu, & qu'on s'en approche, 175. C'est par le defaut d'amour qu'on s'en éloigne, *ibid.* Amour de Dieu incompatible avec l'amour propre, 131

L'*Attachement des promesses faites à Dieu,* doit être inviolable, 7. Et pourquoy, 215. Attachement des hommes aux choses de la terre comment criminel & comment puni, 411. Cet attachement se rencontre aussi parmi les Religieux, 417.

B

BAPTEME, engagement des vœux du Baptême, 122. Moyens pour recouvrer l'innocence baptismale, 99.

Beatitudes, les beatitudes enseignées par Jesus-

TABLE

Chrift, ignorées des gens du monde, 188.

Bonheur éternel, il faut l'acheter au prix des choses periffables, 167.

C

De la CHARITE' FRATERNELLE, 421. & *suiv*. Celuy qui aime veritablement fon Prochain, accomplit toute la Loy, 429. Jefus-Chrift modele de la charité envers le prochain, 435. Precepte univerfel de la charité du prochain, 380. Pratique excellente de la charité fraternelle, 383. Preuves de la charité fraternelle. 431. & *suiv*. Conferver la charité & la foumiffion dans les commandemens même impoffibles, 323. Suites du deffaut de la charité fraternelle, 430.

Cheute deplorable d'un Difciple de S. Bernard. 341.

Chrêtien, montrer par fa foi, fes œuvres, & fa patience qu'on eft Chrétien, 280.

Communautez Religieufes, fes avantages, 158. & *suiv*.

de la *Communion*. Voyez Euchariftie.

Converfion, nôtre application doit être continuelle touchant la converfion de nos mœurs, 304. quelle doit être celle d'un homme du monde, 212.

Crainte, motifs de crainte dans la chute de Lucifer, d'Adam & de Judas, 340.

Cupidité, elle croît fans ceffe, fi fans ceffe elle n'eft reprimée, 176.

D

DIEU, il doit être le principe de toutes les actions de nôtre efprit, des fentimens de nôtre cœur, & des mouvemens de nôtre volonté, 4. C'est à luy à nous inspirer, diriger & conduire, & à nous à recevoir avec une soumission parfaite toutes les impressions qu'il luy plaira de nous donner, 4. Nous devons être à son égard comme un enfant qui ne peut se passer du secours de son pere, 5. Pourquoy nous ne devons agir que par le mouvement de l'esprit de Dieu, 4. Il connoît nos necessitez, & y pourvoit, 316. Dieu permet qu'on soit dans le besoin du necessaire, pour punir plusieurs excez commis, 317. il nous jugera selon nos actions bonnes ou mauvaises, 1. sa severité envers ceux qui ont meprisé ses dons & ses graces, 217. il n'y a rien de petit dans les choses que Dieu commande, 179. Il est indulgent touchant les fautes de fragilité, 365. Dieu parle aux Religieux par la Regle & les Constitutions de leurs Ordres, 195. & suiv. Sujets d'actions de graces à rendre à Dieu, 213. 75. 78. 85. 98.

Dereglement. il se trouve parmi les Ecclesiastiques & parmi les Religieux, aussi bien que dans les gens du monde, 30. 31.

E

Eleus du petit nombre des Eleus, 437. & suiv.

Eucharistie. de la presence de Jesus-Christ, & sur les Autels, & par d'autres moyens, 220. Etats de Jesus-Christ au S. Sacrement de l'Autel, & modele pour les ames Religieuses, qui veulent s'en approcher dignement, 38. L'immortalité quoyque promise n'est point communiquée à la plus grande partie de ceux qui participent au S. Sacrement de l'Autel, faute de disposition, 17. 60. Effets du S. Sacrement de l'Autel dans une bonne ame, 24. 33. marques qu'une ame Religieuse a reçû la vie eternelle que Jesus-Christ a renfermée dans le Sacrement de son Corps & de son Sang, 19. & suiv. Dispositions pour la Communion, à l'égard des personnes qui vivent dans le monde 22. Effets tout contraires de la sainte Communion, selon les differentes dispositions de ceux qui y participent, 46. les mondains en communiant, mangent la chair de Jesus-Christ sans recevoir son esprit, 28. exhortation à la frequentation des Sacremens, 34. Malheur de ceux qui s'éloignent de la sainte Communion, 32. 37.

Exemple, rien de plus capable de persuader que le bon exemple, 383. il n'y a point de desordres que l'exemple n'authorise, 30. desordres que produit un méchant exemple, 384.

F

Fautes, danger qu'il y a d'en commettre de petites, 176.
Fidelité parfaite pour toutes les observances Religieuses, 133
Fidelité dans les plus petites choses est appellée par les ames immortifiées, scrupule, 172. & suiv.
Fragilité, reconnoître nôtre fragilité, dans la cheute de nos freres, 88.

G

Grace, ses effets extraordinaires, 104. 88. 97. 101. 103. Fidelité à la conserver, 78. necessité de la faire valoir & de l'augmenter, 79. de la perseverance dans la grace, 80. 104.

H

HUMILITE', fondement de toutes les vertus, 238. elle doit être interieure & exterieure, 241. Divers degrez d'humilité, 306. & suiv. Elle est essentielle à la conversion d'un Pecheur, 305. l'humilité produit dans l'ame les mêmes dispositions que la charité y opere & quelles elles sont, 234. Paralelle de l'humilité avec la charité, 228. & suiv. recompense de l'humilité, 228. La charité & l'humilité doivent être inseparables, 229. l'humilité detruit le principe de tout dereglement, 41. 230. celuy qui est humble se regarde comme un serviteur inutile, 232. il est inebranlable, & insurmontable à tout vice, 232. 233. Humiliations de quelques saints, 247. & suiv. La gloire suit l'humiliation, 251. s'humilier n'est pas un simple conseil, mais un precepte, 239.

I

JESUS-CHRIST, le modele de toutes les vertus d'un Chrétien, 24. 40. & suiv. vertus dont Jesus-Christ montre l'exemple, aux ames Religieuses, & qu'elles n'imitent presque pas, 6. 20. 24. & suiv. 37. 55. & suiv. 65. & suiv. 72. sa soumission aux ordres de son Pere celeste, 322. 324. son obeissance, sa patience, sa pauvreté, son humilité, sa simplicité & sa charité, 24. & suiv. 66. & suiv. sacrifice de Jesus-Christ, modele de celuy d'un Religieux, 393. 424. vie de Jesus-Christ est la condamnation de la

TABLE

plus part des Chrétiens, 51. & suiv. selle est encore de la plus grande partie des personnes Religieuses, 63. diverses manieres dont Jesus-Christ parle à une ame, 186. Jesus-Christ verse des larmes sur la ville de Jerusalem & pourquoy, 182. & suiv.

Petites *Infidelités* source de maux incurables, 221. & suiv. 174. 176. Celuy qui est infidelle dans les petites choses le devient bientôt dans les plus grandes, 178.

Inspirations, fidelité aux inspirations, 96. 240. 301.

L'*Intention* & l'attention font tout le merite des actions Religieuses, 201

Iob, sa patience admirable, dans les afflictions, 137. sa constance dans les maux, 139. sa soumission à la Providence Divine, 140. Il benit Dieu dans l'adversité, à peine le benissons-nous dans la prosperité, 140.

Iuifs, favorisez de Dieu, 182. 217. Leur ingratitude à son égard, 182. 216. & suiv. Chrétiens substituez à la place des Juifs 218

Iniquité, nous prive du fruit des promesses de Jesus-Christ, 18

Le souvenir du *Iugement* dernier a fait quitter le monde à un nombre presque infini de personnes pour en éviter la corruption, & asseurer dans la solitude leur salut par leurs bonnes œuvres, 2

Iugement temeraire, ses funestes suites, 434

L

LECTURE, lire non pour devenir sçavans, mais pour se sanctifier, 197.

M

DES MATIERES.

M

MAlheur de ceux qui ont toutes leurs satisfactions icy bas, 56. & 57
Martyre, paralelle du Martyre de la foy, & du martyre de la penitence. 8. & 9
Mitigations Religieuses, elles ne s'étendent point sur les dispositions interieures, 309. une Regle étant mitigée demande d'un Religieux une pieté vive & animée, 200. Comment on abuse de la mitigation de sa Regle, 100
Moines. Voyez Religieux.
Monde, vie des gens du monde toute opposée aux maximes & aux exemples de Jesus-Christ, 42. *& suiv.* elle est condamnée par celle de Jesus-Christ, 59. L'esprit de Jesus-Christ ne se rencontrera point parmi le monde, tandis que le monde preferera les tenebres à la lumiere, 2. quand & comment Jesus-Christ parle aux gens du monde, 186. Occupations des gens du monde, 168 156. *& suiv.* Dereglement des gens du monde, deplorable, 209. Punition des gens du monde, 191. *& suiv.* Gens du monde, en quoy ils sont des aveugles volontaires, 190. Menaces que Jesus-Christ leur fait, 57. ils sont sourds & muets, 156. Pourquoy, 268. leur punition dés ce monde, 191. *& suiv.* Espece d'impossibilité de vivre parmi les gens du monde, autrement que selon leurs maximes corrompues, 2. Les personnes d'une condition mediocre se font honneur d'imiter les grands du monde, jusques dans leurs imperfections, 29. Tableau des grands du monde, 24. 25. Il n'y a point de desordres que leur exemple n'authorise, 30. Obstacle des gens du monde à la charité du prochain, 379. Pretextes ridicules du monde, pour s'excuser de suivre la voix de

Dieu, de travailler à son salut, & d'entrer dans la sale des Noces, 410. Les mondains & même la plus part des hommes agissent par passion, & non par raison, 408. leur ambition, 54. leur sensualité, 54.

N

NEGLIGENCE, punition de la negligence affectée, 364
Novices, de quoy ils sont ordinairement tentez, 361.
Nourriture spirituelle de l'ame, c'est la parole & la volonté de Dieu, 300. & suiv. 318. 329.

O

OBEÏSSANCE, conditions de l'obeïssance parfaite; 241. 244. & suiv. c'est aimer Dieu que de luy obeir, 423. Dieu ne demande à Adam que l'obeïssance, 345.
de *L'Obeïssance* Religieuse, 110. Conditions de l'obeïssance Religieuse, 112. 114. & suiv. 422. Maniere de pratiquer l'obeïssance Religieuse, 327. 337. & suiv. 344. & suiv. Le vray obeïssant ne raisonne point, 350. Merite de l'obeïssance, quel il est, 328. & suiv. Jesus-Christ modele d'obeïssance, 335. Obeïssance defectueuse, 350. Inutilité de l'obeïssance involontaire, 244.

P

PAUVRETÉ *volontaire*, elle donne un droit su les richesses du Ciel, 43
Penitence & regrets inutiles, 414. Un homme penitent est toûjours humble, 305.
de la *Perfection* Religieuse, 169. & suiv.

DES MATIERES

Pechez qui attirent l'excommunication religieuse, 90. Moyens pour faire perdre à Dieu toute memoire de nos pechez, 101

Pecheur, on doit compatir à la misere d'un pecheur, 89. l'homme pecheur est toûjours superbe, 305

Perseverance, necessité de la fidelle perseverance à la grace, 104. La recompense n'est deuë qu'à la perseverance, 117

Prêtre, examen d'un Prêtre touchant ses obligations, 120

Priere, efficacité, 128. elle doit être fervente, 153. joindre l'action à la priere. 129

Pieté, pourquoy il y en a si peu dans la plus part des Cloîtres, 273

Prochain, jusqu'où i faut supporter lespechez & les défauts du Prochain, 432. *& suiv.*

R

RECOMPENSE, ne pas pretendre à la recompense éternelle sans l'avoir meritée, 355.

Royaume des Cieux, la timidité & la paresse enferment les portes, aussi bien que la presomption & la temerité, 37

Religieux, profession Religieuse, est celle même des Apôtres, 101. quelles de leurs vertus un Religieux doit imiter, 102. Ce qui fait essentiellement un veritable Religieux, 109. Devoirs d'un parfait Religieux, 425. *& suiv.* 170. *& suiv.* 195. 437. son obligation est de tendre à la perfection, 264. son occupation est de se sanctifier, 273. il doit offrir à Dieu son corps, & son esprit en sacrifice, 274. *& suiv.* en quoy il est un Martyr de Jesus-Christ, 6. *& suiv.* il n'aura jamais de repos qu'en s'acquittant de ses devoirs, 401. Quels ils sont,

P p ij

TABLE DES MATIERES.

ve dans les Cloîtres comme dans le monde, 257. & suiv.

Scandale, Dieu les permet dans les maisons Religieuses & pourquoy. 87

Soumission parfaite aux ordres de la Providence Divine, dans la privation des choses même necessaires, 313. Souvent tel se croit fort soumis aux ordres de Dieu, qui conserve dans son cœur une revolte & une resistance continuelle, 45

Superieurs negligens, 87. vigilance d'un Superieur, 161

T

TALENT, obligation de faire valoir le talent dont Dieu nous charge, 363. moyens de faire profiter les talens que Dieu nous a confiez, 363

V

VERTU, grande difference entre avoir la verité de la vertu & n'en avoir que l'apparence, 237

Vocation, rien de plus rare que de rectifier les vocations, quand elles ont été defectueuses, 14

Volonté propre, combien pernicieuse, 421. elle est la source de tous les vices, 230. la propre volonté est une beste feroce qu'il faut enchaîner, 352. ses étranges effets, 355.

FIN